Jörg Gerschlauer

Ausgelacht: Das Ende der Komödie im totalen Jargon

Jörg Gerschlauer

Ausgelacht: Das Ende der Komödie im totalen Jargon

Scherz, Satire und Ironie in den Volksstücken Ödön von Horváths

Tectum Verlag

Jörg Gerschlauer

Ausgelacht: Das Ende der Komödie im totalen Jargon.
Scherz, Satire und Ironie in den Volksstücken Ödön von Horváths

Zugl.: Erlangen-Nürnberg, Univ. Diss. 2007
ISBN: 978-3-8288-9347-4

Umschlagabbildung: Ödön von Horváth, 1936

Besuchen Sie uns im Internet
www.tectum-verlag.de

Bibliografische Informationen der Deutschen Nationalbibliothek
Die Deutsche Nationalbibliothek verzeichnet diese Publikation in der Deutschen Nationalbibliografie; detaillierte bibliografische Angaben sind im Internet über http://dnb.ddb.de abrufbar.

ZUR ZITIERWEISE

Die Werke Ödön von Horváths werden, wo nicht anders vermerkt, nach der kommentierten Werksausgabe in Einzelbänden, herausgegeben von Traugott Krischke unter Mitarbeit von Susanna Foral-Krischke, Ffm 1983 ff., zitiert. Die Zitate werden mit Band- und Seitenzahlen direkt im Text kenntlich gemacht. Interpunktion und Orthographie Horváths wurden beibehalten.

VERZEICHNIS DER BENUTZTEN ABKÜRZUNGEN

Horváth-Diskussion:	Bartsch, Kurt, Uwe Baur, Dietmar Goltschnigg (Hg.), Horváth-Diskussion, Kronberg/Ts., 1976.
MatGLH:	Krischke, Traugott (Hg.), Materialien zu Ödön von Horváths „Glaube Liebe Hoffnung“, Ffm 1973.
MatGWW:	Krischke, Traugott (Hg.), Materialien zu Ödön von Horváths „Geschichten aus dem Wiener Wald“, Ffm 1972.
MatKuK:	Krischke, Traugott (Hg.), Materialien zu Ödön von Horváths „Kasimir und Karoline“, Ffm 1973.
stmEM:	Horváths „Lehrerin von Regensburg“. Der Fall Elly Maldaque. Dargestellt und dokumentiert von Jürgen Schröder, Ffm 1982.
stmGWW:	Krischke, Traugott (Hg.), Horváths „Geschichten aus dem Wiener Wald“, Ffm 1983.
stmHP:	Krischke, Traugott (Hg.), Horváths Prosa, Ffm 1989.
stmHS:	Krischke, Traugott (Hg.), Horváths Stücke, Ffm 1988.
stmJoG:	Krischke, Traugott (Hg.), Horváths „Jugend ohne Gott“, Ffm 1984.
stmÖvH:	Krischke, Traugott (Hg.), Ödön von Horváth, Ffm 1981.
ÜberÖvH:	Krischke, Traugott, Dieter Hildebrandt (Hg.), Über Ödön von Horváth, Ffm 1972.

Inhaltsverzeichnis

METAMORPHOSEN DES LACHENS. EINE EINFÜHRUNG

1. Vorspiel auf dem Friedhof – heiter bis schmutziggrau

„Und alle wunderten sich, daß er scherzte auf seinem Weg in den Tod."

Umberto Eco

Carl Zuckmayer verdanken wir eine eindrucksvolle Schilderung vom Begräbnis Ödön von Horváths, die hier als Ausgangspunkt für die Frage nach dem Humor im Werk des Autors dienen soll:

> „Auf groteske Weise mischte sich bei diesem Begräbnis die Tragödie mit dem Satyrspiel. (...) Es war nur noch ein Grabplatz am äußersten Ende des Friedhofs frei gewesen, und so bewegte sich nach dem Verlassen des Taxis die ganze Trauergesellschaft durch den weitläufigen Gottesacker, bis dahin, wo er kahl und baumlos wurde. Hinter dem Sarg schritten die Eltern, ein ernstes, würdiges Paar, der Vater und Ödöns einziger Bruder, den er sehr geliebt hatte, stützten die Mutter. Dann kam, neben dem französischen Priester, ein ungarischer Kaplan, mit der Familie befreundet, der aus Budapest hergeflogen war. Dahinter zwei junge Frauen, die sich um den Rang als Ödöns letzte Geliebte stritten. Und dann kamen wir – eine jammervolle Schar zerzauster Vögel, auch soweit wir noch gute Kleidung und ungeflickte Halbschuhe trugen. Da hinkte Rudolf Leonhardt, ein heute ziemlich vergessener Autor des frühen Expressionismus, an einem Stock, da gingen viele mit jenen undefinierbaren verschabten Schals um den Hals, wie sie den Beginn der Verelendung kennzeichnen, da wankte Joseph Roth, der verehrte Dichter, total betrunken, wie gewöhnlich in dieser Zeit, mit bekleckertem Anzug, auf zwei jugendliche Bewunderer gestützt. Und auf all das troff unablässig der Pariser Regen, den man so gern als silbrig bezeichnet. Doch war er nur naß und schmutziggrau.
> Dort, wo das Grab aufgeschaufelt war, an der fernsten Ecke des Friedhofs, führten draußen die Gleise eines Rangierbahnhofs vorbei; und während nun die längeren oder kürzeren Reden abrollten, hörte man ohne Unterlaß das Rattern und Bremsenkreischen verschobener Güterwagen und das laute Rufen und Schreien von Bahnarbeitern, die einander Weisungen gaben, aber auch lachten, ihre Witze rissen oder über Distanzen ihre Verabredungen trafen: \`Oú vas-tu, Gaston?´ - \`Au Bistro! Viens

pour un verre!´ `Entendu´, und so weiter, mit hallenden Stimmen, welche die weniger stimmbegabten Redner übertönten. Ödön, dachte ich, würde sich, wenn er noch am Leben wäre, totlachen."[1]

Die plastische Schilderung Zuckmayers legt nahe, dass der Humor Horváths angesichts dieser Ansammlung merkwürdiger Gestalten wohl voll auf seine Kosten gekommen wäre. Dieser Sinn für Komik hat ein Gespür für das Prosaische; er stammt „mitten aus dem Leben", ist respektlos, gepaart mit einer Lust am Grotesken und zeichnet sich aus durch die Fähigkeit, Widersprüche wahrzunehmen und sie in dieser Wahrnehmung sich entfalten zu lassen. Und vor allem ist es ein bejahender Humor, voller Vitalität, der nichts Menschliches fremd ist und die sich selbst über den Tod hinwegsetzt und ein Stück weit über ihn triumphiert, indem sie auch angesichts des Entsetzens noch einen positiven Grundton zu finden vermag.

Das Begräbnis gipfelt schließlich im Verhalten der Arbeiter, das – trotz der Trauer und der Fassungslosigkeit angesichts des Unfalltodes „eines der Hoffnungsvollsten"[2], dem eine glänzende Zukunft beschert schien[3] – eine Komik sich ereignen lässt, an der der Verstorbene seine helle Freude gehabt hätte.

Wenn nun vielleicht auch die Darstellung selbst ein wenig pointiert ist, so ist ihr doch ein besonderes Gewicht beizulegen. Zuckmayer zeichnet hier ein Bild von Ödön von Horváth, das in dieser Klarheit und in seiner Aussagekraft über Horváths Humor seinesgleichen sucht und überdies – da Zuckmayer den Autor gut kannte – als zuverlässig betrachtet werden kann.

Neben der Perspektive und der Wahrnehmung zeichnet sich dieser Humor zunächst vor allem durch seinen Gegenstand aus. Ambiente, Personal und Situationskomik beim Begräbnis könnten leicht einem der Stükke Horváths entlehnt sein oder entsprechen zumindest dem Stoff, dessen sich der Autor häufig und gerne bediente. Seine Stücke entspringen zumeist dem „vollen Menschenleben", handeln von durchschnittlichen Zeitgenossen und entfalten ihre Komik innerhalb alltäglicher Situationen. Insbesondere die frühe Horváth-Forschung sprach deshalb in die-

---

[1] Carl Zuckmayer, Als wär´s ein Stück von mir. Horen der Freundschaft, Stuttgart, Hamburg 1966, 139f.

[2] Zuckmayer, Als wär´s ein Stück von mir, a.a.O., 137.

[3] Der Autor stand vor der Unterzeichnung eines Vertrags über die Verfilmung von „Jugend ohne Gott" und unmittelbar vor seiner Übersiedlung in die USA. Die Einschätzungen über seine psychische und materielle Situation im Jahre 1938 differieren jedoch bisweilen erheblich. Zuckmayers Einschätzung bezieht sich hier wohl vor allem auf das von ihm außerordentlich hoch eingeschätzte schriftstellerische Potenzial.

sem Zusammenhang des Öfteren von den Stücken als Milieustudien.[4] So waren es weniger kühle Berechnung oder der mit kalter Neugierde ausgestattete Blick des Vivisecteurs, der sich dem Kleinbürgertum nur zu Studienzwecken näherte, als vielmehr eine tiefe Verbundenheit, die ihn dazu veranlasste, überwiegend Alltagsszenen und -menschen in den Mittelpunkt seiner Stücke zu stellen.[5] Er selbst war Teil dieses „Milieus" und fühlte sich hier, „mitten im Leben", offenbar wohl. Und hier fand er die Vorlage für seine Schilderungen, die er – so die allgemeine Bewertung – direkt dem „wirklichen Leben" entlehnte. Und bereits an dieser (unfreiwilligen) Alltagskomik, für die ihm ein feiner Sinn und ein besonderer Blick zugeschrieben wird, hatte er offenbar seinen Spaß – geleitet von der Fähigkeit, Komik nicht erst zu produzieren, sondern sie dort wahrzunehmen, wo sie sich tatsächlich ereignet. Komik ist zuallererst eine Frage der Perspektive.

Analog dem Temperament des Autors seien demnach auch seine Stücke von einem bestimmten Tonfall geprägt, der Spuren von leichtem, aber liebevollem Spott, ein wenig Bosheit, aber letztlich einer positiv gestimmten Heiterkeit trägt – eine gewandt anarchisch-chaotische Stimmung, die aus der Weimarer Republik nicht unbekannt ist und in deren Umfeld man an Kurt Tucholsky, Oskar Maria Graf aber vielleicht auch an Otto Reutter denken mag. In diesem Gesichtskreis ist auch das Horváth-Verständnis Carl Zuckmayers anzusiedeln.[6]

Dessen zentraler Gedanke ist die Frage des künstlerischen Temperaments, das für den positiven Grundton des Humors verbürgt, geprägt von einer gewissen heiteren Gelassenheit, die sich über vieles, sogar den Tod, hinwegsetzt. Ihr Resultat ist ein Lachen als Ausdruck einer Lebenshaltung, die sich vor allem durch Optimismus auszeichnet: Humor ist, wenn man trotzdem lacht; ein Modus Vivendi – und laut Zuckmayer

---

4 So z.B. bei Martin Walder, Die Uneigentlichkeit des Bewußtseins, Bonn 1974, 64.

5 Marcel Reich-Ranicki weist zu Recht darauf hin, dass es unsinnig sei zu glauben, Horváth habe sich beispielsweise in billige Restaurants und Vorstadtkneipen gesetzt, um das einfache Volk gleichsam zu studieren, ohne selbst diese Gegenwart und die Atmosphäre zu lieben. Eine solche Unterstellung sei „ungefähr genau so richtig wie die Behauptung, Goethe habe immer wieder nähere Beziehungen mit schönen Damen geknüpft, um die Geheimnisse der weiblichen Seele zu erkunden", M.R.-R., Horváth, Gott und die Frauen, in: ders., Nachprüfung, Aufsätze über deutsche Schriftsteller von gestern, München, Zürich 1977, 261-268, 262.

6 In Kombination mit der Tradition des Volkstheaters (s.u.) spielt die Stellung Horváths im Umfeld der kritischen Intelligenz der Weimarer Republik eine stilprägende Rolle und schafft einen idealen Nährboden, in dem Humor sich entfalten kann.

wohl nicht der schlechteste. Unter seinem Blickwinkel rücken sich die Dinge automatisch ins rechte Licht.[7]
Carl Zuckmayer liefert damit ein Beispiel, wie man auch in schlimmen Zeiten – und was gibt es Schlimmeres als eine Beerdigung – nicht den Humor zu verlieren braucht und wie dieser auch in schlechten Zeiten seine Ursprungsqualität bewahrt.

Die Komik des Autors (als sein Sinn für Humor) scheint damit in eins gesetzt mit der ihrer Resultate: Atmosphäre und Tonfall seiner Theaterstücke werden direkt aus dem persönlichen Temperament Horváths abgeleitet. So wie dieser über die Wirklichkeit gelacht haben mag, so lache auch der Rezipient seiner Stücke über die Vorgänge auf der Bühne. Diese Gleichsetzung nun ist natürlich nicht als *grundsätzlich* zwingend anzusehen (so als würden nur heitere Autoren auch heitere Werke schreiben)[8], jedoch scheint man im Falle Horváths von einer solchen Analogie ausgehen zu können. Zuckmayer denkt die Freude, die der Autor an diesem Geschehen gehabt hätte, nicht als eine rein persönliche, sondern zugleich vor dem Hintergrund, was Horváth wohl *als Schriftsteller* aus dieser Situation gemacht hätte, hätte dieser selbst dem Begräbnis als Beobachter beigewohnt; er sieht das Geschehen mit den Augen eines Theaterzuschauers, der sich ausmalt, er sitze in einem Horváth-Stück. Selbst Dramatiker mit einer Affinität für prosaische Stoffe, wittert Zuckmayer überall Bühnenatmosphäre.

Das erste Ziel dieser Arbeit ist es, dieser vermeintlichen Gleichsetzung Zuckmayers nachzugehen und den Horváthschen Humor genauer einzuordnen. Lassen sich eine solche Heiterkeit, ein solcher Optimismus, ein derartiger von positiver Grundhaltung geprägter Humor tatsächlich im *Werk* Horváths finden? Oder erfährt man in der Schilderung vom Begräbnis vielleicht doch nur etwas mehr über Carl Zuckmayer? Wie mag Ödön von Horváth sein Schreiben und seine Einstellung dazu selbst gesehen haben? Und hat er letztlich damit auch Recht behalten? Wie genau lässt sich dieser Humor beschreiben, der, so die These, ganz wesentlich für den originären und höchst originellen Tonfall der Horváthschen

[7] Zum zurechtrückenden Charakter des Lachens vgl. Karlheinz Stierle, Komik der Handlung, Komik der Sprachhandlung, Komik der Komödie, in: Wolfgang Preisendanz u. Rainer Warning (Hg.), Das Komische, München 1976, 237-268.
[8] Als prominenteste Beispiele für den gegenteiligen Fall wären Stifter und Beckett zu nennen. Während Becketts Privatleben oftmals als im krassen Gegensatz zur Düsterkeit seiner Stücke stehend beschrieben wird, so ist es bei Stifter der grausige Selbstmord, der in schaurigem Kontrast zum „sanften Gesetz" seiner Schriften steht.

Volksstücke verantwortlich ist, dabei aber bislang als eigenständiges Phänomen genommen praktisch unbeachtet blieb. [9]

2. Der Ton macht die Musik

> „Der Witz und die übliche Logik kommen vom Hirn und flattern aus der Luft herab. Der Humor aber hängt zutiefst mit dem Boden, mit der Nuance und dem Akzent zusammen."
>
> Oskar Maria Graf

Beim Versuch, den Tonfall des Horváthschen Humors zu bestimmen, ist die Schilderung Carl Zuckmayers nicht nur der Ausgangspunkt der Frage, sondern zugleich auch der erste Stolperstein. Dass Zuckmayer den Humor als eher heiter darstellt, befremdet zunächst; ja, es scheint sogar nachgerade irritierend, dass Zuckmayer die Tatsache, dass sich zumindest die Horváthschen Stücke so bar jeder Heiterkeit präsentieren, offenbar völlig ausklammert. Denn die Unterschiede zu zum Beispiel Zuckmayers eigenem dramatischen Werk liegen bereits auf den ersten Blick auf der Hand. An verschiedenen „klassischen" Humorfeldern zeigen sich schon bei flüchtigem Hinsehen frappierende Differenzen.

Das Thema Sexualität, traditionell ein dankbares Motiv, um darüber zu scherzen, spielt bei beiden, Horváth wie Zuckmayer, eine zentrale Rolle, wird aber auf jeweils andere Art umgesetzt und zeitigt eine dementsprechende Wirkung. Im „Fröhlichen Weinberg" zum Beispiel in folgender Form:

> VOGELSBERGER Die junge Leut heutzutag, die hawwe gar kei Schamgefühl mehr im Leib. Nix wie hockele, als nix wie hockele! Wo sich e Meedche un en Bursch begegent, nix wie druff un gehockelt! Es is wirklich e Schand![10]

Bei Horváth wird an verschiedenen Stellen eine ähnliche Thematik auf den Plan gerufen, doch liest sie sich hier zum Beispiel wie folgt:

---

[9] Als Kategorie zum Verständnis des Horváthschen Werks wurde der Tonfall erstmals ins Spiel gebracht von Winfried Nolting, Drama des Tonfalls. Individualität und Totalität Horváthscher Sprachdarstellung in den „Geschichten aus dem Wiener Wald", in: stmGWW, 116-137. Der Humor allerdings spielt in den Betrachtungen Noltings praktisch keine Rolle.

[10] Carl Zuckmayer, Der fröhliche Weinberg, in: Carl Zuckmayer, Der fröhliche Weinberg. Theaterstücke 1917-1925. Gesammelte Werke in Einzelbänden, herausgegeben von Knut Beck und Maria Guttenbrunner-Zuckmayer, Ffm 1995, 277.

SPEER Eine merkwürdige Jugend diese heutige Jugend. Wir haben ja seinerzeit auch Sport getrieben, aber so merkwürdig wenig Interesse für die Reize des geistigen Lebens --
RAUCH Eine eigentlich unsinnliche Jugend.
SPEER *lächelt*: Es bleibt ihnen zwar manches erspart.
RAUCH Ich hab immer Glück gehabt.
SPEER Ich auch, außer einmal.
RAUCH War sie wenigstens hübsch?
SPEER In der Nacht sind alle Katzen grau.
RAUCH *Erhebt sein Glas*: Spezielles! (5,89)

Oder in „Italienische Nacht":

WIRT *plötzlich verträumt:* Ich denk jetzt an meinen Abort. Siehst, früher waren nur so erotische Sprüch an der Wand dringstanden, hernach im Krieg lauter patriotische und jetzt lauter politische – glaubs mir, solangs nicht wieder erotisch werden, solang wird das deutsche Volk nicht wieder gesunden – (3,53)

Wenn auch in beiden Fällen formal als Witz, könnte die Behandlung des Themas unterschiedlicher kaum sein: hier die derbe Erotik, bei der sich der Zuschauer vor Lachen auf die Schenkel klopfen mag, dort im ersten Beispiel als zynische Anzüglichkeit und im zweiten Fall als ordinärer Ausdruck einer primitiven Weltanschauung. Bei Zuckmayer lacht man vielleicht noch mit, bei Horváth liegt der Fall dagegen anders.
Auch der spielerische Umgang mit phrasenhaftem Reden als Entlarvung erstarrter Formen des (Nicht-)Denkens führt traditionell häufig zum Lachen. Bei Zuckmayer löst sich dieses noch in Heiterkeit auf, bei Horváth dagegen wird man hiernach vergeblich suchen.
Im „Fröhlichen Weinberg":

FRAU RINDSFUSS Die lohnende Aussicht, wo man hier hat! Und die erhebende Natur. Seht nur, wie der Rhein fließt!
HANNESAND Ja, er kann´s nit lasse.[11]

Und demgegenüber in „Glaube Liebe Hoffnung":

[11] Zuckmayer, Der fröhliche Weinberg, a.a.O., 253.

SCHUPO Ohne Glaube Liebe Hoffnung gibt es logischerweise kein Leben. Das resultiert alles voneinander.
ELISABETH Sie haben leicht reden als Staatsbeamter in gesicherter Position. (6,40)

Das Reden in Phrasen ist bei Zuckmayer noch im Grunde liebevoll nachgezeichnet und allenfalls Ausdruck einer liebenswerten oder zumindest zu belächelnden – weil harmlosen – Dummheit. In der Entlarvung, im erzeugten Lacher, löst sie sich auf. Bei Horváth dagegen bleibt eine Unstimmigkeit, die nicht wegzulachen ist.
Eine wichtige Quelle des Witzes im klassischen Volksstück, dem beide Autoren verpflichtet sind, ist das Wortspiel. Horváth orientiert sich eng an dieser Tradition (von der später noch ausführlich die Rede sein wird), doch unterscheiden sich seine Wortspiele eklatant von denen beispielsweise eines Raimund oder Nestroy:

ROSA Still sei! oder – *(Reibt auf und will ihm eine Ohrfeige geben, wird aber plötzlich schwach.)* Weh mir! mich trifft der Schlag.
VALENTIN Das ist ein Glück, sonst hätt er mich getroffen.[12]

WICHTIG *tritt, Stanislaus an der Hand führend, zur Mitte ein:* Herr Schulmeister -! *Zu Stanislaus.* So laß dich nicht so ziehn, Bursche!
WAMPL Oh, es ist immer gut, wenn Kinder sich ziehen lassen, es kommen nur zu viele ungezogen hierher![13]

Wo bei Horváth überhaupt noch Wortspiele auftauchen, sind sie von dieser Art:

ALFRED (...) – *Er verschluckt sich und hustet stark.*
DIE MUTTER *klopft ihm auf den Rücken:* Schmeckts?
ALFRED Jetzt wär ich aber fast erstickt
DIE MUTTER Ich freu mich nur, daß es dir schmeckt
Stille
ALFRED Apropos ersticken: wo steckt denn die liebe Großmutter? (4,104)

---

12 Ferdinand Raimund, Der Verschwender. Original-Zaubermärchen in drei Aufzügen, Stuttgart 1952, 47.
13 Johann Nepomuk Nestroy, Werke in zwei Bänden, Berlin, Weimar 1966; Bd. 2, 212 („Die schlimmen Buben in der Schule").

Horváths Wortspiel evoziert einen anderen Grundton, dem jede Leichtigkeit fehlt. Am signifikantesten wird dieser Unterschied am Beispiel von Krisensituationen. Die Krisensituation schlechthin, die Frage nach Leben und Tod, vermag am Beispiel eines – in allen Fällen nicht vollzogenen – Todes einen deutlichen Unterschied zwischen Horváth und dem traditionellen Volksstück (zu dem Zuckmayer in dieser Hinsicht hier noch zu zählen ist) zu dokumentieren. Es sind jeweils unangemessene Formulierungen, allerdings mit sehr unterschiedlicher Konnotation.
In Johann Nepomuk Nestroys „Der Schützling" äußert Gottlieb:

> GOTTLIEB (...) Jaja, der Körper is so ein hartnäckiger Anbeter des Lebens und lehnt sich auf gegen den Grabesentschluß des Geistes – nutzt ihm nichts! *Hält sich die Pistole gegen den Kopf. Man hört, wie oben, in der Nachbarswohnung „Juheh! Vivat!" Gottlieb, unmutig die Pistole sinken lassend.* Nein! Wie das scheniert! Was s´ denn nur haben beim Klampferer?! Eine Art andächtiger Stille sollt doch teilnehmen an meinem Trauerwerk! *Man hört, wie oben, „Juheh!" und Gläsergeklirre. Gottlieb klopft mit einem Stock an die Wand und ruft hinüber mit lauter Stimme.* Machen S´ kein solches Spektakel, man kann ja nicht einmal, *die Wand verlassend und mit schwächerer Stimme für sich,* sich umbringen mit Ruh![14]

Und in Ludwig Anzengrubers „Das vierte Gebot":

> SCHÖN *(kleine Pause)* Du, hörst Alte? Der Bub wird a bissel weinen, wann wir sterben.
> ANNA *(trocknet sich die Augen).* So sterb´n mer halt net.[15]

Demgegenüber Horváth („Italienische Nacht"):

> WIRT *verzweifelt* Meiner Seel, jetzt sauf ich mir einen an, und dann erschieß ich meine Alte. Und dann spring ich zum Fenster naus, aber vorher zünd ich noch alles an.
> *Ab* (3,69)

Zum „Äußerten", sprich: zum Tode, kommt es freilich auch bei Horváth nur in Ausnahmefällen. Die glückliche Auflösung des dramatischen

---

[14] Nestroy, Werke, a.a.O., 2, 111.
[15] Ludwig Anzengruber, Das vierte Gebot. Volksstück in vier Akten, Stuttgart 1979, 73.

Konflikts, die der Gattung so wesentlich ist, wird auch hier vollzogen, dann allerdings in entstellender Form. Wenn Gunderloch im „Fröhlichen Weinberg" noch wie selbstverständlich einklagt:

> GUNDERLOCH So is recht! Alle müsse sie sich kriege am Schluß, sonst is das Stück nit gut![16]

und damit am Ende natürlich auch recht behält, so sieht der vergleichbare Sachverhalt bei Horváth wie folgt aus:

> OSKAR Mariann. Ich hab dir mal gesagt, daß ich es dir nie wünsch, daß du das durchmachen sollst, was du mir angetan hast – und trotzdem hat dir Gott Menschen gelassen – die dich trotzdem lieben – und jetzt, nachdem sich alles so eingerenkt hat. – Ich hab dir mal gesagt, Mariann, du wirst meiner Liebe nicht entgehn –
> MARIANNE Ich kann nicht mehr. Jetzt kann ich nicht mehr –
> OSKAR Dann komm – *Er stützt sie, gibt ihr einen Kuß auf den Mund und langsam ab mit ihr – und in der Luft ist ein Klingen und Singen, als spielte ein himmlisches Streichorchester die „Geschichten aus dem Wiener Wald" von Johann Strauß.* (4,207)

Das was sich hier eingerenkt hat, ist der Tod ihres Kindes aus der Liaison mit Alfred. Damit ist der Weg frei für die „glückliche" Ehe mit Oskar.
Krisensituationen lassen sich bei Horváth, wo sie auftauchen, eben nicht mehr auf komische Art verniedlichen und damit weglachen.

Das typische Weglachen, das im „klassischen" Volksstück keinesfalls nur ein Kaschieren ist, sondern als Ausdruck positiver Grundstimmung für die Positivität des Ganzen einsteht und es mit herbeiführen hilft, findet sich zum Beispiel in Ferdinand Raimunds „Verschwender" noch auf folgende Art:

> VALENTIN (...) Ich versteh doch auch etwas von der Musik, weil ich in meiner Jugend öfter nach den Noten geprügelt worden bin (...)[17]
> DUMONT Und bekümmert sich dein Mann doch noch um dich?

---

[16] Zuckmayer, Der fröhliche Weinberg, a.a.O., 315.
[17] Raimund, Der Verschwender, a.a.O., 15.

WEIB Ah ja. Er schlagt mich fleißig noch.[18]

Demgegenüber bei Horváth in „Italienische Nacht“:

> ZWEITE Eigentlich ist der Krieg dran schuld.
> ERSTE An was denn?
> ZWEITE An mir.
> ERSTE Lächerlich! Alle reden sich naus auf den armen Krieg! (3,23)

Es zeigt sich anhand dieser wenigen Zitate, dass den formal ähnlichen Witzen ein jeweils signifikant unterschiedlicher Tonfall entwächst, dem in seinen Konnotationen gefolgt werden soll. Sehr deutlich offenbart sich, dass Horváth zwar formal komische Muster aufruft, diese sich aber oftmals hart an der Grenze zum traditionellen oder klassischen Witz bewegen. Am sinnfälligsten wird der Tonfall, wenn man sich den Dramentext als gesprochenes Wort vorstellt. Horváths Texten geht diesbezüglich die Eindeutigkeit ab; sie verliert sich zwischen Nuancen und Schattierungen, so dass letztlich offen bleibt, wie eine Sequenz zu betonen und dementsprechend „gemeint“ ist. Und ebenso uneindeutig muss man sich auch den Klang des Lachens vorstellen, das dadurch hervorgerufen wird.

3. Unheimlich komisch? Zur Begriffsbestimmung

> „Alle meine Stücke sind Tragödien -- sie werden nur komisch, weil sie unheimlich sind. Das Unheimliche muss da sein.“
>
> Ödön von Horváth

Dass der Horváthsche Witz zwar durchaus kritisch und in vielen Teilen der Tradition des traditionellen Volksstücks verpflichtet ist, dabei aber gerade nicht eine ungehemmte Fröhlichkeit auslöst, wie man sie noch bei Zuckmayers „Fröhlichem Weinberg“ antrifft, stach bereits beim ersten Lesen ins Auge. Stattdessen wird die ursprüngliche Heiterkeit sowohl inhaltlich als auch formal mehrfach unterlaufen.
So signifikant die Unterschiede des Tonfalls bereits in der Anmutung sind, so diffizil aber ist – noch vor der Interpretation – seine reine Beschreibung. Fest steht lediglich, dass dies mit einem Humor wie im „Vorspiel“ beschrieben, in dessen Umfeld man Fröhlichkeit und Opti-

[18] Raimund, Der Verschwender, a.a.O., 39/40.

mismus, zumindest aber eine gewisse positive Grundhaltung vermutet, nicht mehr allzu viel zu tun hat. Dem Wortursprung nach versprach der Humor Heiterkeit und eine grundsätzlich Lebensfreude sowie entspannte Gelassenheit[19], in deren Umfeld der Leser oder Zuschauer sich gerne in der Hoffnung sonnen mag, sich ein Stück weit an ihnen erfreuen und erwärmen zu können. Davon aber ist nicht mehr allzu viel zu spüren; Horváths Humor ist durchsetzt von einer Düsterkeit, auf deren Ursprung er selbst nur einen kurzen Hinweis gegeben hat: „Alle meine Stücke sind Tragödien -- sie werden nur komisch, weil sie unheimlich sind. Das Unheimliche muss da sein"(11,220). Viel mehr sagt er allerdings dazu nicht.

Im Versuch, den Tonfall und auch „das Unheimliche" einzufangen, stellen sich so einfache wie zentrale Fragen: Finden sich noch Spuren des klaren, herzhaften und kraftvollen Humors eines Anzengruber, Raimund oder Nestroy? Ist das noch lustig, witzig, oder geistreich? Wie weit wandelt sich ein einstmals fröhlicher Humor zu „schwarzem" oder zynischem? Und wie ist das ausgelöste Lachen? Noch heiter, fröhlich und begeistert – oder doch schon blasiert, „dreckig" oder gar ganz verschwunden? Und wie ist dieser Wechsel im Tonfall zu verstehen, worauf ist er zurückzuführen? Diese Erkenntnis einer Diskrepanz, dieser Unterschied im Grundton und die Evozierung der Unheimlichkeit, begründen die Fragestellung dieser Arbeit: Was ist passiert, dass sich der Tonfall der Horváthschen Volksstücke im Vergleich zu seinen Vorläufern so radikal ändert? Woher rührt er, was sind seine Spezifika und wie verhält er sich zu seinen Wurzeln? Und welche Sichtweise artikuliert sich durch ihn?

---

[19] Seinen Ursprung hat der Begriff in dem lateinischen „Humor" (=Feuchtigkeit) und entstammt der antiken Lehre, wonach verschiedene im Körper wirksame Säfte die seelische Gestimmtheit eines Menschen beeinflussen. Die heute übliche, rein positive Bedeutung des Humors jedoch geht zurück auf eine besondere Stilgattung, die im England des 17.-18.Jahrhunderts entstand und deren wichtigstes Merkmal „verspielte Heiterkeit" war; vgl. Der Duden, Bd. 7, Etymologie. Herkunftswörterbuch der deutschen Sprache, bearbeitet von Paul Grebe u.a., Mannheim 1963, vgl. a. Reallexikon der Deutschen Literaturwissenschaft, Band II, hg. von Harald Fricke, Berlin, New York 2000, 100. Natürlich ist Humor nicht in jeder Ausprägung tatsächlich auch heiter und gibt es von Anfang an z.B. auch schwarzen oder grotesken Humor, der von anderer und oftmals entgegengesetzter Wirkung ist. Dennoch ist der Erklärungs- und Abgrenzungsrahmen für Horváth nicht nur durch Zuckmayer, sondern vor allem durch die Gattungsauswahl und seine Selbstaussagen definiert und aufgerufen(s.u.). Diese Diskrepanz auszuloten und die Spezifika des Horváthschen Humors vor diesem Hintergrund auszuloten, ist Ziel dieser Arbeit.

Bei der Beantwortung dieser Fragen muss zunächst beachtet werden, dass Humor nichts heuristisch Gegebenes ist[20], weshalb auch auf das Naheliegende verzichtet werden soll: auf den Versuch, das vorgefundene Phänomen anhand eines Kriterienkatalogs in vorhandene Begrifflichkeiten zu bannen. Sicherlich gibt es viele verschiedene Arten von Humor, kann man bei Horváth zum Beispiel Spuren von Ironie entdecken und anhand dieser den Tonfall ein Stück weit eingrenzen und definieren. Insbesondere die Satirefrage[21] drängt sich geradezu auf.
Aber auch hier herrscht zunächst mehr Uneindeutigkeit als Klarheit, die durch die Aussagen des Autors zu diesem Thema noch verstärkt wird. Zudem ist sein Sprachgebrauch außerordentlich unsauber und wenig zuverlässig und zeichnet sich durch einen in seiner Krassheit irritierenden Widerspruch aus: Im sogenannten „Cronauer-Interview" von 1932 antwortet Horváth auf die (rhetorische) Frage, seine Stücke haben „einen starken satirischen Charakter": „Ja, ich stehe zur Satire absolut positiv. Ich kann garnicht anders"(11,202). In der im selben Jahr entstandenen „Gebrauchsanweisung" dagegen heißt es: „Ich hasse die Parodie! Satire und Karikatur -- ab und zu ja. Aber die satirischen und karikaturistischen Stellen in meinen Stücken kann man an den fünf Fingern herzählen -- Ich bin kein Satiriker, meine Herrschaften (...)" (11,216). Untermauert wird die Aussage zur Parodie in der „Randbemerkung" zu „Glaube Liebe Hoffnung": „(...) wer also ehrliche Menschen zu gestalten versucht, wird wohl immer nur Spiegelbilder gestalten können, und hier möchte ich mir erlauben, rasch folgendes zu betonen: ich habe und werde niemals Juxspiegelbilder gestalten, denn ich lehne alles Parodistische ab"(6,12). Diese Widersprüche wurden niemals explizit thematisiert; lediglich wurde je nach Argumentationsgang entweder das eine oder das andere Zitat als Beleg und als Stütze der jeweiligen Beweisführung herangezogen.

Nicht zuletzt aufgrund dieser Uneindeutigkeit soll die Begriffsbestimmung zuvorderst über eine Betrachtung der Stücke selbst gewonnen werden und ihnen nicht – quasi als Extrakt einer Theorie – gleichsam übergestülpt werden und geht es auch nicht um die Frage, ob man Horváth als einen Satiriker bezeichnen kann, oder ob es nur einzelne Aspekte seines Werks sind, die sich als satirisch betrachten ließen oder ob sich seine Werke in wesentlichen Aspekten von dieser Gattung unterscheiden. Es soll keine rein formalistische Betrachtung vorgenommen

---

[20] Vgl. Reallexikon der Deutschen Literaturwissenschaft, a.a.O., II, 100.

[21] Vor allem die Nähe der Satire zur Aufklärung und ihre – wenn auch bisweilen negativ formulierte – Normbindung machen die Satirefrage zu einer zentralen bei der Erfassung des Horváthschen Werks, vgl. zur Satire Reallexikon der Deutschen Literaturwissenschaft, III, hg. von Jan-Dirk Müller, Berlin, New York 2003, 355.

werden, die im Grunde nur ein Etikett überprüft und die Frage nach einer Klassifizierung (neu) zu beantworten sucht. Angesichts der Problematik, die das Hantieren mit „fertigen" Begriffen mit sich bringt – neben der Gefahr von Zirkelschlüssen werden gerade auch historisch bedingte Einschläge leicht vernebelt – , wird der Hinweis Peter von Matts, wonach es ohnehin „keine absolute Trennung zwischen den vielen Kategorien von Komik und Humor und Witz und Satire und Ironie" gibt[22], dankbar aufgenommen. Anstatt zu klassifizieren sollen die Begriffe aus den Stücken selbst heraus gewonnen und beschrieben werden. Und noch ein zweiter Hinweis Peter von Matts soll berücksichtigt werden, wonach es schwerlich etwas Trostloseres gebe als Vorträge über das Lachen[23], der weniger als grundsätzlicher Zweifel denn als Warnung zu verstehen ist, die Kraft und Vitalität, die vom Gegenstand der Untersuchung ausgeht, nicht durch eine allzu starre Begrifflichkeit zu bannen. Die Betrachtung über das Lachen zieht ihre schöpferische Kraft nicht zuletzt aus der affirmativen Nähe zum Sujet. Oder, wie es Oskar Maria Graf formuliert: „Der Humor hört auf, wo er ernst genommen wird."[24]

Dennoch bleibt das Satireproblem natürlich im Fokus der Fragestellung, denn in der Frage nach dem Satirecharakter ist die Standpunktfrage in ihrer Reinform enthalten; Satire scheint ohne Standpunkt ebenso wenig denkbar wie ohne Humor; jeweils als Ausdruck einer eigenen Haltung: zum Scherz gehört zwangsläufig ein Objekt, zu dem der Scherz(ende) sich verhält und das im Scherzen – sei es bösartig oder liebevoll – in ein bestimmtes Licht gerückt und derart beleuchtet wird[25], eine Konstellation, die nicht nur für besonders exponierte Formen wie die Satire oder die Parodie gilt, sondern die zum Wesen des Scherzes selbst gehört.

---

[22] Peter von Matt, Lachen in der Literatur. Überlegungen zur Frage, warum Schillers \`Glocke´ so ernst ist, in: ders., Das Schicksal der Phantasie. Studien zur deutschen Literatur, München 1996, 91-101, 95/96.

[23] Peter von Matt, Lachen in der Literatur, a.a.O., 91.

[24] Oskar Maria Graf, Notizbuch des bayrischen Provinzschriftstellers Oskar Maria Graf 1932, München 2002, 47.

[25] Vgl. z.B. Dieter Wellershoff, Beipflichtendes und befreiendes Lachen, in: Wolfgang Preisendanz u. Rainer Warning (Hg.), Das Komische, München 1976, 425-426, 425.

4. Warum Horváth? Methoden und Lektüren 1

> „Horváths gesellschaftliches Engagement und Selbstverständnis als Schriftsteller und die Thematik und stilistische Eigenart seines Werkes entsprechen den Forderungen, die unsere Zeit an Schriftsteller und Literatur richtet."
>
> Axel Fritz

Der Horváthsche Humor wurde von der literaturwissenschaftlichen Forschung bislang eher vernachlässigt. Die Untersuchungen, die sich mit dem Humor, der „Witztechnik" oder dem Phänomen des Komischen bei Horváth beschäftigen, sind auch gemessen an der Gesamtzahl der Veröffentlichungen zu diesem Autor eher gering in ihrer Anzahl. Unmittelbar den Humor zum Thema haben lediglich die Arbeiten Georg Hensels[26] und Jean-Claude Francois´[27] sowie Gerhard Melzers[28]. Auch die Untersuchung von Kim zur Grotesken im Werk Ödön von Horváths[29] bewegt sich in diesem Umfeld.
Interessant war die Frage nach dem Humor allenfalls indirekt: der Autor wählte mit dem Volksstück[30], der Komödie[31] und der Posse[32] Gattungen, die seit jeher wesentlich durch eine humoristische Grundhaltung geprägt waren. Dieser Zusammenhang fand seinen Niederschlag unter anderem

---

[26] Georg Hensel, Ödön von Horváth: die Komödie der Tragödien, in: G.H., Theater der Zeitgenossen. Stücke und Autoren, Ffm 1972.

[27] Jean-Claude Francois, Komische Elemente in den Dramen Ödön von Horváths, in: Komik in der österreichischen Literatur, hg. von Wendelin Schmidt-Dengler, 1996, 212-218.

[28] Gerhard Melzer, Das Phänomen des Tragikomischen. Untersuchungen zum Werk von Karl Kraus und Ödön von Horváth, Kronberg 1976 und ders., Lachen über die Wirklichkeit. Stichworte zu gattungskonstituierenden Merkmalen im dramatischen Werk von Karl Kraus und Ödön von Horváth, in: Horváth-Diskussion, 22-37.

[29] Jeong-Yong Kim, Das Groteske in den Stücken Ödön von Horváths, Ffm u.a. 1995 (Europäische Hochschulschriften: Reihe 1, Deutsche Sprache und Literatur; 1529).

[30] Die Bezeichnung „Volksstück" tragen „Revolte auf Côte 3018"(1927), ebenfalls die umgearbeitete Version unter dem Titel „Bergbahn"(1927), „Geschichten aus dem Wiener Wald"(1931), „Italienische Nacht"(1931), „Kasimir und Karoline"(1932) sowie eine Fassung von „Glaube Liebe Hoffnung"(1932).

[31] Als „Komödie" werden bezeichnet „Zur schönen Aussicht"(1927), „Mit dem Kopf durch die Wand"(1935), „Figaro läßt sich scheiden"(1937) sowie „Pompeji"(1937).

[32] Die Gattungsbezeichnung „Posse" tragen „Rund um den Kongreß"(1929) und „Hin und Her"(1933). Zudem trägt „Ein Dorf ohne Männer"(1937) den Zusatz „Lustspiel".

in den Arbeiten von Hellmuth Himmel[33], Erwin Rotermund[34] und Rolf-Peter Carl[35].
In diesen Gattungen – insbesondere dem Volksstück – spielte der Humor als gattungskonstituierendes Merkmal eine Rolle und gelangte so auf Umwegen in den Mittelpunkt des Interesses. Bei der Frage, weshalb die Wahl Horváths ausgerechnet auf das Volksstück fiel und wie diese Gattung und ihre Intention von ihm aufgenommen und weiterentwickelt wurden, wurde die Humorproblematik zumindest das ein oder andere Mal gestreift.
Thematisch rückte der Witz – ebenfalls indirekt – durch seine Nähe zur Aufklärung in das Blickfeld: gemäß des tradierten Doppelsinn des „Witzes", wonach „witzig" ursprünglich nicht nur „lustig", sondern auch „geistreich" meint. Konkret bedeutete dies für die literaturwissenschaftliche Forschung, dass sowohl dem Autor als auch – in vermeintlich direkter Folge davon – den Stücken eine aufklärerische und kritische Haltung zugeschrieben wurde. Insbesondere die Arbeiten von Axel Fritz[36], Wilhelm Emrich[37] (um nur zwei frühe und besonders exponierte Beispiele, die als typisch gelten können, zu nennen) sowie ein Großteil des Werks Traugott Krischkes, aber auch eine Vielzahl von Aufsätzen setzen sich mit diesem Thema intensiv auseinander. Es gehört heute zum gängigen Kanon, in Horváth den „Kritiker seiner Zeit" zu sehen, der sich in seinem Werk bewusst mit der gesellschaftlichen Realität im Deutschland der späten Zwanziger- und frühen Dreißigerjahre auseinandersetzte und diese Wirklichkeit nicht nur mit scharfem Blick analysierte und abbildete, sondern (dadurch) auch explizit kritisierte.
Damit ist es besonders das angesprochene Positionierungsproblem, über das der Horváthsche Humor auf Umwegen interessant wurde. Und tatsächlich gelangt er so – ohne *direkt* Thema der Untersuchung zu sein – immer wieder in das Blickfeld vieler Betrachtungen: Ein Autor, dessen Leben und Werk aufs Engste mit der Thematik der Gesellschaftskritik

---

33 Hellmuth Himmel, Ödön von Horváth und die Volksstücktradition, in: stmÖvH, 46-56.

34 Erwin Rotermund, Zur Erneuerung des Volksstücks in der Weimarer Republik. Zuckmayer und Horváth, in: ÜberÖvH, 18-45.

35 Rolf Peter Carl, Theatertheorie und Volksstück bei Ödön von Horváth, in: Theater und Gesellschaft. Das Volksstück im 19. und 20. Jahrhundert, hg. von Jürgen Hein, Düsseldorf 1973, 175-185.

36 Axel Fritz, Ödön von Horváth als Kritiker seiner Zeit. Studien zum Werk in seinem Verhältnis zum politischen, sozialen und kulturellen Zeitgeschehen, München 1973.

37 Wilhelm Emrich, Die Dummheit oder das Gefühl der Unendlichkeit. Ödön von Horváths Kritik, in: ders., Geist und Widergeist. Wahrheit und Lüge der Literatur. Studien, Ffm 1965, 185-196.

und des Engagements verknüpft sind[38], dem ein aufklärerischer, beziehungsweise kritischer Impuls nachgesagt wird, dessen Stücke sich durch eine explizite Positionierung und eine vermeintlich exakt definierbare Haltung auszeichnen, scheint geradezu prädestiniert für eine kritische Auseinandersetzung. Dieser aufklärerische Impuls, der sich nun in den Werken des Autors artikuliere, wurde meist unmittelbar (und mehr oder weniger ursächlich) aus der kritischen Intention des Autors selbst hergeleitet. Insbesondere in den zahlreichen Dokumenten des Autors[39] konnten exakt die gleichen kritischen Impulse ausgemacht werden, die sich auch aus den Stücken herleiten ließen.
Bezogen auf den Humor bedeutete das, dass diese Impulse genau die Haltung bezeichnen, von der aus gescherzt wird. Sowohl wer die Scherze macht als auch der notwendige Standpunkt ließ sich scheinbar zweifelsfrei definieren. Nicht zuletzt vor dem Hintergrund der speziellen Rezeptionssituation der Horváthschen Volksstücke[40] ist die Fragestellung nach dem kritischen Standpunkt zu einem Lieblingsgegenstand der Forschung geworden.
Für diesen Ansatz spielten einzelne Witze vor allem als Stilmittel eine Rolle. Dabei konzentrieren sich diese Untersuchungen zumeist auf den durch den Witz hervorgebrachten Effekt, nämlich den Erkenntnisgewinn, in dem der Witz – gemäß oben zitiertem Doppelsinn des Begriffs – als solcher jeweils aufgehoben scheint. Sein Verständnis ist vornehmlich rezeptionsästhetisch geprägt, in dem Sinne, dass „der Zuschauer (...) in eine Denkbewegung hineingezwungen" wird und sich am Ende „das

[38] Nur exemplarisch seien hier zwei der wichtigsten Autoren genannt, die die Frage des gesellschaftlichen Engagements in den Mittelpunkt ihrer Untersuchung stellen, nämlich Axel Fritz, Ödön von Horváth als Kritiker seiner Zeit, a.a.O. und Meinrad Pichler, Von Aufsteigern und Deklassierten. Ödön von Horváths literarische Analyse des Kleinbürgertums und ihr Verhältnis zu den Aussagen der historischen Sozialwissenschaften, in: stmÖvH, 67-86. Dies sind nur zwei besonders exponierte Beispiele für eine Lesart, die in Horváth immer zuerst den bewussten und scharfsichtigen Kritiker sieht; eine Lesart, die im Zusammenhang mit der Standpunktfrage immer wieder von Interesse sein wird, ausführlich hierzu in I.1.

[39] Hier wären vor allem der Text „Sie haben keine Seele" von 1930, die „Gebrauchsanweisung"(1930) sowie das sogenannte „Cronauer-Interview"(1932) zu nennen, ausführlich vgl. I.1.

[40] Der Beginn der Horváth-Forschung steht ganz im Zeichen der „neuen Relevanzforderungen", Jost Hermand, Geschichte der Germanistik, Reinbek 1994, 156, die die Qualität eines Werks vor allem an seinem gesellschaftskritischen Gehalt festmachte; vgl. hierzu III.1. In diesem Sinne begriff man Horváth nicht zuletzt als Antwort auf bestimmte, damals interessante und aktuelle Fragen. Dies hatte allerdings dann auch zur Folge, dass mit Beantwortung dieser Fragen das Interesse an dem Autor ebenso schnell wieder abebbte wie es aufgekommen war. Mit den fertigen „Ergebnissen" war die Substanz der Stücke aufgehoben und nichts Neues mehr zu erwarten – Horváth war erledigt, vgl. hierzu auch III.

Gelächter der Erkenntnis“ [41] erhebt. Der Akzent lag hier freilich eindeutig weniger auf dem Gelächter als vielmehr auf der Erkenntnis.
Wenn also bislang überhaupt vom Humor im Werk Horváths die Rede war, dann folgte dies immer einer bestimmten Logik: Er wurde vor dem Hintergrund einer mehrfachen Haltung und Positionierung betrachtet; der persönlichen des Autors und der seiner Werke (die sich nach gängiger Meinung praktisch kaum unterscheiden), der von der Gattung ausgehenden und der einer bestimmten Fragestellung, die an das Werk herangetragen wurde. Diese harmonierten insofern miteinander, als der ursprüngliche gesellschaftskritische Impuls des Volksstücks in aktualisierter Form die ideale Plattform für die Gesellschaftskritik in der Zeit der Weimarer Republik darstellte. Solcherart determiniert vollziehe sich im Horváthschen Humor jeweils ein kritisches Urteilen und eine Positionierung, welche der Witz, dessen Standpunkt so vorab definiert ist, (nur) ausdrückt.[42]
Damit nennen die bisherigen Untersuchungen zu Horváth zwar wichtige Bezugsrahmen für die Entfaltung des Scherzes, indem sie ihn in Rückführung auf die Intention des Autors/Werkes oder als durch die Gattung vorgegeben begreifen. Sie betrachten ihn jedoch nicht als eigenständiges Phänomen; Haltungen, Ansichten oder gar Meinungen, die in ihm zum Ausdruck kommen, wurden immer an anderer Stelle verankert und von dort wurde die Positionierung der Witze abgeleitet. Horváths Humor erscheint immer als ein Anhängsel (oder bestenfalls ein Stilmittel), das im Dienste der Autoren-, beziehungsweise Werksintention und der Logik der Gattung steht. Die aufgerufenen Standpunkte, so scheint es, prägen und steuern die Kommunikation (und Rezeption) insofern wesentlich als sie eben die Positionen aufrufen, von denen aus gescherzt wird und auf die der Rezipient sich einlassen, beziehungsweise mit denen er sich identifizieren kann. Die Kommunikation, ein wesentlicher Aspekt des Humors[43], beruht so im Wesentlichen auf einem Einverständnis, das sich aus eben dieser Einigkeit herleitet: das Lachen erscheint immer als die Antwort des Mitlachenden, der die (absichtsvoll) gemachten Witze nachvollzieht und die Meinung des Scherzenden

---

41 Reinhold Grimm, Komik und Verfremdung, in: Wesen und Form des Komischen im Drama, hg. v. R.G. u. K.L. Berghahn, Darmstadt 1975, 252-271, 254.

42 Dementsprechend argumentiert z.B. Kurt Bartsch, Ödön von Horváth, Stuttgart 2000, auch vornehmlich rezeptionsästhetisch, 81.

43 Vgl. Jan Bremmer und Herman Roodenburg, Humor und Geschichte: Eine Einführung, in: Kulturgeschichte des Humors, hg. v. dies., Darmstadt 1999, vgl. a. Wolfgang Preisendanz, Zum Vorrang des Komischen bei der Darstellung von Geschichtserfahrung in deutschen Romanen unserer Zeit, in: W.P. u. Rainer Warning (Hg.), Das Komische, München 1976, 153-164 und Reallexikon der Deutschen Literaturgeschichte, II, a.a.O., 100.

teilt.[44] Peter Berger verweist zu Recht auf die „sozio-positiv(e)" Wirkung des Humors, der gruppenbildend wirkt, „etwa nach dem Motto: `Wer zusammen lacht, gehört zusammen´"[45].

5. Die Poetologie des Humors. Zur Methode

> „Wenn man die Wiederholung nicht scheute, wenn man sie voll und ohne Mißachtung aufnahm, erkannte man bald einen Rhythmus des Redens und Widerredens; aus dem Hin und Her aus der Bewegung akustischer Masken bildeten sich Szenen..."
>
> Elias Canetti

Die Irritationen, die im Lachen aufblitzen und die Inkonsistenz der Horváthschen Aussagen zum Satireproblem waren die ersten Anzeichen, dass der Witz nicht mehr im traditionellen Sinne rund läuft und sich Gattungstradition, kritischer Ansatz und künstlerisches Temperament wohl doch nicht so passgenau zusammenfügen, wie es bei Zuckmayer den Anschein hatte und in der literaturwissenschaftlichen Forschung zumindest indirekt unterstellt wurde. Entgegen diesen Ableitungen soll der originäre Tonfall als Hinweis dafür genommen werden, den Humor im Werk Horváths als eigenständiges Phänomen zu betrachten. Humor bei Horváth soll als souveräne, nicht abgeleitete und nicht ableitbare (Geistes-)Haltung begriffen werden, in der sich eine eigentümliche Sichtweise artikuliert, die sich von ihren Ursprüngen emanzipiert und weder mittel- noch unmittelbar aus diesen hergeleitet werden kann.

Ausgangspunkt ist die These, dass sich die Witze bei genauerem Hinsehen nicht auf klar formulierbare Aussagen zurückführen lassen, wie sie vielleicht in den autobiographischen Schriften des Autors zu finden sind oder auf eine kritisch-aufklärerische Haltung, wie sie sich mit großem (sozialwissenschaftlich inspiriertem) methodischen Aufwand vermeint-

---

[44] Natürlich führt der Witz nicht immer automatisch Übereinstimmung herbei und gibt es in diesem Sinne auch misslungene Rezeptionssituationen, s. Kap.III.1. Im Falle dieser „falschen" Rezeption wird allerdings nicht gelacht.

[45] Peter L. Berger, Erlösendes Lachen. Das Komische in der menschlichen Erfahrung, Berlin, New York, 1998, 61. Wenn auch an dieser Stelle unausgesprochen so geht diese These Bergers natürlich auf Bergson zurück, der das Lachen ausdrücklich als Gruppenphänomen fasst, vgl. Henri Bergson, Das Lachen. Ein Essay über die Bedeutung des Komischen, Ffm 1988. Die Problematik der Übereinstimmung und ihre Wichtigkeit für das Gelingen von Humor werden an späterer Stelle (Kap.III.1) noch ausführlicher diskutiert.

lich ableiten lässt. Und auch in den Stücken selbst lässt sich keine einheitliche Perspektive verorten, von der aus die Witze zu verstehen und aufzulösen wären. Stattdessen sind der Humor und das Lachen durch eine Uneindeutigkeit der Haltung gekennzeichnet: uneindeutig im Sinne von nicht ableitbar sondern als disparat im Bezug auf die bisherigen Erklärungsmuster, erzeugen sie oftmals Irritationen, die sich in ihrem Resultat nicht mehr auf einen klar definierten Standpunkt zurückführen lassen, der sich durch den Witz als Stilmittel lediglich artikuliert.
Dies bedeutet nicht, dass der Begriff der Haltung gänzlich aufgegeben werden muss, jedoch zeigen die atmosphärischen Störungen an, dass sich in den Werken ein originärer Tonfall und eine Perspektive artikulieren, die nicht vorbestimmt sind und auch nicht durch die entsprechenden Diskurse eingeholt werden können, sondern die sichtbar machen, in wie weit die traditionelle Humorverwendung in ein Spannungsfeld geraten ist; ein Spannungsfeld zwischen den traditionellen Vorgaben, den Vorläufern und der Intention des Autors einerseits mit seinem Gegenstand andererseits. Die vermeintlich reibungslose Kommunikation der Standpunkte, in die der Humor bisher eingebettet schien, erweist sich angesichts eines nicht mehr herleitbaren Einverständnisses als brüchig. Diese Bruchstellen markieren den Verlust vermeintlich zentraler Kategorien: sowohl der aufklärerische Impuls, die kritische Haltung als auch die „Erdverbundenheit" und die prinzipiell positive Grundhaltung des Volksstücks sollen aus den Stücken heraus bestritten werden. Dabei wird sich, so das zweite Ziel dieser Arbeit, die poetologische Kraft des Humors zeigen; unter seinem Blickwinkel eröffnet sich eine Perspektive, die nicht abgeleitet ist oder werden kann. Hierdurch wird es vielleicht möglich sein, eine etwas genauere Einschätzung von Begriffen wie Kritik, Satire oder Ironie zu gewinnen und zwar auf umgekehrtem Wege: nicht indem man einen Standpunkt durch Begriffe oder durch Rücksicht auf eine Autorenintention als gegeben voraussetzt, sondern ihn aus den Stücken selbst heraus entwickelt.
Insofern ist die Ausgangsfrage auch mehr als ein (beliebiger) Impuls, der zum Anlass für die Betrachtung von Teilaspekten genommen wird und – wo alle „Grundsatzfragen" zu einem Autor geklärt sind – nun Nischen- und Spezialthemen erforscht, sondern sie ruft zahlreiche Elemente auf, die für die Stücke konstitutiv sind: sind die dargestellten Vorgänge wirklich lustig?, kann (oder gar darf) man noch darüber lachen?, soll man noch darüber lachen dürfen?, wie stand der Autor selbst zu diesen Fragen und geben die Stücke selbst das von vielen Rezipienten rekla-

mierte Lachen (und seine Auflösung, sprich: Deutung) noch her?[46] Wie kann/darf man sich noch sinnvoll zu dem Vorgeführten verhalten – all dies sind Kardinalfragen, die nicht nur das Herz der Stücke treffen, sondern auch zahlreiche Aspekte des Horváthschen Werkes berühren, die für sein Verständnis zentral sind: die Frage nach dem Erkenntnisgewinn, einem vermeintlich kritischen Gehalt und deren jeweiligem Verhältnis zu den Ursprüngen des Humors (Autoren- und/oder Werksintention; Gattungsvorgaben) sowie die eng damit verbundene Frage nach der Haltung und dem Ort, wo sich solche artikuliert. Die Fragen, wer scherzt, wer lacht und mit welcher Begründung dies jeweils getan wird, werfen von hier aus ein neues Licht auf zentrale Kategorien des Werks und können Horváth, wo er heute weitgehend erledigt und in den zeitgeschichtlich verhafteten Interpretationen aufgehoben ist, ein Stück weit zurückholen.

Der Akzent der Untersuchung soll dabei auf der Betrachtung der dramatischen Form liegen und auf der Frage, wo der eigentliche Träger dramatischer Handlung zu suchen ist. Es wird zu zeigen sein, wie das alte Volksstück nicht nur bloß modernisiert und den „heutigen Menschen"(11,201) angepasst wird, sondern wie es sich dabei von einer vermeintlich fröhlichen und moralisch einwandfreien Gattung zum zynischen Theater wandelt, indem sich die Stücke selbst der gängigen Argumentation widersetzen, beziehungsweise sie an ihre Grenzen stoßen lassen. Der Witz eröffnet eine eigenständige Perspektive, die erläutert werden und in ihrer Entstehung beschrieben werden soll.

Methodisch erfolgt dies als Bestimmung des Tonfalls nicht durch die Interpretation einzelner Stücke, die als Klammer für einen spezifischen Humor fungieren, der nur innerhalb ihrer als Ganze funktioniert, als vielmehr über die Betrachtung einer poetischen Verfahrensweise, die über einen bestimmten Zeitraum bei Horváth zu beobachten ist: die Zeit der Entstehung der vier „großen" Volksstücke „Italienische Nacht", „Geschichten aus dem Wiener Wald", „Kasimir und Karoline" und „Glaube Liebe Hoffnung". Zum Einen kommen in ihnen rein numerisch die meisten Witze vor, zum Anderen aber, so wird zu zeigen sein, ist der spezifische, in diesen Werken verwendete Witz, stilprägend und konstitutiv für die jeweiligen Werke und ihren besonderen Tonfall. Und nicht zuletzt durch ihn werden diese vier Werke zu seinen, insbesondere im Vergleich mit dem Spätwerk, mit Abstand stärksten Stücken.[47]

---

[46] Natürlich gibt es nicht das Lachen an sich, sondern die verschiedensten Facetten. Gerade aus diesem Grund kann eine genaue Beschreibung des Tonfalls Aufschluss über die Stoßrichtung geben.

[47] Gleichzeitig haben diese vier Stücke am nachhaltigsten zur Etablierung Horváths als „Kritiker seiner Zeit" beigetragen. Gerade die Frage nach der Wertigkeit wird dabei auch zeigen, dass es meiner Ansicht nach weniger die so oft reklamierten „kri-

Bei dieser Beschreibung folgt die Arbeit einem Dreierschritt, indem sie fragt, welche Faktoren den Humor beeinflussen (Kapitel I), wie Horváth diese Wurzeln konkret umsetzt und verarbeitet (Kapitel II) und – als Frage nach dem Gelingen – welche neue Dimension des Werkes sich im Zuge dieser Transformation erschließt (Kapitel III). Und schließlich folgt zum Ende hin die Frage, wie das Resultat schlussendlich einzuschätzen ist, auch und gerade im Hinblick auf seine Ursprünge (Kapitel IV).

Die genannten Quellen (Volksstück, kritische Weimarer Intelligenz, etc.) sollen also nicht völlig außer Acht gelassen werden, denn der Autor greift ja in der Tat ganz bewusst auf traditionelle Schemata zurück. Durch sie fließen verschiedene Determinierungen mit ein, die die einzelnen Witze direkt beeinflussen, indem sie permanent einen Sinn produzieren, der die Verwendung des Humors beeinflusst, deren Mechanismen allerdings ab einem bestimmten Punkt nicht mehr im ursprünglichen Sinne greifen.

Kurz zusammengefasst berührt die Frage nach dem Witz seine zentrale Stellung im Werk und seine poetologische Kraft. Unter Berücksichtigung des Bezugsrahmens und der Quellen, aus denen er sich speist (Gattung, Vorläufer, Intention, die, ebenso wie der Standpunkt, zentral sind beim Witz) und der Frage, was ihn ursprünglich beeinflusst, soll gezeigt und beschrieben werden, was im Zuge eines Prozesses aus ihm wurde (und warum). Als Leitfaden dient der originäre Horváthsche Tonfall, der anzeigt, in wie weit der Witz in ein Spannungsfeld geraten ist, das heißt: inwiefern eine bestimmte Sicht der Wirklichkeit auf diese nur noch bedingt anwendbar ist und wie dadurch eine altbewährte Form des Schreibens in eine Krise gerät (und auch neue Türen öffnet, durch die andere später gehen werden, zum Beispiel die Autoren des absurden Theaters, bis hin zu schließlich Friedrich Dürrenmatt). Die Fragestellung, die dieser Arbeit zugrunde liegt, ist die nach dieser krisenhaften Situation. Das im Titel angeführte „Ende“ markiert einen Veränderungsprozess, dem nachgegangen werden soll und der sich in einem signifikanten Wandel manifestiert: ab einem bestimmten Punkt gerät das Lachen in eine Lage, in der Positionen sich begegnen, die sich im ursprünglichen Sinne nicht mehr zusammenfügen. Humor beginnt bei Ödön von Horváth problematisch zu werden.

---

tischen“ Qualitäten Horváths sind, die ihn auszeichnen, sondern dass diese sich gleichsam unter der Hand und jenseits der bewussten Gestaltung entwickeln, vgl. III. In gewisser Weise wir es auch um die Frage gehen, ob hier einem Autor nicht gegen seine Intention und gleichsam „aus Versehen“ ein großer Wurf gelungen ist.

I. SPURENSUCHE
Die WURZELN DES HORVÁTHSCHEN HUMORS

1. Kritischer Chronist, Chronischer Kritiker – Horváth in seiner Zeit

„Bin ich ein Besserer? Ein Erzieher?
Nein, ich bin nur ein Schilderer."
Hans Fallada

„Denn ich erfinde ja nichts."
Oskar Maria Graf

Ein enger Zusammenhang zwischen der persönlichen Haltung des Autors, seinem expliziten dichterischen „Wollen" einerseits und der Tendenz seines Werks andererseits, lag von Anfang an auf der Hand und wurde auch von Horváth selbst bestätigt. Und dementsprechend oft wurde diese Beziehung auch thematisiert. Die persönliche Weltsicht des Autors mit seinem kritischen Ansatz sowie der gesellschaftskritische Gehalt seines Werkes schienen nicht voneinander zu trennen und sich in ihrer Substanz gleichsam zu entsprechen. Jack Zipes etwa sprach ausdrücklich davon, dass die Horváthsche Dramaturgie primär aus seiner Weltanschauung hergeleitet sei.[48]

Nach dieser Logik gibt die Frage nach der Weltanschauung wichtige Hinweise auf die Standpunktfrage des Horváthschen Humors – und tatsächlich folgten auch die Betrachtungen des Humors (wo sie denn überhaupt vorgenommen wurden) diesem Verständnis, indem man in ihm ein Stilmittel erblickte, das nicht wahllos eingesetzt wird, sondern dem – wie der implizierte Begriff des „Mittels" bereits nahelegt – vielmehr eine recht genaue Zielsetzung hinterlegt ist, die sich mit Rücksicht auf eine Positionierung definiert und die sich bei ihm (als kritische) letztlich über eine intellektuelle Leistung erklärt und vollzieht.[49] Im Humor der Stücke artikuliert sich danach nahezu unverblümt der kritische Impuls des Autors mit all seinen historischen Implikationen.

Folglich war es nicht nur methodisch legitim, auf die zahlreichen Aussagen des Autors zu seinem Werk zu rekurrieren; für ein im Detail angemessenes Verständnis schien es nachgerade notwendig, sich hier rückzuversichern. Zudem schienen die poetologischen Texte Horváths diesen vermeintlichen Zusammenhang nicht nur in der Sache, sondern auch in

---

[48] Jack Zipes, Horváths Dramaturgie der Isolierung, Notizen zu seiner Wiederentdeckung, in: Literatur und Kritik 6, 1971, 591-600, 594.

[49] S. Henri Bergson, Das Lachen, a.a.O., wonach der Intellekt an der komischen Erfahrung wesentlich beteiligt ist. Auf den intellektuellen Aspekt komme ich später zurück.

ihrer ausdrücklichen Absicht aufs Trefflichste zu belegen. In weiten Teilen lesen sie sich wie ein dichterisches Programm, als dessen konsequente Umsetzung die Stücke verstanden werden konnten. Sie formulierten deutlich, was der Dichter „wollte", welches Verständnis seiner schriftstellerischen Arbeit sich hieraus ableitete und weshalb die Stücke dementsprechend so gestaltet waren wie sie sind.
Wenn nun dieser Kausalität insofern mit Skepsis begegnet werden soll, als sie die Stücke ein Stück weit instrumentalisiert und auf einen Gehalt ausrichtet, der sowohl definier- und formulierbar, vor allem aber außerhalb der Stücke selbst in der Weltanschauung des Autors verankert ist und statt dessen vielmehr gefragt werden soll, in wie weit sich im Humor bei Horváth – auch und gerade entgegen der schriftstellerischen Intention und der „planvollen" Verwendung des Humors als Stilmittel – eine eigenständige Sicht der Dinge artikuliert, so wäre es dennoch töricht, einen Zusammenhang von vornherein und gänzlich zu bestreiten. Denn erst wenn der Standpunkt des Autors genauer analysiert und definiert ist – und hier waren ja, wie bereits angedeutet, nicht unerhebliche Widersprüche, beziehungsweise Unklarheiten zu verzeichnen – kann sein tatsächlicher Einfluss auf den Humor in seiner konkreten Anmutung beschrieben werden. Wie auch immer das „Resultat" sich entwikkelt haben mag – der Einfluss der kritischen Intention Horváths soll weniger geleugnet als vielmehr auf die vermeintlich strenge Kausalität hinterfragt werden. Des Autors Standpunkt ist zunächst lediglich ein wichtiger Impuls, der das Erscheinungsbild der Stücke im Allgemeinen und des Humors im Besonderen prägt und beeinflusst. Die Auseinandersetzung mit ihm scheint mir deshalb eine bedeutende Voraussetzung für die „Frage danach": warum sind die Witze wie sie sind, welche Haltung artikuliert sich in ihnen und in welchem Verhältnis stehen sie zu ihren Wurzeln, von denen der Impuls des Autors und sein gleichsam „persönlicher" Standpunkt die erste zu untersuchende ist.

Das Bild Ödön von Horváths *als Person* ist heute im Wesentlichen durch sein Engagement und den im Kern (gesellschafts-)kritischen Gehalt seines Werkes geprägt. Dieser Impuls wurde nicht nur als Hauptmotiv, sondern auch als die bleibende Leistung des Autors betrachtet, der damit sehr früh zum „Kritiker seiner Zeit" erhoben wurde. Diese heute als Standardklassifikation geltende Einordnung leitete sich nun nicht allein aus seinem Werk ab, sie stützte sich vielmehr in nicht unwesentlichen Teilen auf die zahlreichen Aussagen des Autors selbst, in denen er sich über sich und seinen Anspruch an seine schriftstellerische Arbeit äußerte. Und auch unabhängig davon, wo sich der eigentliche kritische Gehalt seines Wirkens entfaltet, galt es von Beginn der Horváth-Rezeption an

als ausgemacht, dass dieser sich direkt auf seine „kritische Intention" als Autor[50] zurückführen ließ.
Um nun dieses Verhältnis von Anspruch und Wirklichkeit, sprich: von der Autorenintention und den Stücken auf ihre tatsächliche Korrelation hin zu untersuchen, möchte ich die Aussagen Horváths sichten und zu systematisieren versuchen. Der Schwerpunkt liegt dabei vor allem bei seinem expliziten Wollen und dem, was für ihn die eigentliche Antriebskraft seines Schreibens war.

Zunächst ist allerdings im Umgang mit Horváths poetologischen Aussagen und solchen aus diesem Umfeld ganz allgemein eine gewisse Vorsicht geboten. Ein großer Teil hiervon (und zwar die ausführlichsten) entstehen in einer Zeit, in der auch die vier Stücke, die im Rahmen dieser Arbeit hauptsächlich interessieren, entstanden sind und scheinen überwiegend auf diese zugeschnitten. Dehnt man jedoch den Beobachtungszeitraum aus, so zeigen sich auch hier zahlreiche zumeist eklatante Widersprüche, die zumindest auf eine gewisse Entwicklung hindeuten. Diese korrespondiert durchaus mit den Veränderungen der Werke selbst, die insbesondere in der Spätphase seines Schaffens bisweilen so andersartig erscheinen, dass man meinen könnte, es mit einem anderen Autor zu tun zu haben.[51]
Aber auch innerhalb des Beobachtungszeitraums gibt es Widersprüche, beziehungsweise Aussagen, die sich, wie es scheint, nicht ohne Weiteres zusammenfassen lassen, beziehungsweise sich nicht auf eine einheitliche Poetologie oder ein stringentes schriftstellerisches „Programm" zurückführen lassen.
Ausgehen möchte ich von der vermeintlichen Konstante des „Kritikers", die für alle Schaffensphasen geltend gemacht wurde[52] und die sich in der „Hochzeit" des Autors (von ca. 1930-1933) am vollkommensten entfaltet zu haben scheint. Sie geht ursächlich auf ein Wort des Autors zurück, der sich „dramatischer Chronist"(11,201) nennt. Als solcher betrachtete er es als eine seiner hervorragenden Aufgaben, zu beobachten und zu

---

[50] Von einer solchen spricht explizit Martin Hell, Mord und k.o.-Schlag. Die „süße Brutalität" in Horváths Dramen. Sentimentalität vornehmlich in den „Geschichten aus dem Wiener Wald", in: stmGWW, 84-115, 77, der hier nur als ein Beispiel unter vielen angeführt werden soll.
[51] Unter Berücksichtigung der Zäsur von 1933 und der Einteilung in verschiedene Schaffensperioden wird dies im Kap.IV dieser Arbeit wieder aufgegriffen.
[52] Urs Jenny, Horváth realistisch, Horváth metaphysisch, in: Akzente 18, 1971, 289-295, beispielsweise sieht den kritischen Impuls als eine Konstante im gesamten Schaffen des Autors, der sich lediglich hinsichtlich seines Objekts und der Form der Darstellung wandelt, als kritischer Anspruch aber niemals aufgegeben wird, vgl. a. Johanna Bossinade, Vom Kleinbürger zum Menschen. Die späten Dramen Ödön von Horváths, Bonn 1988.

analysieren. Oberste Maxime ist es, „als treuer Chronist meiner Zeit"(11,219) zur Kenntnis zu nehmen (vgl.11,183), was der Fall ist.
Die strenge Orientierung an dem, was „der Fall" ist, ist die Ausgangssituation, mit der der Autor sich selbst einen strengen Zwang zur Objektivität auferlegt. Das reine, zunächst scheinbar interesselose Beobachten der Wirklichkeit gilt ihm als der sicherste Weg, diese Objektivität zu erlangen, die er ausdrücklich als einzige Wahrheit (11,218), der er sich in seinem Schreiben verpflichtet fühlt, anerkennt: an die Stelle des „Phantasierens" tritt ein „Sehenmüssen"(11, 191).
Die Erfassung dieser Wahrheit und ihres Objektivitätscharakters sind ihm als Kind seiner Generation bereits gleichsam in die Wiege gelegt.[53] Ihr besonders sei der Blick frei und unverstellt durch Ideologien, die mit dem Krieg ad absurdum geführt scheinen. Mehrfach betont er sinngemäß „...daß ich heute das Gefühl habe, als könnte ich mich an die Zeit vor dem Weltkrieg nicht mehr erinnern"(11,198).
Wo Walter Benjamin den radikalen Bruch mit dem Erfahrungswissen, den der Erste Weltkrieg ausgelöst hat, konstatiert[54], erscheint der Generation Horváths dies geradezu als willkommene Voraussetzung für ein besseres, weil intellektuell geprägtes und damit unbestechliches Denken als die adäquatere Variante, die Wirklichkeit angemessen zu erfassen und zu verstehen. Der Autor begreift sich als nicht vorbelastet, wobei ihm persönlich noch seine „Heimatlosigkeit"[55], die ihn von einer „unnötigen Sentimentalität" befreit (11,184), zu Gute kommt. Zentral bleibt ein Gefühl des völligen Neubeginns: „Meine Generation ist bekanntlich sehr misstrauisch und bildet sich ein, keine Illusionen zu haben. Auf alle Fälle hat sie bedeutend weniger als diejenige, die uns herrlichen Zeiten entge-

---

[53] Nicht zu Unrecht wird der 1901 geborene Horváth in diesem Zusammenhang immer wieder mit dem „Jahrgang 1902", den Hermann Glaser zum Titel eines Buches, das die Geisteshaltung dieser Generation einfängt, in Verbindung gebracht.

[54] Walter Benjamin, Der Erzähler. Betrachtungen zum Werk Nikolai Lesskows, in: W.B., Gesammelte Schriften Band II.2, Ffm 1990, 438-465, 439: „Denn nie sind Erfahrungen gründlicher Lügen gestraft worden als die strategischen durch den Stellungskrieg, die wirtschaftlichen durch die Inflation, die körperlichen durch die Materialschlacht, die sittlichen durch die Machthaber. Eine Generation, die noch mit der Pferdebahn zur Schule gefahren war, stand unter freiem Himmel in einer Landschaft, in der nichts unverändert geblieben war als die Wolken und unter ihnen, in einem Kraftfeld zerstörender Ströme und Explosionen, der winzige, gebrechliche Menschenkörper." Dieser Bruch mit dem Erfahrungswissen wird zu einer zentrale Voraussetzung für die Krise des Humors.

[55] Im Text „Fiume, Belgrad, Budapest, Preßburg, Wien, München" von 1929 kokettiert Horváth mit Rücksicht auf seine Herkunft und seine Jugend geradezu mit dieser Heimatlosigkeit, indem er anmerkt „Ich habe keine Heimat und leide natürlich nicht darunter, sondern freue mich meiner Heimatlosigkeit, denn sie befreit mich von einer unnötigen Sentimentalität"(11,184).

gengeführt hat. Wir sind in der glücklichen Lage, glauben zu dürfen, illusionslos leben zu können"(11, 185). Die einzige Voraussetzung, die diese Generation anerkennt, wurzelt in eben dem sachlichen (und dementsprechend vermeintlich ideologiefreien) Verständnis der Wirklichkeit: „Wir sind materialistisch geschult"(11,193).

So sachlich wie die reklamierte Einstellung selbst ist deren *Wiedergabe* durch den Autor freilich nicht. Im Wort von den „herrlichen Zeiten" zeigen sich erste Anzeichen einer ironischen Brechung, die der Autor an anderer Stelle auch ausdrücklich als „Synthese aus Ernst und Ironie"(11,215 u.ö.) bezeichnet. Diese Synthese nimmt vorweg, welche Form der Emotionalität sich das schreibende Ich einzig noch gestattet und die der Autor – erneut im „Cronauer-Interview" – wie folgt beschreibt: „Es gibt eine ganze Anzahl ewig-menschlicher Probleme, über die unsere Großeltern geweint haben und über die wir heute lachen – oder umgekehrt" (11,201). Bei aller geltend gemachten Härte erkennt man in dieser Ironie – ebenfalls an der Wendemarke des Ersten Weltkriegs – die Vorstufe zum Zynismus.[56]
Horváths Nüchternheit, soviel lässt sich jetzt schon sagen, trägt zugleich Symptome der Krise, als deren Antwort sie sich versteht; eine Antwort, die wenn nicht als Überwindung, so doch zumindest als Aushalten dieser Krise verstanden wird. Die Verpflichtung auf Sachlichkeit und Objektivität ist immer auch ein Symptom dafür, dass die Wirklichkeit aus den Fugen geraten scheint, indem diese Sachlichkeit ein Refugium vorstellt, in dem einzig sich noch leben, denken und beobachten lässt.
Das Phänomen des Beobachters, der sich betont illusionslos gibt und sich einer durch Objektivität erkennbaren Wahrheit verschreibt, ist aus dem Umfeld der „Neuen Sachlichkeit", in deren Kreis Ödön von Horváth auch gemeinhin gerne eingereiht wird, bestens bekannt. Nicht von ungefähr wird er deshalb auch des Öfteren in einem Atemzug mit Kurt Tucholsky, Carl von Ossietzky oder auch Egon Erwin Kisch genannt. In gewollter Abgrenzung vom Expressionismus entwickelt sich in diesem Umfeld eine Haltung, die als typisch und prägend für die zweite Hälfte der zwanziger Jahre angesehen wird.
Helmut Lethen hat diese neusachliche Haltung als die eines „Radar-Typen" identifiziert, der, eigentlich als literarischer Typus gedacht, über eine rezeptive, jedoch kalte Vorgehensweise, ein angstfreies Leben im

---

[56] Peter Sloterdijk, Kritik der zynischen Vernunft, Ffm 1983, sieht dementsprechend den Ersten Weltkrieg als das „Wendedatum des modernen Zynismus", 241. Auch hier ist der Bruch mit dem Erfahrungswissen der entscheidende Auslöser, der im zweiten und dritten Teil dieser Arbeit noch eine Rolle spielen wird. In diesem Sinne wird auch Horváths Ironie als eine Vorstufe des Zynismus betrachtet.

Modernisierungsprozess erlaubt.[57] Der Rekurs auf die Sachlichkeit wird damit zugleich auch als ein Rückzug gedacht, der sich die Dinge möglichst weit vom Leib hält, um sie in diesem scheinbar interesselosen Beobachten umso unbefangener analysieren und ihnen auf den Grund gehen zu können. Damit ist dieses Verhaltensmerkmal nicht nur Ausdruck eines zwanghaften Hangs zur Objektivierung, sondern zugleich auch als Reaktion auf Irritationen der Zeit und ihre krisenhafte Momente zu verstehen. Die betont harte Konfrontation mit der Wirklichkeit trägt ebenso Züge der Isolierung und resignativer Teilnahmslosigkeit.
Als in diesem Sinne wichtigster Zeit- und Generationsgenosse Horváths gilt besonders ein Autor, der (nicht zuletzt auch aufgrund einer verwandten Thematik) später im Zusammenhang mit der Analyse des Horváthschen Werks ebenfalls eine ausgezeichnete Rolle spielen wird und der nicht ohne Grund als ein „Grenzgänger zwischen Literatur und Theorie"[58] gilt: Siegfried Kracauer. Zahlreiche Interpretationen zu Horváth wurden mit Rücksicht auf dessen „Thesen" formuliert[59], indem sie neben der verwandten Thematik besonders auf die gleiche Intention der Texte hinweisen.
Seine Legitimation fand dieser Vergleich ursprünglich in dem jeweils an das eigene Werk gestellte Anspruch: die Situationsanalyse als eine genaue „Diagnose"[60] der Zeit, der eine absolute Verpflichtung auf Objektivität[61] zugrunde liegt. Mit ihr – wie auch der demonstrativen Traditionslosigkeit und Unabhängigkeit – korrespondiert die Genauigkeit der Wiedergabe des Beobachteten, weshalb Horváth auch darauf besteht, dass seine Generation sich „präziser ausdrücke, als die Vorkriegsquatscher"(11,193). Er spricht von der Notwendigkeit des „Sachlichsein(s)"(11,188) und betrachtet es als „die vornehmste Aufgabe des Schriftstellers (...), vernünftig zu sein"(11,225).

---

57 Helmut Lethen, Verhaltenslehren der Kälte. Lebensversuche zwischen den Kriegen, Ffm 1994, 11.

58 So der Titel der Arbeit Inka Müllers, Siegfried Kracauer. Grenzgänger zwischen Literatur und Theorie, Stuttgart 1985.

59 Nur beispielhaft seien hier die Erwin Rotermund, Zur Erneuerung des Volksstücks, a.a.O., Meinrad Pichler, Von Aufsteigern und Deklassierten, a.a.O. und Martin Hell, Mord und k.o.-Schlag, a.a.O., genannt.

60 Eine solche Diagnose nennt Kracauer ausdrücklich als ein Hauptanliegen seiner Arbeit, Siegfried Kracauer, Die Angestellten. Aus dem neuesten Deutschland, Ffm 1979, 7.

61 Reinhold Grimm, Neuer Humor? Die Komödienproduktion zwischen 1928 und 1933, in: Die deutsche Komödie im zwanzigsten Jahrhundert. Sechstes Amherster Kolloquium zur modernen deutschen Literatur, herausgegeben von Wolfgang Paulsen, Heidelberg 1976, 107-133, spricht von einem regelrechten „Objektivitätsfimmel" im Umfeld der Neuen Sachlichkeit, 118.

Diese betont sachliche Ausrichtung verlangte andererseits eine äußerste Schmucklosigkeit der Darstellung, die allein im Dienst des zu Beschreibenden steht und vollständig hinter dieses zurückzutreten habe.[62] Einzig auf die adäquate Erfassung von Sachverhalten kommt es diesem Schreiben an.[63] Damit sind die Voraussetzungen für seine Wiedergabe der Wirklichkeit, auf die er sich und damit sein Schreiben verpflichtet, benannt.

Vor der Frage, welche Art zu schreiben sich – neben der genannten Präzision – aus der Verpflichtung auf Objektivität und Wahrheit ableiten lässt, soll ein kurzer Blick auf den zentralen Themenkomplex des Horváthschen Schaffens geworfen werden um zu zeigen, welches die wichtigsten Substrate der Wirklichkeit sind, die sich aus der schonungslosen Diagnose ergeben. Welche Wirklichkeit eröffnet sich dem kritischen Blick? Und worüber muss dementsprechend geredet werden? Was eröffnet sich dem ausschließlich und kompromisslos auf die Realität gerichteten Blick? Was gibt es dort zu sehen?

In den thematischen Berührungspunkten liegt ein zweiter Grund, die Schriften Kracauers zum Vergleich mit dem Werk Horváths heranzuziehen, wendeten sich doch beide dem gleichen „Forschungsgegenstand" zu: Horváth wie Kracauer hatten das „bewußtseinsdeformierende Arrangement" einer bestimmten Schicht (nämlich des sogenannten Mittelstandes) „mit der Gesellschaft"[64] während der präfaschistischen Epoche zum Thema und unterzogen es einer eingehenden Analyse.

Ihr Blick richtete sich damit auf das gleiche „Personal", das Kleinbürgertum, beziehungsweise die Angestellten, von denen die am häufigsten zitierte Studie Kracauers spricht und die – als „heutige Menschen"(11,201) – der wichtigste „Forschungsgegenstand" im Werk Horváths werden sollten. Einige der bei Kracauer dargestellten Phänomene, die genannte Bewusstseinslage der Angestellten betreffend, lassen sich denn auch tatsächlich aus den Volksstücken Horváths herauslesen und immer wieder berufen sich die Horváth-Interpreten auf eine Kracauer vergleichbare „produzierte Stumpfheit"[65]. Selbst die „Rationalisierung der Sprache"[66] scheint bei Horváth einen ausgezeichneten Platz einzu-

---

[62] Den in dieser Forderung enthaltenen Zügen des Reportagehaften scheint gerade Horváth mit seinem Selbstverständnis als „Chronist" aufs Beste zu entsprechen.

[63] Volker Klotz, Dramaturgie des Publikums. Wie Bühne und Publikum aufeinander eingehen, insbesondere bei Raimund, Büchner, Wedekind, Horváth, Gatti und im politischen Agitationstheater, München 1976, spricht in diesem Zusammenhang von einer streng mimetischen Vorgehensweise, 215.

[64] Walder, Die Uneigentlichkeit des Bewußtseins, a.a.O., 39.

[65] Kracauer, Die Angestellten, a.a.O., 43.

[66] Kracauer, Die Angestellten, a.a.O., 45.

nehmen, so dass immer wieder Parallelen zwischen den beiden Zeitgenossen gezogen wurden. Und auch für das Standesbewusstsein der Angestellten finden sich bei Horváth Belege, so etwa in „Italienische Nacht“:

> SECHSTER Das ist was bedeutend feineres. Das ist eine Angestellte. *Er grinst* (3,31)

Noch deutlicher liest sich das in „Kasimir und Karoline“:

> KASIMIR Was willst du denn durch diese Herrschaften dort erreichen?
> KAROLINE Eine höhere gesellschaftliche Stufe und so.
> KASIMIR Das ist aber eine neue Ansicht, die du da hast.
> KAROLINE Nein, das ist keine neue Ansicht -- aber ich habe mich von dir tyrannisieren lassen und habe es dir nachgesagt, daß eine Büroangestellte auch nur eine Proletarierin ist! Aber da drinnen in meiner Seele habe ich immer anders gedacht! Mein Herz und mein Hirn waren ja umnebelt, weil ich dir hörig war! Aber jetzt ist das aus. (5,94)

Unverschleiert zum Ausdruck kommt die Themenauswahl schließlich in dem Roman „Der ewige Spießer“ und der Romanskizze „Der Mittelstand“, die seine Ambitionen besonders deutlich machen. Beide zeigen nicht nur über ihren Gegenstand den Ursprung der Themenauswahl an. Insbesondere bei „Der Mittelstand“, dem man kaum mehr ansieht, dass es sich um einen Roman und nicht um eine soziologische Studie handelt, kommt uns der Fragmentstatus zugute, der offenbart, wie sehr der Stil in seinen Ursprüngen dem diagnostisch-analytischen Charakter verpflichtet ist. So heißt es hier etwa: *„Der Zusammenbruch des alten Mittelstandes durch die Gewalten*: *Krieg*. (Phönix aus der Inflation = der neue Mittelstand, das sind: die Angestellten; aber hier hat sich schon etwas sehr Wichtiges verschoben, nämlich der \`Eigene Herr´-Standpunkt existiert nicht mehr – der auch nur vorher schon immer illusorischer geworden ist“ und „Wird es sich zu einem neuen Typ konsolidieren, oder wird er aufgehen im Proletariat und in der Leibgarde der Bourgeoisie? Das ist die Frage des Mittelstandes.“[67]

Was bedeutet dies nun aber für die künstlerische Wiedergabe dieser Wirklichkeit? Welche Art des Schreibens leitet sich hieraus ab?

---

[67] stmGWW, 182.

Zunächst bekennt der Autor offen, „...daß ich doch kein anderes Bestreben habe, als die Welt so zu schildern, wie sie halt leider ist"(11,203). Die hierzu nötige Präzision der Beobachtung schlägt sich dann unmittelbar in dem einzig angemessenen Stil nieder, der – analog dem prosaischen Charakter der Wirklichkeit – den kalt-wissenschaftlichen Tonfall imitiert, den Verzicht auf Poesie nahelegt und eben „schmucklos" ist. Diese Schmucklosigkeit ist das Resultat des „Sehenmüssen[s]", das dem „Phantasieren" explizit gegenüber gestellt wurde (11,191).
Zugleich lässt sich ein – durch das „leider" angedeuteter – resignativer Zug in dieser Haltung ausmachen. Neben einer (negativen) Bewertung der Wirklichkeit drückt sich in dem „leider" ein gewisser Fatalismus aus, der besagt, dass die ausschließliche Verpflichtung auf eine bloße Schilderung zugleich ein Zurückziehen und ein Anerkennen der Unveränderbarkeit bedeutet. Es scheint damit, der Autor habe seine „Verhaltenslehre der Kälte" gelernt, die als ein Preis des Wachbleibens angesehen werden muss[68], die jedoch durch die zweite Konnotation des „leider" wieder ein Stück weit gebrochen wird: auch hier lässt sich ein ironischer Zwischenton vernehmen. Ironie bedeutet nicht nur den „sanften Scherz"[69], sondern zugleich die Hintertür, es eigentlich gar nicht wirklich so gemeint zu haben – und damit auch ein Abkoppeln vom Gegenstand und eine prophylaktische Infragestellung der Ernsthaftigkeit. Und auch an anderen Stellen lässt sich bisweilen ein leicht relativierender Unterton vernehmen, beispielsweise in „Fiume, Belgrad, Budapest, Preßburg, Wien, München", wenn Horváth im Zusammenhang mit den schon zitierten „herrlichen Zeiten" vollständig formuliert: „Meine Generation ist bekanntlich sehr misstrauisch und bildet sich ein, keine Illusionen zu haben. Auf alle Fälle hat sie bedeutend weniger als diejenige, die uns herrlichen Zeiten entgegengeführt hat. Wir sind in der glücklichen Lage, glauben zu dürfen, illusionslos leben zu können. Und das dürfte vielleicht unsere einzige Illusion sein" (11,185). Auch dies kann als Hinweis auf eine ironisierende Haltung, die sich von den vordergründig kernigen Aussagen zugleich ein Stück weit distanziert, verstanden werden.
Umso ehrgeiziger wird angesichts dieser ironischen Brechung und ihrer Ambivalenz das Ziel der exakten Erfassung betrieben: Der Analogie des kalt-wissenschaftlichen Blicks mit der Schmucklosigkeit der Darstellung

---

[68] Vgl. Sloterdijk, Kritik der zynischen Vernunft, a.a.O., 819 über Ernst Jünger: „Doch unverkennbar ist Ernst Jünger der Meisterdenker des modernen Zynismus, bei dem kalte Pose und empfindliche Wahrnehmung sich nicht gegenseitig ausschließen(...) Seine Kälte ist der Preis des Wachbleibens inmitten der Greuel."

[69] Bemerkenswert ist auch der Aspekt der „Verstellung", der sich aus dem lateinischen, bzw. griechischen Wortursprung herleitet, vgl. Der Duden, Bd. 7, Etymologie, a.a.O. Es wird sich noch des Öfteren zeigen, dass bei Horváth – bei aller offensiven und kämpferischen Attitüde – nicht immer mit offenem Visier gekämpft wird.

entspricht der explizit formulierte Realismusanspruch: „Und um heutige Menschen realistisch schildern zu können, muss ich ihn also dementsprechend reden lassen"(11,201, auch 219). Ihre Sprache ist der „Bildungsjargon" (11,201 u.ö.), den es zu berücksichtigen gilt, um diese Menschen „wahrhaft [zu] gestalten"(11,201). Er wird gemeinhin als *das* zentrale Merkmal der Horváthschen Bühnensprache angesehen. Außer der „völligen Zersetzung der Dialekte"(11,201) gibt der Autor zunächst allerdings keine näheren Auskünfte zum Wesen des Bildungsjargons.
Der Fatalismus, den er in diesem Zusammenhang aber zum Ausdruck bringt, skizziert einen Bruch: die unentschiedene Frage, ob das Beschreiben als oberste Maxime nun reiner Selbstzweck oder bloß eine Voraussetzung für etwas Anderes ist; etwas Anderes, das ihm nachgelagert ist oder das vielleicht aus dem Beschreiben heraus sich gleichsam automatisch vollzieht.
In einem gewissen Widerspruch zu dem Anspruch, die Welt „lediglich" so schildern zu wollen, wie sie nun einmal leider sei, scheint die (realistische) Wiedergabe keineswegs ganz interesselos, sondern durchaus mit aufklärerischen Impulsen versehen, wie sich gerade am Beispiel der Sprache der „heutigen Menschen" zeigen lässt. Hierzu bemerkt Horváth: „Der Bildungsjargon (und seine Ursache) fordert aber zu Kritik heraus..."(11,211). Damit ist die intendierte Diagnose durchaus kein Selbstzweck, sondern höchst absichtsvoll.[70]
Zuallererst wird einer möglichen Selbstgenügsamkeit der Diagnose ein kommunikativer Anspruch entgegengestellt. Horváth wollte zunächst einmal schlicht und einfach verstanden werden – und zwar in einem ganz bestimmten Sinne, der ihn dazu verleitete, 1932 seine „Gebrauchsanweisung" zu schreiben: „...nämlich ich bin so naiv gewesen und bildete es mir ein, daß man (...) meine Stücke auch ohne Gebrauchsanweisung verstehen wird"(11,215). Ganz offensichtlich sah er sich in der Vergangenheit, insbesondere bei den Inszenierungspraktiken und der Umsetzung seiner Stücke, mit zahlreichen Fehlinterpretationen konfrontiert, die seiner Vorstellung von einer „richtigen" Behandlung seiner Stücke zuwiderliefen.
Die „Richtigkeit" einer Interpretation, wie der Autor sie reklamiert, hängt für Horváth selbst eng damit zusammen, wofür er als Autor seiner Meinung nach einstand und was ihm damit die Grundlage für ein richtiges, sprich: übereinstimmendes und angemessenes Verständnis war.
Im „Briefentwurf" von 1935 äußert er sich hierzu explizit: „Unabhängig von den zeitlich bedingten Kostümierungen ist und war es in Berlin im-

---

70 Auch dies eine Gemeinsamkeit mit Kracauer, Die Angestellten, a.a.O., 7: „Die Arbeit ist eine Diagnose und verzichtet als solche bewußt darauf, Vorschläge für Verbesserungen zu machen." Entgegen dieser „Bescheidenheit" lässt auch Kracauer keinen Zweifel an der Stoßrichtung seiner „bloßen" Schilderung.

mer Sitte zu fragen: `Gegen wen richtet sich das?´ Man hat nie gefragt `Für wen tritt es ein?´ Das `gegen´ war und ist dort immer wichtiger als das `für´" (11,222).
Gerade weil es ihm vordergründig oftmals um „Zerstörung" (11,219) ging und diese einen wesentlichen Bestandteil seines Schaffens darstellt, war es ihm umso wichtiger, nicht als purer Nihilist[71] wahrgenommen zu werden[72], der, gleichsam ohne positive Ansätze, nur kritisiere um des Kritisierens willen. Gäbe es dieses „für" nicht, so hätte ihn das fehlende Fragen danach sicherlich nicht weiter gestört.

Verschiedene Versuche sind unternommen worden, diese positiven Ansätze zu identifizieren. Besonders hier kam die Unterscheidung in verschiedene Schaffensperioden zur Geltung.
Ihn mit Rücksicht auf seine „materialistische Schulung"(s.o.) zum Marxisten zu erklären, kann als ein kurzer und relativ unergiebiger Abschnitt der Horváth-Rezeption betrachtet werden.[73] Wenn man vor allem den frühen Horváth – auch und gerade seine eigenen Äußerungen legen das nahe – durchaus als einen Marxisten bezeichnen kann[74], so ist der Unterschied seiner *Stücke* – und zwar auch der frühen – zu den politischen wie

---

[71] Zwar stammt das genannte Zitat aus dem Jahre 1935 und damit aus der Zeit nach der „Zäsur", die das Jahr 1933 darstellt. Dennoch bezieht sich Horváth dabei auf die Zeit, in der die vier Volksstücke entstanden, weshalb ein Bezug in diesem Zusammenhang erlaubt ist. Die Frage des Nihilismus wird im Zusammenhang mit der Stoßrichtung des Humors noch ausführlich zu diskutieren sein. Dass aber bereits Kracauer zugunsten der „Reinheit" seiner Diagnose bewusst auf Verbesserungsvorschläge verzichtet, s.o., bietet dem Nihilismusvorwurf eine dankbare Angriffsfläche. Das „Positive" bleibt zumindest auf der direkten inhaltlichen Ebene ausgespart.
[72] Nicht zuletzt deswegen hat er sich auch des Öfteren explizit gegen den Vorwurf der Kälte und Seelenlosigkeit zur Wehr gesetzt (11,193; 11,188).
[73] Hans Haider zitiert in „Die Presse", Wien vom 12.1.1977, Elisabeth Horváth, die bereits früh anmerkte: „Sie wollten einen Marxisten aus ihm machen (...) Ödön war ein absoluter Antifaschist (...) aber kein Kommunist", zit. n. Wolfgang Lechner, Zur Horváth-Rezeption seit 1945, in: stmÖvH, 185-201, 195.
[74] Axel Fritz spricht in seinem Aufsatz Ödön von Horváth als Kritiker seiner Zeit, in: Akzente 19, 1972, 97-109 (im Folgenden zitiert als Fritz, Ödön von Horváth als Kritiker seiner Zeit, 1972), 99, von einem marxistisch geprägten Materialismus. Diese Aussage bezieht sich jedoch primär auf die Weltanschauung Ödön von Horváths, die in der Tat die von Fritz formulierten Züge aufweist. Neben der zitierten materialistischen Schulung gibt es auch zahlreiche andere Hinweise, die diese Interpretation (die sich aber eben nur auf die Weltanschauung und allenfalls die Intention Horváths beziehen kann) zu stützen vermögen. Das exponierteste Beispiel hierzu ist eine Passage aus „Unlängst traf ist einen Bekannten...", in der Horváth von den Vorteile des Stadtlebens spricht und sagt: „So würde dann auf dem Land ein Kapitel heißen `Abendsonnenschein im Hochwald´ und in der Stadt `Die Arbeitslosenunterstützung wird gekürzt´"(11,190).

denen Brechts oder Tollers fast immer klar umrissen. Lediglich „Revolte auf Côte 3018" (1927), 1928 umgearbeitet zu „Die Bergbahn", dessen Thema laut Horváth der „Kampf zwischen Kapital und Arbeitskraft" (11,200) ist, lässt eine Interpretation in diesem Sinne zu. Im Zusammenhang mit diesem Stück spricht Horváth davon, es sei als „Beweis" für die Notwendigkeit der „Umschichtung der Gesellschaft" gedacht(11,185). Bezeichnenderweise wurde und wird aber gerade dieses Stück in der Forschung am wenigsten beachtet.
Ein ähnlich gelagerter gesellschaftskritischer Impuls innerhalb eines Stückes findet sich in der „Lehrerin von Regensburg", wo Horváth die Figur der Eva sagen lässt: „Ich weiß, wie die bürgerliche Gesellschaft ihre Leute hinopfert" [75], das in diesem Kontext kurzerhand als Horváths Meinung adaptiert wurde. So gesehen verifizieren die Stücke eine These. Ansonsten aber scheint es, die These von einer vorangegangenen marxistischen Interpretation der frühen Dramen (was sich aber auf die Forschungslage bezieht und deshalb nicht dasselbe ist wie eine mögliche Intention des Autors) werde nur zitiert, um desto vehementer das Gegenteil behaupten, die Schlagkraft der eigenen Argumente umso nachdrücklicher unter Beweis stellen und den Unterschied vom Kultur- zum Zeitkritiker, der sich in oben genanntem Sinne mit dem Bewusstsein einer bestimmten Gesellschaftsschicht befasst, besser vertreten zu können. Bei allen Hinweisen, die Horváth selbst zu seinem Materialismus gegeben hat, ist die Behauptung, er sei eine Zeit lang als marxistischer Autor gelesen worden, nicht die einzige Legende, die die Forschung über sich selbst in die Welt gesetzt hat.
Sein Interesse gilt weniger dem Kollektiv in materialistischem Sinne als der Rolle des Individuums darin. In der Auseinandersetzung mit ihm entfalte sich die „vornehme pädagogische Aufgabe des Theaters"(11,217). Diese pädagogische Aufgabe nun versteht sich mit Rücksicht auf das einzige Gesetz, das der Autor anerkennt: nämlich „die Wahrheit"(s.o.). Auf dem Weg zur ihr verfolgt er „kein anderes Ziel, als wie dies: Demaskierung des Bewußtseins"(11,216).

Horváth hatte mit den „Ursachen" des Bildungsjargons eine zweite, nicht direkt sicht- und visualisierbare Ebene neu ins Spiel gebracht, die ein Hauptmerkmal seines Schreibens bezeichnet: den Versuch, jeweils Verborgenes zum Vorschein zu bringen.[76] Dieser Zeigeakt vollzieht sich in eben jener Demaskierung und zwar in zwei Schritten: Zunächst muss

---

[75] stmEM176

[76] Besonders Ingrid Haag stellt diese Logik des Gezeigten und Verborgenen in den Mittelpunkt ihrer Überlegungen, vgl. z.B. Ingrid Haag, Zeigen und Verbergen, Zu Horváths dramaturgischem Verfahren, in: stmGWW 138-153 und Ingrid Haag, Fassaden-Dramaturgie. Beschreibung einer literarischen Form, Ffm u.a. 1995.

davon ausgegangen werden, dass das was „der Fall" zugleich auch verborgen ist: der Begriff der Maske versinnbildlicht den Fassadencharakter. Dieses zum Vorschein zu bringen ist es, was mit „Demaskierung des Bewußtseins" zunächst allgemein gemeint ist: sie reißt den Personen die Maske vom Gesicht und bringt so ihr wahres Wesen ans Tageslicht.[77] Hierdurch werden (gewollt und ungewollt) verborgene Züge ihres Charakters ebenso erkenn- und durchschaubar wie ihre Ursachen (in Korrelation zu den Ursachen des Bildungsjargons, s.o.), die in der Struktur der gesellschaftlichen Wirklichkeit zu suchen sind.

Damit ist klar umrissen, dass die Ursache des Verbergens zwar – über die Ursachen des Bildungsjargons hinaus – gesellschaftlich relevant, dabei aber primär auf individualpsychologischer Ebene zu suchen ist. Horváth insistiert geradezu darauf, wenn er der „Gebrauchsanweisung" einen Satz als Motto voranstellt, der ihm dementsprechend zentral für sein Schaffen schien: „Das dramatische Grundmotiv aller meiner Stücke ist der ewige Kampf zwischen Bewußtsein und Unterbewußtsein"(11,215).[78] Soll von dem Prozess der Demaskierung und dem, was sie sichtbar (und damit auch fassbar) macht, später die Rede sein (Kap.II), so interessiert an dieser Stelle zunächst der zweite Schritt: das, was die Demaskierung beim Zuschauer bewirken soll. Auch hier spielen psychologische Momente eine Rolle, wie der Autor ebenfalls in der „Gebrauchsanweisung" anmerkt: „Im Theater findet also der Besucher zugleich das Ventil wie auch die Befriedigung (durch das Erlebnis) seiner asozialen Triebe"(11,217) und, etwas später im gleichen Text: „Mit meiner Demaskierung des Bewußtseins, erreiche ich natürlich eine Störung der Mordgefühle -- daher kommt es auch, daß Leute meine Stücke oft ekelhaft oder abstoßend finden..."(11,218).

In dieser Veränderung lassen sich die schriftstellerische Intention und das poetische Verfahren, die dementsprechend eben kein Selbstzweck sind, sondern vollständig in deren Dienst stehen, am signifikantesten fassen. Es geht hier um einen radikalen Veränderungsprozess und nicht nur um das Bewusstmachen von Nuancen.

---

[77] Dieses wahre Wesen entspricht der zitierten Objektivität und erscheint deshalb auch wissenschaftlich erfassbar – ein Hauptgrund dafür, dass viele Horváth-Interpreten sozialwissenschaftliche und andere Werke aus diesem Umfeld bemühen, um die Stimmigkeit ihrer eigenen und der vermeintlichen Thesen des Autors zu belegen, vgl. hierzu Kapitel III.

[78] Auf den – wenn auch populären – Fehler, vom „Unterbewußtsein" zu sprechen, muss insofern hingewiesen werden, weil er als unfreiwilliges Beispiel für die Pseudowissenschaftlichkeit des Autors, der auch manche Interpreten sich nicht immer entziehen konnten, dienen kann. Schon angesichts dieses „Fehlers" dürfen zumindest Zweifel angemeldet werden, in wie weit diese Aussagen tatsächlich wissenschaftlich fundiert sind.

Über den eigentlichen Inhalt dieses Prozesses erfährt man direkt zunächst sehr wenig, jedoch gibt der Autor an anderer Stelle einen Hinweis. In „Wie soll ein Schriftsteller heutzutage schreiben" (1936 oder 1937) heißt es: „Aber es gibt nur eine wahrhafte Zensur: das Gewissen! Und das dürfen wir nie verlassen"(11,225). Dieser moralische Anspruch wird angesichts der betont sachlichen Ausrichtung gerne übersehen, muss aber als Folie für das reklamierte Positive betrachtet werden. Auch von diesem moralischen Anspruch wird noch ausführlicher die Rede sein.
Genaueres, wie sich diese „Störung der Mordgefühle" im Einzelnen ereignet und was sie konkret beim Zuschauer bewirkt, erfährt man an dieser Stelle ebenfalls nicht. Fest steht aber, dass sich für Horváth eine wesentliche Wirkung seiner Stücke erst im Rezeptionsakt entfaltet. In dieser stark intentionalen Ausrichtung sind Autoren- und Werksintention nicht sauber zu trennen; sie stehen im Dienst derselben Sache. Mit diesem zum Einen ausgeprägt kommunikativem Charakter einerseits und dem Willen zur Verbesserung andererseits steht das Horváthsche Theater in bester Komödientradition.[79]

Zusammenfassend lässt sich festhalten, dass die Lesart vom „Kritiker seiner Zeit" sich explizit am Anspruch des Autors an sein Schreiben anlehnen kann und sowohl aus seiner Intention als auch (in direkter Folge davon) seiner Thematik hervorgeht. Ferner konnten Analyse und „Diagnose" als wichtigste Impulse seines Schaffens identifiziert werden.
Zog sich der Autor in diesem Sinne zunächst scheinbar völlig in die Rolle des Beobachters zurück, der bloß schildern, damit aber die Wahrheit erfassen wollte, war ihm die Analyse andererseits ausdrücklich kein Selbstzweck. Sie bildete zunächst vielmehr die Voraussetzung für einen aufklärerischen Ansatz, der sich als ideologiekritisch bezeichnen lässt und zunächst nach dem falschen Bewusstsein der (klein-)bürgerlichen Ideologie[80] fragt. Die „drei zentralen Begriffe" Horváths, „Mittelstand, Kleinbürger und Spießer" charakterisierten nämlich nicht nur das Personal, sondern enthielten auch „eine ganze Reihe konstanter Implikationen(...), die den historischen Kontext betreffen"[81].

---

[79] Berger verweist in diesem Zusammenhang auf Moliere wonach es „die Nützlichkeit der Komödie ist (...), daß sie die Laster der Menschen berichtigt", Berger, Erlösendes Lachen, a.a.O., 28. Die kathartische Wirkung der Komödie führt traditionell und fast automatisch zur Besserung. Und „Demaskierung als moralische Provokation" führt damit automatisch zu einer individuellen Besserung, die hier mit dem Gewinn der Wahrheit gleichgesetzt ist.
[80] Dies Kracauers eigentliches Thema, s. Kracauer, Die Angestellten, a.a.O.,81.
[81] Pichler, Von Aufsteigern und Deklassierten, a.a.O., 67/8.

Über diese Erkenntnis hinaus sollen nun durch das Spiel ganz konkret Veränderungen herbeigeführt werden, die nicht nur auf kognitiver Ebene als ein besseres Verstehen sich entfalten, sondern gleichzeitig auch eine kathartische Wirkung haben sollen. Damit definieren sich die Stücke (auch) über ihre wirkungsästhetische Ebene. Zuallererst jedoch ist dieser Anspruch gezeichnet durch eine ausgeprägte Opposition zum Status quo und durch den Willen, durch Bewusstmachen auch zu überzeugen.
Die wichtigsten Stichworte hierzu waren der Bildungsjargon, der zu Kritik herausfordere und die pädagogische Aufgabe des Theaters, die sich auf individualpsychologischer Ebene entfalte, wobei letztere Frage in ihrem Prozesscharakter zunächst offenbleibt.

Diese Frage ist nicht zuletzt deswegen nicht zu beantworten, weil die Maßstäbe für die eingeklagte „Richtigkeit" der Rezeption, die in der „Gebrauchsanweisung" angemahnt wurde, fehlen und die zu Beginn angekündigte Frage nach der Korrelation von der Autorenintention und ihrer Entfaltung in den Werken nur anhand der Selbstaussagen Horváths nicht eindeutig und abschließend beantwortet werden kann. Wenn auch viele Richtungen und Impulse vorgegeben sind, ist ein eindeutiger Standpunkt hieraus nicht ableitbar.
Für die Ausgangsfrage nach dem Humor in Horváths Volksstücken ist dies deswegen so bedeutsam, weil hiervon auch die Rezeptionssituation, die beim Gelingen von Humor entscheidend ist, betroffen ist. Ohne einen klar definierten Kontext und ohne einen sicheren Bezugsrahmen, laufen Witze immer wieder Gefahr, falsch oder gar nicht verstanden zu werden und damit zu scheitern, beziehungsweise inkonsistent zu werden. Der Standpunkt des Autors allein kann – entgegen der häufigen Gepflogenheit – keinen verlässlichen Gradmesser darstellen. Im Zusammenhang mit der Frage nach der Perspektive der Stücke und der Frage, wie diese sich auf den Humor auswirkt, wird dies später von Bedeutung sein.
Auffallend ist auch, dass der Autor praktisch keinen Hinweis auf dieses doch so zentrale Stilelement gibt. Einzig die zitierte Aussage, dass seine Generation über Dinge lache, über die die seiner Großeltern noch geweint haben mag (s.o.), gibt einen Anhaltspunkt für sein Humorverständnis und ist zugleich Ausdruck jener Ironie, die sich die Dinge möglichst vom Leib halten will. Allenfalls im Umkreis bewegt sich noch das kathartische Moment, welches auch im Umfeld des Lachens angesiedelt werden, aufgrund der vorliegenden Aussagen jedoch nicht näher bestimmt werden kann.
Im Anfang war für den Autor aber ein kritischer Impuls, der den Anspruch erhebt, etwas zu zeigen. Später wird zu zeigen sein, wie der Autor mit diesem Impuls konkret umgeht, wie er ihn in seinen Stücken

verwendet, was er zeigen will und wie er das tut und damit auch, wo sich in den Stücken Spuren dieses Impulses entdecken lassen. Am Resultat soll untersucht werden, was der Autor unternommen hat, um seiner Intention Ausdruck zu verleihen.
Zuvor aber ein Blick auf eine weitere Quelle des Horváthschen Humors: die Gattung, die der Autor auswählt und die sich von Haus aus gut mit seiner kritischen Intention zusammenfügt. Und diese Gattung bietet traditionell Raum für Komik, beziehungsweise Komik ist eines ihrer wesentlichen Lebenselixiere.

2. Humor ist, wenn man trotzdem denkt: Erinnerungen aus der Wiener Vorstadt

> „Indem nun aber das Komische überhaupt von Hause aus auf widersprechenden Kontrasten sowohl der Zwecke in sich als auch des Inhalts derselben gegen die Zufälligkeit der Subjektivität und äußeren Umstände beruht, so bedarf die komische Handlung dringender fast als die tragische einer Auflösung."
>
> G.W.F. Hegel

Warum also fiel die Wahl des Autors gerade auf die Gattung des Volksstücks und was machte dieses für seine „Zwecke" so geeignet. Mit dieser Frage ist die Gattung die zweite wichtige Wurzel, die den Horváthschen Humor in seiner konkreten Ausprägung beeinflusst.

Dabei muss zunächst berücksichtigt werden, dass Horváth selbst in Gattungsfragen eine gewisse Laxheit an den Tag legte und schon gar keine fundierte theoretische Auseinandersetzung mit dieser Problematik erfolgt ist[82] – was man allerdings von einem Autor (selbst wenn er einige Semester Theaterwissenschaften bei dem renommierten Artur Kutscher in München studiert hat) anders als von einem Literaturwissenschaftler auch nicht unbedingt erwarten darf. Für ihn sind es vielmehr bestimmte Merkmale der Gattungen, mit denen er es – im literaturwissenschaftlich strengen Sinne – nicht allzu genau nahm, derer er sich bediente[83], die sich wunderbar zur Umsetzung seines kritischen Impulses eigneten und die er eher unbedenklich und ohne ein allzu feines Interesse an Gat-

---

[82] Vgl. Stefan Kaszynski, Horváths Poetik des Destruktiven. Überlegungen zur Lesart des Stückes „Kasimir und Karoline", in: Literatur und Kritik 1989, 323-331, wonach Horváth „kein innovatorischer Gattungstheoretiker" sei, 325, vgl. a. Thomas Schmitz, Das Volksstück, Stuttgart 1990, der darauf hinweist, dass Horváths Theorie nicht bis ins Letzte durchdacht scheint und eher den Eindruck des Improvisierten und Vagen macht, 45; ebenso Bartsch, Ödön von Horváth, a.a.O., 44. Dass er sich nie große Gedanken um „seine" Theorie gemacht haben mag, kann ein Grund für die bereits erwähnten Widersprüche sein. Dennoch machte er sich die Mühe, das Cronauer-Interview zusammenzufassen. Einiges hiervon scheint ihm dementsprechend gefallen zu haben und der Mühe wert gewesen zu sein.

[83] Als besonderes Beispiel für die „Beliebigkeit" der Gattungsbezeichnungen kann das Stück „Glaube Liebe Hoffnung" dienen, für das in zwei verschiedenen Fassungen auch zwei unterschiedliche Gattungsbezeichnungen vorliegen – einmal als „Volksstück", ein anderes Mal als „Kleiner Totentanz". Dieser Unterschied wirkt sich auf die dramatische Konzeption der beiden Varianten nicht entscheidend aus.

tungsfragen verschiedenen Vorlagen entlehnte.[84] Dennoch – und nur scheinbar im Widerspruch hierzu – kann die Gattungswahl als eine sehr bewusste angesehen werden, geleitet von den Vorzügen, die sie ihm bot und von denen zu sprechen sein wird, aber auch von einer Affinität für den Gegenstand.[85]
Welches also sind seine wichtigsten Vorläufer, insbesondere mit Rücksicht auf die Ausgangsfrage, die Humorverwendung? Was versprach er sich von diesem Rückgriff? Was findet er im Volksstück, was seiner Intention und seiner Haltung entspricht und das unter anderem dazu führte, dass Horváth heute als *der* wesentliche Volksstückautor der ersten Hälfte des 20. Jahrhunderts betrachtet wird und seine Stücke immer – auch über den ausdrücklichen Rekurs hinaus – mit Rücksicht auf diese Gattungstradition untersucht wurden? Gibt es einen Zusammenhang zwischen dem kritischen Potenzial des Volksstücks[86] und dem kritischen Impuls des Autors?

Der Autor selbst hat sein Verhältnis zum Volksstück deutlich formuliert:

> „Mit vollem Bewußtsein zerstöre ich nun das alte Volksstück, formal und ethisch -- und versuche die neue Form des Volksstückes zu finden. Dabei lehne ich mich mehr an die Tradition der Volkssänger und Volkskomiker an, denn an die Autoren der klassischen Volksstücke."(11,219)

und an anderer Stelle:

> „...weil mir so etwas ähnliches, wie die Fortsetzung des alten Volksstückes vorschwebte"(11,200);

---

[84] Zur Vieldeutigkeit des Begriffs vgl. erneut Schmitz; Das Volksstück, a.a.O., auch Jürgen Hein, Das Volksstück. Entwicklung und Tendenzen, in: ders. (Hg.), Das Volksstück im 19. und 20. Jahrhundert, Düsseldorf 1973. Auch in der literaturwissenschaftlichen Behandlung ist die Trennschärfe zwischen den Gattungen nur relativ. Insofern sollte diese Unschärfe nicht überbewertet werden.

[85] Darauf, dass diese zweifelsfrei vorhanden war, hatte Marcel Reich-Ranicki bereits hingewiesen, vgl. die Anmerkung im „Vorspiel auf dem Friedhof". Insofern ist der Äußerung von Kurt Bartsch, Ödön von Horváth, a.a.O., 44, wonach Horváth sich in Berlin „den bösen Blick" und in Bayern die Gelegenheit geholt habe, diesen auf die „heile Welt" zu werfen, ausdrücklich zu widersprechen.

[86] Vgl. hierzu z.B. Evelyn Deutsch-Schreiner, Österreichische Bühnentradition und modernes Volksstück. Ein theaterwissenschaftlicher Beitrag zu den Voraussetzungen der Volksstückbewegung, in: Modern Austrian Literature, Univ. of California 1995, 75-94, 77.

zwei Zitate, mit denen er unterstreicht, wie absichtsvoll seine Wahl ist und wo seine Auswahlkriterien liegen. Jene „Fortsetzung", auf die ich mich zunächst konzentriere – von der Zerstörung wird später die Rede sein – ist geleitet von mehreren Aspekten, von denen hier vor allem zwei interessieren sollen: der Gegenstand des Volksstückes und der Witz, der in den Werken seiner erklärten Vorläufer ein konstitutives Merkmal ist.
Der erste Grund für den Rückgriff auf Volksstück und Komödie ist das Bühnenpersonal dieser Gattungen. Anders als in der Tragödie stehen in der Komödie im Allgemeinen und beim Volksstück im Besonderen Personen aus dem „wirklichen Leben" im Mittelpunkt der Handlung.[87] Somit kamen diese Gattungen bereits thematisch dem Anliegen Horváths, „heutige Menschen"(11,201) auf die Bühne zu bringen, sehr entgegen. Zudem entsprachen sie insofern seinem Hang zur Objektivität, als auch ihm die Wahrheit etwas außerordentlich Konkretes war, das sich im alltäglichen Leben abspielte.
Folgerichtig hat Ödön von Horváth im Volksstück eine Plattform gefunden, die sich nah an der konkreten gesellschaftlichen Wirklichkeit bewegte und ihm die Möglichkeit zu deren Schilderung bot. Im Dienste seiner Intention habe er diese Vorlage genutzt und das ihm zeitgemäße „Material", das Kleinbürgertum, auf die Bühne gebracht.[88] „Fortsetzung des alten Volksstücks" bedeutet ihm das oft zitierte Spiel[89] mit gattungstypischen Merkmalen, von denen das Personal eines der wichtigsten ist.
Dieses Spiel mit der Vorlage evoziert für sich genommen bereits eine gewisse Komik, da es nach für Komik typischen Schemata sich vollzieht, das heißt die Art und Weise, wie er seine Vorlage behandelt, folgt formal einem der Struktur des Witzes vergleichbaren Muster. Damit verweist es auf den zweiten, wichtigeren Aspekt der „Fortsetzung des alten Volksstücks": den Humor, der sowohl im Volksstück als auch in der Komödie und der Posse eine zentrale Rolle spielt und von dem zu fragen ist, in welcher Weise er dort verwendet wird, beziehungsweise an welchen Vorläufern der Autor sich besonders orientiert.
Mit Rücksicht auf des Autors Laxheit soll es dabei weniger um eine detaillierte Sichtung gehen, inwiefern die Komik ein explizit gattungskon-

---

[87] Vgl. z.B. Klotz, Dramaturgie des Publikums, a.a.O. 183

[88] Vgl. hierzu Schmitz, Das Volksstück, a.a.O., 45, auch Friedhelm Roth, Volkstümlichkeit und Realismus? Zur Wirkungsgeschichte der Theaterstücke von Marieluise Fleißer und Ödön von Horváth, in: Diskurs 3, 1973, H.3/4, 77-104, auch Rotermund, Zur Erneuerung des Volksstücks, a.a.O., oder auch Hansjörg Schneider, Der Kampf zwischen Individuum und Gesellschaft, in: ÜberÖvH, 59-70.

[89] Dieses Spiel ist zugleich die Zerstörung. In Kap.II.3 wird ausführlich von der konkreten Auseinandersetzung mit den Gattungsvorlagen die Rede sein; an dieser Stelle interessieren zunächst die Kontinuitäten.

stituierendes Merkmal des Volksstücks ist. In der Praxis ist bei Horváth nämlich vor allem ein Autor zu nennen, der sich als der mit großem Abstand wichtigste Vorläufer ausmachen lässt: Johann Nepomuk Nestroy.[90]

Auch wenn es sich bei Nestroy meist um Possen oder Komödien handelt und nur wenige Stücke die Gattungsbezeichnung „Volksstück" tragen[91], liegen die Ähnlichkeiten auf der Hand.
Neben einer „Verwandtschaft im Geiste", die oftmals geltend gemacht wurde[92], bestehen zunächst rein stofflich zahlreiche Gemeinsamkeiten. Man begegnet mit Förstern, Schulmeistern, Krämern, Gärtnern, Schustern, Schneidern und vielen mehr einem ganzen Arsenal „kleiner Leute"[93], die zwar bisweilen Opfer satirischer Angriffe und Überzeichnungen, insgesamt jedoch eher liebevoll gezeichnet sind. Die negativen Figuren (von denen weiter unten etwas ausführlicher die Rede sein soll) zeichnen sich dagegen entweder durch „übertriebenen" Besitz aus oder gehören in das Umfeld des Adels. Sie stellen gleichsam die „Gegenwelt" zu den bodenständigen Figuren dar, so etwa der Spund im „Talisman", der nicht zuletzt wegen seines Geldes zur negativen Figur gerät.
Neben dem Personal und der gemeinsamen Zielgruppe[94] bezieht sich Horváth aber vor allem in einem sehr kennzeichnenden Zusammenhang

---

90 Die enge Verbindung zwischen Nestroy und Horváth wurde in der literaturwissenschaftlichen Forschung häufig thematisiert, s. z.B. Herbert Herzmann, Das epische Theater und das Volksstück, in: Modern Austrian Literature, Vol. 28, 1, 1995, 95-112, 95, der eine direkte Linie von Nestroy über Karl Kraus zu Horváth zieht. Insbesondere der sprachkritische Ansatz von Kraus wird später noch von Interesse sein.

91 Zumeist handelt es sich bei Nestroy um „Possen", vgl. dazu Hein, Das Volksstück, a.a.O. Dass es sich hierbei ebenfalls in guten Teilen um eine Unschärfe Nestroys handelte, der keine strenge Gattungsästhetik zugrunde lag, dürfte – sofern es ihn als poetologische Frage überhaupt interessiert hat – der zitierten Laxheit Horváths bei Gattungsfragen durchaus entgegengekommen sein.

92 S. z.B. Theo Buck, Die Stille auf der Bühne. Zum dramaturgischen Verfahren in den Volksstücken Ödön von Horváths, in: Recherches Germaniques 9 1979, 174-185, Hajo Kurzenberger, Horváths Volksstücke. Beschreibung eines poetischen Verfahrens, München 1974, Hartmut Reinhardt, „Demaskierung" als moralische Provokation. Beobachtungen zum dramatischen Verfahren Ödön von Horváths, in: Wirkendes Wort 25, 1975, 197-214, Hartmut Scheible, Verschollene Bürgerlichkeit. Ödön von Horváth: Jargon und gesellschaftliche Immanenz, in: Neue Rundschau 88, 1977, 365-385, um nur einige Beispiele zu nennen.

93 Der Begriff „Kleinbürgertum" ist natürlich auf die Epoche Nestroys nicht anwendbar. Dennoch sind es jeweils einfache Menschen aus dem „Volk", die die Haupthandlungsträger sind.

94 Horváths Bemerkungen über die von ihm beabsichtigte Wirkung lassen eindeutig darauf schließen, dass er für die Art Menschen, die er auf die Bühne brachte, auch schrieb. Er steht damit in bester Tradition der Gattung „Volksstück", die ihre Be-

direkt auf Nestroy als seinen Vorläufer. 1938 schreibt er an den Freund Csokor:

> „Man müßte ein Nestroy sein, um all das definieren zu können, was einem undefiniert im Wege steht!“[95]

Nicht nur zeigt dieses Zitat die Vorbildfunktion an, die der Nestroysche Stil für den Autor hat, sie verweist vor allem auf eine Gemeinsamkeit, die bereits im vorherigen Abschnitt aufgerufen wurde: den Anspruch zu definieren, dem Schreiben eine Form der Wirklichkeitsbewältigung, der adäquaten Wiedergabe und des Verstehens und Einordnens ist. Dabei interessiert vor allem eine Analogie: Insbesondere die Art, wie Nestroy Witze verwendet, scheint es Horváth angetan zu haben. Was durch Analyse und bewusste Auseinandersetzung, wie sie in Kapitel I.1 beschrieben worden ist, an Kritik artikuliert werden kann, scheint im Nestroyschen Witz bereits enthalten. In diesem Sinne mag Horváth Nestroy gelesen und seine Art des Schreibens verstanden haben.

Die prägnanteste stilistische Gemeinsamkeit sind die – durchaus gattungstypischen – Kontrastierungen. Nestroy verwendet damit ein Stilmittel, das in vielen Volksstücken besonders zur Entfaltung kommt und für typisch gelten kann und zugleich eines der wesentlichsten Kernelemente des Komischen an sich ist. Sie können als eine der wichtigsten Quellen seines Humors angesehen werden und kehren bei Horváth in zweifacher Hinsicht wieder: zum Einen als Stilmittel auf der Dialogebene, zum Anderen in Bezug auf die „Zerstörung“ der Gattung (vgl. II.3).
Die häufigste (und gleichzeitig eine eher harmlose) Variante der Kontrastierungen sind die – bei Nestroy im konkreten Fall jedoch meist sehr originellen – Wortspiele und -verdrehungen, die jeweils einen veränderten Sinn entwickeln, der ob seiner verfremdenden Wirkung ein neues Licht auf die ursprüngliche Bedeutung wirft.[96] Auch Paradoxa und inadäquate Formulierungen sind hierzu zu rechnen. Sie gelten als Herzstück seines Schaffens, mit dem er die Charaktere und ihre Sprache bis in ihr Innerstes auslotet.
Einige prägnante Beispiele dieses Nestroyschen Witzes seien hier angeführt, etwa aus der „Posse mit Gesang“ „Frühere Verhältnisse“ von 1861:

---

zeichnung nicht zuletzt auch aus dem jeweiligen Adressaten herleitet, vgl. Hein, Das Volksstück, a.a.O.

[95] Zit. n. Ödön von Horváth, Gesammelte Werke, hg. von Traugott Krischke und Dieter Hildebrandt, Band IV, Ffm 1971, 680.

[96] Vgl. Franz H. Mautner, Nestroy, Frankfurt 1978, 63.

JOSEPHINE Ich habe eine [Dienstbotin, J.G.] fortgeschickt, die mir in dem Grade mißfiel, als sie meinem Manne zu sehr gefiel.[97]

oder aus der „Zauberposse mit Gesang" „Der böse Geist Lumpazivagabundus oder Das liederliche Kleeblatt" von 1833:

KNIERIEM (...)Wann ich mir meinen Verdruß nit versaufet, ich müßt mich grad aus Verzweiflung dem Trunk ergeben.[98]

Auch in „Der Zerrissene" von 1844 findet sich eine vergleichbar pointierte Wendung, die ins Witzige mündet:

KRAUTKOPF Halt! Nicht da herein! *Eilt zur Falltüre links.* Da g´hören die Ruben her! *Indem er die Falltür öffnet.* An keine Ordnung g´wöhnt sich das Volk. - Kraut und Ruben werfeten s´ untereinand wie Kraut und Ruben![99]

Dabei fällt auf, dass sich bei Nestroy beinahe immer der Doppelsinn des „Witzes" entfaltet: seine Witze sind immer zugleich komisch wie auch „geistreich", im Lachen wird immer ein kognitiver Gehalt freigesetzt.[100] Die Analyse mündet ins Witzige, beziehungsweise der Witz in die Analyse.[101] Schon Nestroys Humor ist, wenn man trotzdem denkt. Seine Kontrastierungen wirken zum Einen irritierend, sind „befremdlich"[102] und als solche überraschend. In diesem Akt der „Plötzlichkeit"[103] entfal-

97 Nestroy, Werke, a.a.O., 2, 453.
98 Nestroy, Werke, a.a.O., 1, 17.
99 Nestroy, Werke, a.a.O., 1, 340.
100 Vgl. Reinhold Grimm, Komik und Verfremdung, a.a.O., 269/70: Im Gelächter über solch verfremdet Wahrgenommenes blitze Erkennen auf und Erkennen löse sich im befreienden Lachen; zum kognitiven Aspekt, s.a. Berger, Erlösendes Lachen, a.a.O., 9 und 159, wonach die komische Perspektive Dinge erkennen lässt, die sich der alltäglichen Wahrnehmung nicht erschließen.
101 Mautner, Nestroy, a.a.O., 48.
102 Vgl. Wolfgang Preisendanz, Zum Vorrang des Komischen bei der Darstellung von Geschichtserfahrung in deutschen Romanen unserer Zeit, a.a.O., 159. Zum allgemeinen Zusammenhang von Komik und Verfremdung s.a. Grimm, Komik und Verfremdung, a.a.O., 265.
103 von Matt, Lachen in der Literatur, a.a.O., 96, vgl. a. Berger, Erlösendes Lachen, a.a.O., XV.

ten sie im Einverständnis mit dem Publikum, das sich betrachtend zu dem Vorgeführten verhält, die Katharsis des Lachens.[104]
Die Entfaltung von Neuem im Witz dient letztlich immer der Entlarvung: Zumeist sind es die Figuren selbst, die die Umstände oder andere Charaktere entlarven. Darüber hinaus aber kann diese Entlarvung auch über das Arrangement, beispielsweise die direkte Kollision unterschiedlicher Charaktertypen oder auch den Verlauf der Handlung erfolgen. Jeweils blitzt (im Lachen) etwas Neues auf, das bis dahin verborgen war und auf eine zweite Wirklichkeit hinter dem Dargestellten verweist und beispielsweise verborgene Motive, Machtverhältnisse oder Antriebe zum Vorschein bringt. Die dargestellte Wirklichkeit wird damit erläutert und auf einer höheren Ebene zusammengefasst.
Entgegen der vermeintlichen Plattheit ist damit bei einer Vielzahl der Witze insofern ein allgemein hohes reflexives Niveau zu verzeichnen, als Erkennen, Denken und Verstehen bei ihrer Rezeption eine wichtige Rolle spielen. Neben dem entlarvenden Charakter der Rede entfaltet sich dies noch auf zwei weiteren Ebenen: Zum Einen ist bei einigen Charakteren (meist den Hauptfiguren) ein hohes Maß an Sprachbewusstheit zu verzeichnen; das Bewusstsein der Protagonisten um bestimmte Vorgänge spielt eine für die Entlarvung zentrale Rolle. Sie wird teilweise durch die Figuren bewusst vollzogen, indem sie sich des (Sprach-)Witzes bedienen, um einen Sachverhalt zu pointieren, so zum Beispiel in „Weder Lorbeerbaum noch Bettelstab“:

> LEICHT: Wie hast du können die Gattin eines Dichters werden, wenn du Anspruch auf irdische Nahrung machst?
> THERESE: Ich fall ganz vom Fleisch
> LEICHT: Das is recht. Geist hast du auch nicht viel, nachher ist die Proportion hergestellt.[105]

Ein solches Sprachverhalten ist typisch für die Nestroyschen Charaktere. Die Worte sind ihnen nicht bloßes Instrument im Sinne eines „neu-tralen Begriffsträgers“; sie stellen vielmehr ein reiches Reservoir dar, aus dem ihre „gedankenspiegelnde, gedankenträchtige, gedankenformende“ Kraft[106] gewonnen wird. Wie auch die oben zitierten Wortneuschöpfungen und -verdrehungen kann ein solches Reden als absichtlich und zutiefst (sprach-)bewusst betrachtet werden. Die Figuren spielen bisweilen mit den Worten und bedienen sich ihrer souverän, um zu entlarven, zu

---

[104] Vgl. Karlheinz Stierle, Das Lachen als Antwort, in: Wolfgang Preisendanz u. Rainer Warning (Hg.), Das Komische, München 1976, 371-376, 375.
[105] Nestroy, Werke, a.a.O., 81.
[106] Mautner, Nestroy, a.a.O., 75, der hierin eine der wichtigsten Gemeinsamkeiten mit Karl Kraus sieht.

erkennen oder zu deuten und nehmen somit unmittelbar Einfluss auf die Wirklichkeit und das weitere Geschehen, so zum Beispiel in der Posse „Einen Jux will er sich machen“:

> ZANGLER: Hat er Kenntnisse in der vermischten Warenhandlung? *Durchsieht das Zeugnis*
> MELCHIOR: Oh, sehr viel! Wir haben zwar da, wo ich war, nur einen Artikel g´habt, aber der war ungeheuer vermischt, ich bin aus einer Weinhandlung.[107]

Dieser souveräne Umgang mit der Sprache hat – über die so ausgeübte Deutungshoheit – auch immer etwas mit Macht und Machtausübung zu tun. Wer über die Sprache verfügt oder sie bewusst anzuwenden in der Lage ist, ist in der Regel klar im Vorteil und kann Einfluss auf andere und den gesamten Handlungsverlauf nehmen. Dies kann mitunter soweit gehen, dass dieses Stilmittel auch zur bewussten Täuschung angewendet wird, so etwa im „Talisman“:

> TITUS Ein exotisches Gewächs: Nicht auf diesem Boden gepflanzt, durch die Umstände ausgerissen und durch den Zufall in das freundliche Gartengeschirr Ihres [der Gärtnerin, J.G.] Hauses versetzt, und hier, von der Sonne ihrer Huld beschienen, hofft die zarte Pflanze, Nahrung zu finden.[108]

Dementsprechend kann auch Selbstreflexion dort, wo sie negativ ist, durch den Witz relativiert und damit gleichsam sanktioniert werden. So heißt es in „Die beiden Nachtwandler“:

> STRICK: Ich glaube von jedem Menschen das Schlechteste, selbst von mir, und ich hab mich noch selten getäuscht.[109]

Selbst ganze Sachverhalte werden damit in den Kontext des Komischen eingereiht und verlieren somit eine mitunter gar nicht komische Bedeutung. Erneut in „Einen Jux will er sich machen“:

---

107 Nestroy, Werke, a.a.O., 1, 214.
108 Nestroy, Der Talisman, a.a.O., 22.
109 Nestroy, Werke, a.a.O., 1, 152.

WEINBERL: Also hat sich der Fall schon wieder ereignet? Nein, was´s Jahr Onkel und Tanten sterben müssen, bloß damit alles gut ausgeht-![110]

Diese Fähigkeit, Handlungsverläufe zu kommentieren, wird besonders sinnfällig in den Couplets, Quod Libets und anderen Formen der Reflexion, die aus der jeweilige Situation hinaustreten, sie kommentieren und damit die Handlung durch Durchleuchtung der momentanen Lage vorantreiben.[111] Die Charaktere geben kurzfristig die Rolle des bloß Mitspielenden auf und kommentieren das Geschehen in einer Weise, die die Ebene des Spiels verlässt.[112] Nicht zu Unrecht wurde immer wieder geltend gemacht, die Figuren würden hier bisweilen zum Sprachrohr des Autors, doch ist dieses Verhalten niemals konträr zu ihrem Charakter innerhalb der Stücke. Aus diesem Grund müssen ihre Wortspiele auch für authentisch gelten; sie sind mehr als bloße Platzhalter, die aus Versehen etwas sagen, was der Autor ins rechte Licht rücken möchte.
Innerhalb der Stücke kann das Verhältnis der Charaktere zu dem von ihnen gesprochenen Wort als eine wesentliche Quelle des Nestroyschen Humors angesehen werden. Der souveräne, gestalterische und höchst bewusste Umgang mit der Sprache gibt den Figuren die Möglichkeit, sich erfolgreich im Handlungsverlauf zu behaupten, eine aktive Rolle im Geschehen einzunehmen und die positive Kraft des Humors für ihre Zwecke zu nutzen. Zugleich führt diese Anwendung des Humors dazu, dass jene Charaktere, die sich seiner bedienen, überwiegend positive Figuren sind, denen man gerne zusieht und die für den Zuschauer, nicht zuletzt ob der Freude, die sie ihm bereiten, zum Sympathieträger werden.

Neben dem bewussten Umgang, in dem die Figuren sich die Macht der Sprache zunutze machen, gibt es jedoch auch Beispiele, in denen sie diese in Form von verräterischer Rede erleiden, wie zum Beispiel an einer Stelle im „Talisman“:

SPUND Rote Haar´ zeigen immer von ein´ fuchsigen Gemüt, von einem hinterlistigen - und dann verschandelt er ja die ganze Freundschaft! Es sein freilich schon alle tot, bis auf mich, aber wie sie waren in unserer Familie, haben wir

---

110 Nestroy, Werke, a.a.O., 1, 303.
111 Vgl. Klotz, Dramaturgie des Publikums, a.a.O., 47 ff.
112 Vgl. Herzmann, Das epische Theater und das Volksstück, a.a.O., 103, wonach aus der Rolle fallende Figuren sprachmächtig sind.

> alle braune Haar´ g´habt, lauter dunkle Köpf´, kein lichter Kopf zu finden....[113]

Indem auch dieser Witz etwas deutlich zu machen sucht – Spund gibt unfreiwillig zu verstehen, dass seine gesamte Familie aus Dummköpfen besteht – , erweist sich das Ereignen dieser Rede als fremdbestimmt, eine der zentralen Voraussetzungen des Komischen.[114] Da Spund dies selbstverständlich nicht absichtlich aus eigenem Antrieb zu erkennen gibt, verweisen solche Fehlleistungen auf etwas Anderes, das ihn sagen lässt, was verschwiegen werden soll und woran der Zuschauer sich erfreut. Anders als bei den vorherigen Beispielen für entlarvenden Humor vernehmen wir hier ein Urteil, das – ebenso wie die Couplets – auf den Autor hinzuweisen scheint.

Diese Fremdbestimmtheit des Handelns wird sinnlich evident, so wie nicht einfach ein (beliebig) anderes Handeln bewirkt wird, sondern eines, das zur Handlungsintention sich konträr verhält[115]; gleichsam „aus Versehen" sagen die Figuren das Gegenteil von dem, was sie ursprünglich wollen und damit das, was sie „eigentlich" meinen. Im Gegensatz zu den anderen Beispielen haben wir es hier mit Charakteren zu tun, die nicht gleichsam als Täter souverän mit der Sprache jonglieren, sondern ihr vielmehr zum Opfer fallen. Durch bewussten Wortwitz, durch die genannte Sprachmächtigkeit und durch reflexives Verhalten zeichnen sich nur positive oder zumindest sympathische Figuren aus. Um zur Zielscheibe des Humors werden zu können, war es aber gerade Voraussetzung, dass dem Opfer die Fremdbestimmtheit nicht bewusst wird und es damit hinter dem Wissensstand sowohl der Zuschauer als auch der Figuren, die in der Lage sind, Situationen sprachlich zu meistern, zurückbleibt.

Einige Figuren werden so – wie Spund am oben genannten Beispiel – zu unfreiwilligen Opfern dieses Sprachwitzes. Aus dem letztgenannten Zitat Weinberls spricht dagegen eine Kraft, die den Lauf der Dinge wenn nicht steuert, so doch zumindest beeinflusst oder erträglicher macht.

Der souveräne Umgang mit der Sprache, das Aus-der-Rolle-Treten, sowie die Unterteilung in Täter und Opfer, berühren zentrale ordnungsstiftende Elemente in Nestroys Stücken, in denen das Geschehen aktiv gesteuert, erläutert, bewertet und gerichtet wird. Es verwirklicht sich zum Beispiel im von Weinberl kommentierten Schluss, der schließlich

---

113 Nestroy, Der Talisman, a.a.O., 63.

114 Karlheinz Stierle, Komik der Handlung, a.a.O., 238. Von einem Scheitern kann allerdings nur dann gesprochen werden, wenn die Fremdbestimmtheit nicht Sicherheit verbürgt, sondern sich konträr zur Prätention verhält und diese damit gleichsam unterläuft. Insofern sind auch nur negative Figuren hiervon betroffen.

115 Stierle, Komik der Handlung, a.a.O., 240.

alles zum Guten sich wenden lässt und so am Ende eine Ordnung (wieder-)herstellt, in die das Vorgestellte sich sinnvoll einreiht. Damit bürgt das „Happy End“ dafür, dass die Konflikte und Konfrontationen im Sinne einer höheren Ordnung aufgehoben und letztlich versöhnt werden. In ihm vollzieht sich der letzte Akt poetischer Gerechtigkeit – ein Relikt aus dem Ursprung der Gattung aus dem barocken Welttheater.[116]

Noch durch einen weiteren Kunstgriff, der eine zusätzliche Bedeutung produziert, die von den Figuren nicht eingeholt werden kann und insofern über jedes stückimmanente Reflexionsniveau hinausweist, sind Elemente dieser Ordnung spürbar: durch die Verwendung sprechender Namen, die von vornherein bestimmte Determinierungen erkennen lassen, die auf Charaktereigenschaften und/oder das weitere Geschehen hindeuten.

So sagt dem Rezipienten – neben der Verwendung bloß beschreibender Namen wie „Zwirn“ für einen Schneider („Der böse Geist Lumpazivagabundus“), „Flora“ für eine Gärtnerin („Der Talisman“) oder „Anton Waldfuchs“ als Sohn des Försters („Die schlimmen Buben in der Schule“) – der Name des Dichters „Leicht“ („Weder Lorbeerbaum noch Bettelstab“) von Anfang an einiges über das Wesen des Charakters, was im weiteren Stückverlauf erst mühsam entwickelt werden wird.

Dem Publikum wird damit ein Interpretationsvorsprung eingeräumt, der es in die Lage versetzt, schon mittels des Theaterzettels mehr zu wissen als die Figuren selbst und als die Handlung zunächst hergibt. Dementsprechend ist es weniger für Überraschungen anfällig, beziehungsweise in der Lage, sie dort, wo sie eintreffen, einzuordnen. Auch dies spricht für die Strenge der Gattungsvorgabe, die an sich schon dafür garantiert, dass Überraschungen nur in bestimmtem Maße möglich sind und dass solche, die gewisse Grundprinzipien verletzen, ausgeschlossen sind. Es überrascht möglicherweise, *wie* eine bestimmte Wendung im Handlungsverlauf herbeigeführt wird (und die Art der Überraschung ist ein wesentliches Element der Unterhaltung und des Vergnügens); *dass* dies aber überhaupt geschieht und in welche Richtung diese Wendung weist, steht von vornherein fest. Insofern sind deutliche Grenzen gesetzt.

---

[116] Dieser Ursprung bringt es mit sich, dass die einzelnen Charaktere ebenso wie die noch so verzweigten Handlungsstränge als bloße Bausteine in einem „göttlichen Spiel“ angesehen werden müssen. Und durch diese Herkunft kann auch das Happy End als gattungstypisches Ordnungsmerkmal angesehen werden. Damit ist die oftmals angeführte Verwandtschaft des Volksstücks mit dem Märchen nicht zuletzt darauf zurückzuführen, dass es innerhalb der Stücke nicht immer mit rechen (irdischen) Dingen zugeht, vgl. Herzmann, Das epische Theater und das Volksstück, a.a.O.

Humor bei Nestroy ist nach alledem nicht nur ein Bestandteil innerhalb seiner Stücke, sondern diese sind in ihrer Wesensart wesentlich durch den Humor beeinflusst und konstituiert. Der bisherige Überblick nannte zahlreiche Merkmale, die in zum Teil abgewandelter Form später bei Horváth wieder begegnen und die ich deshalb nochmals hinsichtlich ihrer Bedeutung zusammenfasse.
Zunächst weisen Nestroys Stücke zahlreiche Charakteristika auf, die als grundsätzlich typisch für „heiteren Humor" gelten können. Eines davon wurde als kognitives Element bezeichnet und zeigt an, dass diese Komik insbesondere als spezifische Form der Wahrnehmung daherkommt, die Dinge zum Vorschein bringt und sichtbar macht, die anders nicht wahrgenommen oder artikuliert werden können.[117] Sie speist sich vor allem aus der Wahrnehmung von Widersprüchen und Kontrasten, die erhellend wirken und einen (neuen) Sinn produzieren. Sowohl Nestroy wie Horváth scheinen einen besonderen Blick für Widersprüche und Kontraste gehabt zu haben, traditionell ein zentrales Merkmal des Humors.[118] Natürlich ist es nicht allein die Wahrnehmung von Widersprüchen, sondern auch das bewusste Herbeiführen solcher Kontraste, ist es ein Stilisieren und Überzeichnen, das Nestroys Werke kennzeichnet und mit dem er ein altes Mittel der Volkskunst verwendet, das später in verstärkter Form und in vermeintlich anderem Zusammenhang zu Ehren kommen wird: die Verfremdung.[119] Denn bei aller Volksnähe ist das Bewusstsein, es mit Figuren, die zum Karikaturhaften neigen, zu tun zu haben, stets präsent und sie gewinnen ihren realistischen Zug nicht zuletzt aus der Überzeichnung, die wesentliche Züge ihres Charakters sichtbar macht. Bisweilen nehmen sie sogar Züge des Grotesken an und wo Horváth dieses Schema aufnimmt, wird er diesen einen Schritt weiter gehen. Beide aber verwenden damit ein Stilmittel, das nicht nur im Effekt Komik erzeugt, sondern auch nach dessen Muster funktioniert: die Überzeichnung wie die Entstellung machen Verborgenes sichtbar.

---

[117] Vgl. erneut Berger, Erlösendes Lachen, a.a.O., 29. Wichtig ist hierbei vor allem die Frage nach Erkenntnis und ihrer Artikulierbarkeit, von der später noch die Rede sein wird.

[118] Berger, Erlösendes Lachen, a.a.O., 29, verweist in diesem Zusammenhang auf Moses Mendelssohns „Philosophischen Schriften" von 1761, wonach das Lachen aus der Wahrnehmung des Kontrastes zwischen Vollkommenheit und Unvollkommenheit entstehe.

[119] So bei Grimm, Komik und Verfremdung, a.a.O., 263: „Da die Verfremdung ständig komische Effekte hervorbringt, ist es nur folgerichtig, wenn das Komische seinerseits, als Witz, Ironie, komische Situation, eine gewisse verfremdende Wirkung ausübt." Beide, Komik und Verfremdung, funktionieren hiernach jeweils nach dem gleichen Muster, vgl. a. Helmut Arntzen, Komödie und episches Theater, in: Reinhold Grimm und Klaus L. Berghahn (Hg.), Wesen und Formen des Komischen im Drama, Darmstadt 1975, 441-455.

Das so erzeugte Lachen ist dementsprechend auch das des Zuschauers, der eine Lust am Erkennen erlebt. Er weiß und erkennt mehr als die Protagonisten auf der Bühne, ist ihnen immer einen Schritt voraus, durchschaut die Vorgänge und kann sich dementsprechend mit dem Gestus der Überlegenheit entspannt zurücklehnen und sich distanziert zum Bühnengeschehen verhalten. Er hat – anders als die Figuren im Spiel – eine Einsicht, die diesen verschlossen bleibt. Dieser Interpretationsvorsprung und die Gewissheit, eine Erkenntnis zu besitzen, an der die Figuren kaum oder nur nach bis zu fünf Akten zum Teil schmerzhafter Erfahrung teilhaben können und die es dem Zuschauer ermöglicht, mehr zu wissen und ein gewisses Überlegenheitsgefühl gegenüber den Stükken und ihrem Personal zu entwickeln, wird später bei Horváth eine wichtige Rolle spielen. Und dieser Vorsprung ist letztlich dafür verantwortlich, dass das Lachen bis zu einem gewissen Grad immer auch ein Auslachen ist, das sich aus dieser konstitutiven Überlegenheit speist.
Für diese Überlegenheit, das Mehr an Wissen, konnten verschiedene Quellen ausgemacht werden: zunächst geben die Stücke selbst viele Hinweise, wie zum Beispiel durch die sprechenden Namen, besonders aber durch klares (Ver-)Urteilen (wie am Beispiel des Spund im „Talisman" gezeigt wurde), durch standardisierte Handlungsmuster, tradierte Stoffe oder gängige Typen und Konstellationen. Auch lassen die Gattungsvorgaben meist keinen Zweifel daran, wie die Stücke letztlich ausgehen; mag auch der Weg dahin von Überraschungen gepflastert sein, so kann sich der Zuschauer auf die allgemeine Tendenz in der Regel verlassen und sicher sein, nicht enttäuscht zu werden. Der Handlungsverlauf mit dem Happy End, der die negative Tendenzen wie den Tod von „Onkeln und Tanten" aufhebt und sowohl Quelle wie auch Folge des Humors ist, ist eine zuverlässige Konstante, auf die sich die Urteilssicherheit des Zuschauers verlassen kann. Im versöhnlichen Schluss wird die optimistische Grundhaltung, die in den Werken vermittelt wird, vollzogen, indem er dafür einsteht, dass letztlich alles sich zum Guten wendet und garantiert so die vorgeführte Heiterkeit endgültig und bestätigt ihre Echtheit. Daran ändern auch ironische Brechungen wenig[120], entscheidend ist der Tonfall.
Über allem steht dauerhaft ein festes Ordnungsgefüge, an dem entlang sich jede vollzogene Korrektur vollzieht und das genau den festen Standpunkt markiert, von dem aus erkannt werden kann, was richtig und was falsch ist. Und im Nachvollziehen dieses Schemas, im Hören der Quod Libets oder im Erkennen von unfreiwilligen Fehlleistungen,

---

120 Auf die Problematik eines nur scheinhaft positiven Endes weisen z.B. Klotz, Dramaturgie des Publikums, a.a.O., 86, und auch Mautner, Nestroy, a.a.O., des Öfteren hin.

kann sich der Zuschauer auch auf seine Komplizenschaft mit dem Autor berufen. Er erkennt eine Ordnung, der die Figuren innerhalb der Stücke aufs Engste verbunden sind – sowohl dort, wo sie ein solches Ende gewollt herbeiführen als auch dann, wenn sie als die am Ende Geläuterten erscheinen. Damit ist freilich auch die Grenze ihrer Sprachbewusstheit deutlich angezeigt: sie bleibt in der Regel (wie zum Beispiel bei den Couplets) völlig stückimmanent, dem Handlungsverlauf verhaftet und kann nicht überschritten werden. Sie markiert genau den Vorsprung, den der Zuschauer behalten muss, damit die Komik funktioniert. Und diese Überlegenheit wird gleichermaßen innerhalb der Stücke ausgespielt und erzeugt auch als Gegenstand der Handlung Komik.[121]

Die Situationen, in denen (aus-)gelacht wird, sind meist solche, in denen durch schroffe Kontrastierung vermeintliche Erhabenheit subversiv unterlaufen, torpediert und entlarvt wird. Aufgezeigt werden Ansprüche, die sich als hohl erweisen, indem sie ihrer Authentizität beraubt werden. Zielscheibe ist das vermeintlich erhabene Subjekt, das für diese Art von Komik am anfälligsten ist, besonders deshalb, weil sich sein Anspruch durch plötzlich erkennbare Fremdbestimmtheit als leere Prätention dekuvriert. Lustig ist dabei weniger das tatsächlich zum Vorschein kommende Motiv einer Handlung, das den Erhabenheitsanspruch unterläuft als vielmehr die Tatsache, dass hierin sichtbar wird, dass das Subjekt, das auf seiner Autonomie und seiner Erhabenheit besteht, nicht Herr im eigenen Hause ist.[122] Im Fremdbestimmtsein werden zwar andere Antriebe als die vorgegebenen sichtbar, jedoch sind es die Störungen im Mechanismus, das Bröckeln der Fassade und die Erkenntnis, dass die Personen einem Muster folgen, das im Grunde leer ist und das sie steuert (anstatt dass sie es steuern), die die Zuschauer lachen machen.

Von dieser Warte aus entfaltet der Humor seine anarchische Qualität, die aber keineswegs wahllos ist, sondern sehr zielgerichtet subversiv. So entfaltet das Komische seinen schon mehrfach zitierten Doppelsinn: die Vorgänge sind nicht nur lustig, sie sind gleichzeitig auch „merk-würdig" (der Akzent liegt hier, wie oben gesehen, auf dem „merken"), jeweils als

---

[121] In diesem Fall im Sinne von Spott, Demütigung; vgl. Berger, Erlösendes Lachen, a.a.O., 61, wonach Humor als Waffe fungieren kann.

[122] Vgl. Stierle, Komik der Handlung, a.a.O., wonach nicht das Mechanische selbst komisch ist, sondern nur eine Mechanik, die als fremdbestimmte, einer Handlungsintention zuwiderlaufende, sinnfällig wird, 239. Aus demselben Grund wird das Subjekt auch nur komisch, wenn ihm die Fremdbestimmtheit nicht zum Bewusstsein kommt. Dass dieser Effekt des Mechanischen in engem Zusammenhang mit dem Phänomen der Verfremdung steht, betont Grimm, Komik und Verfremdung, a.a.O., 266, wenn er mit Rücksicht auf Vischer darauf hinweist, dass das Komische dann entsteht, wenn ein Erhabenes durch unendlich Kleines, der niederen Erscheinungswelt Angehöriges zu Fall kommt.

„Verleugnung dessen, was für den normativen Ernst Geltung und Bedeutung hätte“[123]. Diese Art von Komik ist nur denkbar vor dem Hintergrund einer zwanghaft ernsten (und damit erkünstelten) Realität, die angesichts einer ursprünglichen Volkstümlichkeit unterlaufen und der Lächerlichkeit preisgegeben wird.[124]
Diese Gleichzeitigkeit vom Lustigkeit und „Merk-Würdigkeit“ markiert die eigentliche Qualität der Nestroyschen (und anderer) Komödien: Das hier erzeugte Lachen nimmt nicht nur zur Kenntnis, es befreit zugleich indem es zurechtrückt und als Korrektiv fungiert.[125] Schon bei Aristoteles war nicht nur die Darstellung von Charakteren und ihren Mängeln, sondern zugleich auch deren Überwindung die zentrale Aufgabe des Komödiendichters.[126] Das Lachen befreit auch deshalb, weil es gerade keine rein intellektuelle Funktion ist, die nur „merkt“ und auf den Verstand zielt, sondern im Vollzug ein vitales Erleben, ein sinnlicher Vorgang ist.
Befreiend aber kann der Humor nur wirken aufgrund des genannten Optimismus im Hintergrund, der, um zu funktionieren, ein festes Ordnungsgefüge braucht. Dessen Merkmale (das gute Ende, die Sprachbewusstheit und die zuverlässigen Standpunkte) tragen gemeinsam dazu bei, dass allen auftretenden Widrigkeiten zum Trotz sowohl das Gesamtgefüge der Stücke als auch die Rolle einzelner Charaktere in einen heiteren Grundton eingebettet sind. Die Welt ist nicht immer unbedingt heil, aber sie ist stimmig, in einem Rahmen dargestellt, der Ordnung verbürgt und keine „Brüche“ kennt, die sich nicht irgendwie zum Ende hin auflösen ließen. Selbst wenn es ein „als ob“ ist, mit dem der Zuschauer nach Hause geschickt wird, eine Illusion vom Glück, so geht der Zuschauer nicht existenziell erschüttert und deprimiert nach Hause – und das nicht, weil er sich hat täuschen lassen; der Einklang mit dem Autor verbürgt seine Urteilssicherheit und damit die Echtheit des „Tons“. Es wird sich zeigen, was passiert, wenn die Verlässlichkeit des Wertesystems zerbricht und damit die Urteilssicherheit verlorengeht. Wenn der Autor diese Allianz kündigt und den Zuschauer bewusst hinters Licht führt, kommt man einer Haltung sehr nahe, die sich in ähnlicher Form bei Horváth wiederfinden wird.
Festzuhalten bleibt zum jetzigen Zeitpunkt, dass ohne diese Sicherheit, die sich über ein Grundverständnis und eine prinzipielle Eigenheit defi-

---

123 Preisendanz, Zum Vorrang des Komischen, a.a.O., 159.

124 Berger, Erlösendes Lachen, a.a.O., 41

125 Vgl. Stierle, Komik der Handlung, a.a.O. und Berger, Erlösendes Lachen, a.a.O. Wie bereits angesprochen vollzieht sich diese Korrektur vor dem Hintergrund eines festen Ordnungsgefüges.

126 Arntzen, Komödie und episches Theater, a.a.O.

niert, dass ohne diese Ordnungsmerkmale Humor schwerlich denkbar ist.

3. Standpunkte mit Perspektiefgang

Die Wurzeln des Horváthschen Humors, die Einflüsse auf sein Erscheinungsbild, waren besonders für den Standpunkt der Witze und ihre Stoßrichtung wichtig.

Die Intention des Autors; eine literaturwissenschaftlich im Grunde genommen heikle Frage, durfte insofern nicht ausgespart werden, als überprüft werden sollte, ob hiervon wichtige Impulse für die „Tendenz“ der Witze ausgingen. Auch legitimiert sich dieser Vergleich dadurch, dass die Frage nach dem Satirecharakter ohne die hier verwendeten Kategorien des Objekts – zu dem zwangsläufig ein Betrachter gedacht werden muss – und des „Meinens“ schwerlich auskommt. Wenn nun auch die Perspektive dieses Betrachters nicht zwingend als identisch mit der des Autors angesehen werden kann, so wäre es umgekehrt problematisch, hier nicht zumindest nach Korrelationen zu fragen.
Als zweite wichtige Wurzel konnten die Gattung „Volksstück“ im Allgemeinen und die Stücke Nestroys im Besonderen identifiziert werden. Der Autor greift hier eine Tradition auf – und schreibt sie fort – die in vielfacher Hinsicht seine schriftstellerische Intention ergänzt.
Damit ist in etwa beschrieben, was Horváth „wollte“ und sind auch die Vorlagen, die ihm hierfür zupass kommen, bekannt. Die „Entscheidung“, Volksstücke zu schreiben, kann demnach als sehr bewusst angesehen werden. Und sein Schreiben verstand er als nicht zweckfrei; vielmehr bekannte er sich damit klar zum (gesellschaftlichen) Engagement und bezog bewusst Position. Mit einem ebenfalls kritisch-aufklärerischen Anspruch, dem vergleichbaren Gegenstand, der Bodenständigkeit sowie dem Willen zur Veränderung, war ihm das Volksstück eine ideale Vorlage. Es war mitten aus dem Leben, die vorgeführten Episoden waren in der Wirklichkeit mit Händen zu greifen und es bot eine perfekte Plattform, den Witz, der Züge von eben dem Spott trägt, der bereits bei Nestroy vorkam, sich entfalten zu lassen. Und dieser Spott in den Stükken scheint zugleich auch einem Spott des Autors sehr ähnlich zu sein, in dem sich seine Sicht der Dinge artikuliert. Offensichtlich kam ihm diese Gattung besonders gelegen, um seiner schriftstellerischen Intention Ausdruck zu verleihen.
Vom Autor selbst war außer der Andeutung eines ironischen Untertons nicht viel über diesen Spott erfahren, jedoch war es gerade der Rekurs auf Nestroy, der den entscheidenden Hinweis gibt, welche Rolle der Humor im dramatischen Gesamtkonzept für ihn spielte. Entgegen der Unklarheiten und der sogar zum Teil eklatanten Widersprüche zu diesem Thema kann man ermessen, in wie weit Horváth Nestroys entlar-

venden und kritischen Humor geschätzt und für seine Zwecke adaptiert haben mag: dieser entlarvende Humor zeigt genau das Verfahren an, das den Standpunkt des Witzes markiert.
Nicht von ungefähr konnte man bei Nestroy zahlreiche Hinweise auf eine den Stücken eingeschriebene Instanz registrieren, die für Urteilssicherheit sorgen, den Rezeptionsprozess steuern und keinerlei Zweifel aufkommen lassen, wie sich der Autor – und in seiner Gefolgschaft das Publikum – zu den dargestellten Vorgängen verhält, beziehungsweise verhalten sollte. Im Akt des „Vor-Stellens" wird den Zuschauern etwas gezeigt, das sich signifikant im Witz entfaltet und in diesem Modus des Zeigens treffen sich die beiden Wurzeln und eröffnen dem Zuschauer die „richtige" Perspektive. Sie bezeichnet den archimedischen Punkt, wie er in den Couplets, den Seitenbemerkungen oder anderen der angesprochenen ordnungsstiftenden Elementen, von denen des Autors Standpunkt eines zu sein scheint, immer wieder aufblitzt, und auch immer wieder für Horváth geltend gemacht wurde.
Wenn er auch nicht zweifelsfrei aus seinen Aussagen heraus beweisbar war, so hatte diese Argumentation doch die Evidenz auf ihrer Seite. Die „eingeschriebene Instanz" konnte direkt auf den leicht ironisierenden, engagierten und kritischen Autor zurückgeführt werden.

Damit war die Frage, von welchem Standpunkt aus gespottet wird, faktisch beantwortet und in dieser Logik soll es im Folgenden darum gehen, sie an den Stücken zu überprüfen und die Stoßrichtung des Humors nach folgender Fragestellung zu untersuchen: welche Muster, die vom Volksstück im Allgemeinen und von Nestroy im Besonderen her bekannt sind, finden sich bei Horváth wieder? Wie werden sie verwendet und wie werden sie (gezielt) eingesetzt? Was hat er warum und wie benutzt? Und wie viel vom kritischen Potenzial des Volksstücks verbindet sich in seinen Dialogen mit seinen Ansprüchen als Schriftsteller und als Beobachter und Kritiker seiner Zeit?

II. DIE POINTE ALS GESTALTUNGSPRINZIP – FORMAL UND ETHISCH DIE WIEDERGEBURT DES VOLKSSTÜCKS AUS DEM GEIST DER KRITIK

Die kritisch-aufklärerische Intention des Autors und das Umfeld des Volkstheaters, das ebenfalls aufklärerisch wirkt, dabei aber eine ganz spezielle Zielgruppe – sowohl auf als auch vor der Bühne – bedient, konnten als die beiden zentralen Faktoren ausgemacht werden, die Ödön von Horváth in seinem Schreiben beeinflussen und die nicht zuletzt den Standpunkt und die Stoßrichtung des Witzes in seinem Werk prägen. Im folgenden Abschnitt soll nun untersucht werden, wie er diese Wurzeln konkret umsetzt und für sich als kritisches Volksstück im 20. Jahrhundert gestaltet. Was hat er aus ihnen gemacht und wie genau hat er sie verwendet?
Dies geschieht zunächst in Form einer ausführlichen Analyse der Dialogstrukturen mit Schwerpunkt auf den enthaltenen Witzmustern. Ähnlich Nestroy nimmt der Scherz eine zentrale Stellung im Werk Horváths ein und muss als Zentrum vieler Dialoge angesehen werden. Mit Rücksicht auf die schriftstellerische Intention und den Fokus der bisherigen Forschung stehen dabei die Fragen im Zentrum: wie prägt der kritische Impuls die Scherze Horváths und wie wurde das, was er von Nestroy gelernt haben mag, konkret fort- und umgesetzt? Wie viel von dem, was als seine schriftstellerische Intention und sein kritischer Impuls identifiziert wurde, findet sich also tatsächlich im Werk und in den verwendeten Sprachmustern wieder? Und wo gibt es gegebenenfalls auch Abweichungen und, wenn ja, warum? Und in wie weit kann die reklamierte Tradition des Volksstücks, die sich zuallererst aus den Aussagen Horváths herleitete, die aber auch durch Personal, Handlungsführung, Milieu und eben nicht zuletzt durch den Witz begründet wird, tatsächlich aus den Stücken abgeleitet werden? Wie beeinflusst sie seinen Humor? Und auch hier wird selbstverständlich nach möglichen Abweichungen und deren Ursachen zu fragen sein.

Ausgehend von der Frage, wie Erkenntnis auf der Dialogebene konkret produziert wird und welche Rolle die formalen Muster spielen (II.1.), sollen dann die Sprachmuster des Bühnenpersonals, die – mit Rücksicht auf des Autors Formulierung – gemeinhin als „Bildungsjargon" bezeichnet werden, einer genaueren Analyse unterzogen werden. Diese Darstellung führt dann zu der Frage, wie (und warum) diese Menschen (so) reden, worin das kritische Potenzial dieser Darstellung liegt und wie sich die im Witz produzierte Erkenntnis entfaltet und theoretisch fassen lässt (II.2.). Neben dieser gleichsam werkimmanenten Produktion von Er-

kenntnis auf inhaltlicher Ebene möchte ich dann zeigen, in wie weit sich dementsprechend auch die Form diesen veränderten Bedingungen anpasst: das Volksstück zum „Anti-Volksstück" wird (II.3.). Welche Gestaltungsprinzipien sich für den Autor aus dieser Aktualisierung der Form ableiten, soll in Abschnitt II.4. gezeigt werden – unter besonderer Berücksichtigung des Realismusproblems und der Grotesken. Eine erste Zwischenbilanz zur dadurch eingetretenen Akzentverschiebung, mit der der Humor seinen eigenen Tonfall entwickelt und sich deutlich von dem seiner Vorläufer unterscheidet, untersucht dann die Rolle des Humors innerhalb des Volksstücks am Scheideweg (II.5.).
Zentraler Gegenstand dieses Abschnitts ist, dass es sowohl inhaltlich als auch in Bezug auf die Gattung formal vergleichbare Techniken sind, die der Autor verwendet. Dabei soll gezeigt werden, welche Spezifika zu verzeichnen sind und was mit den Neuerungen bewirkt werden soll. Neben der Frage, wie diese Erneuerungen im Einzelnen vollzogen werden, welche Techniken hierfür angewendet werden und welcher Erkenntnisgewinn hieraus gezogen werden kann, werden damit die Voraussetzungen zur Beantwortung der Frage geschaffen, welche Haltung dahintersteckt. Ist es eine satirische/die eines Satirikers? Es wird sich zeigen, was er verändert hat, wie und warum er seine Aktualisierung (vor dem Hintergrund der gesellschaftlichen Situation) vornimmt. Und es wird deutlich, dass diese Aktualisierung letztlich eben doch nicht ganz rund läuft, dass einige offene Brüche entstehen, an denen der Witz in eine Krise gerät und zwar in Beziehung zu seinen Ursprüngen (sowohl den allgemeinen als auch den besonderen bei Horváth). Hier entsteht ein neuer, bislang kaum bekannter Witz, der sich in mancherlei Hinsicht zu seinen Ursprüngen konträr verhält. Damit ist zugleich die Spur für die nachfolgenden Betrachtungen gelegt, die erörtern, was genau diesen Humor ausmacht, was das originär Neue an ihm ist und wie er zu dem wurde, was er ist. Der spezifische Tonfall weist dabei den Weg.

1. „Merk-Würdigkeiten“: Der Witz als Erkenntnismotor.

> „Das geht uns oft so im Leben: wir lachen über einen Witz und wir lachen über die Wahrheit.“
>
> Robert de Niro

Es war besonders das kognitive Element des Witzes, das ihn zu einem zentralen Merkmal bei Nestroy machte und das sich zugleich gut mit dem kritischen Ansatz Horváths zusammenzufügen schien. Nestroys Witze klären auf und sind ihrem Wesen nach von hohem reflexivem Niveau, nicht nur innerhalb der Stücke sondern auch und gerade beim Zuschauer, der im Lachen (mehr) versteht und im Verstehen lacht.

Ein wesentliches – durchaus gattungstypisches – Stilmittel waren hierbei die Kontrastierungen, die sich auch bei Ödön von Horváth in ähnlich exponierter Stellung wiederfinden und die dort auch einen ähnlichen Zweck erfüllen. Über die Gegenüberstellung sich scheinbar widersprechender Situationen, Personen, Rede- oder Handlungsweisen wird jeweils ein neuer Aspekt auf den dargestellten Sachverhalt, eine Situation oder eine Person geworfen, wodurch diese dann in einem neuen Licht erscheinen und bis dato Verborgenes zum Vorschein kommt. Der daraus resultierende komische Effekt steht zumeist im Dienst eines durch ihn vollzogenen Erkenntnisgewinns.

Innerhalb der Handlungsebene sind es in der Regel ein unangemessener Sprachgebrauch, unterschiedliche Redemuster, die kollidieren, die schroffe Gegenüberstellung inadäquater Sequenzen oder Widersprüche, die von den Figuren (zum Teil bewusst) heraufbeschworen werden und so die jeweilige Situation durchbrechen und dadurch im Wortsinne „merk-würdig“ erscheinen lassen. Wie schon bei Nestroy staunt das Publikum über das ihm derart Vorgeführte (Sprechen), wodurch eine neue Erkenntnis freigesetzt wird.

Meist handelt es sich hierbei um Fälle, die dem Zuschauer, beziehungsweise dem Leser eine (tiefere) inhaltliche Dimension des Gesagten eröffnen und genauer zu bestimmen erlauben.

Hierzu zunächst zwei Beispiele aus „Glaube Liebe Hoffnung“ und aus „Kasimir und Karoline“:

> OBERPRÄPARATOR Drinnen liegen die Finger und Gurgeln nur so herum, daß es eine wahre Freud ist! (6,18)

> KASIMIR Wir sind alle nur Menschen! Besonders heute! (5,43)

Verweist der Satz des Oberpräparators, der hier die herumliegenden „Gurgeln" mit einer „wahre[n] Freud" in Zusammenhang bringt, auf seine im Grunde brutale Gesinnung, so lässt der Ausspruch Kasimirs, dass man an einem bestimmten Tag – noch dazu an einem solchen, wie im bisherigen Stückverlauf dargestellt – ganz „besonders" Mensch sein könne, diese „Menschlichkeit" in einem zweifelhaften Licht erscheinen. Gerade wo die Figuren in fertigen Floskeln scheinbar nur so daherreden, wird für den Zuschauer ein unausgesprochener Gehalt hinter dem Gesagten sichtbar. Diesem Prozess zugrunde liegt aber eine Darstellung, die formal den Gesetzen des Witzes folgt.
Eine ähnliche Offenlegung von Brutalität und Aggressivität, wie sie am Beispiel der Rede des Präparators zu erkennen war, findet sich auch als wechselseitige Erhellung auf Dialogebene, etwa in den „Geschichten aus dem Wiener Wald":

> MATHILDE Mir scheint gar, Sie sind im Stand und heiraten noch die Mariann, jetzt nachdem sie wieder frei ist –
> OSKAR Wenn Sie das Kind nicht hätt -
> MATHILDE Wenn mir das jemand angetan hätt -
> OSKAR Ich hab sie immer noch lieb -- vielleicht stirbt das Kind -- (4,56)

Und in „Glaube Liebe Hoffnung":

> PRÄPARATOR Glaubens mir, Fräulein: das Beste ist, sie springen zum Fenster hinaus.
> ELISABETH Sie sind aber ein sehr freundlicher Mann, Herr Oberpräparator.
> PRÄPARATOR Ich mein es gut mit ihnen. Wer kauft eine Leiche? Heutzutag!
> ELISABETH Morgen ist auch ein Tag. (6,19)

Erweist sich im ersten Beispiel die Hörigkeit gegenüber kleinbürgerlichen Konventionen – Oskar glaubt, Marianne nicht heiraten zu können, solange sie ein Kind aus der Beziehung mit Alfred hat – als so stark, dass er dem Kind den Tod wünscht, so besteht die „Freundlichkeit" des zweiten Beispiels darin, dass der Präparator Elisabeth den sofortigen Tod wünscht und dass dies von ihr auch noch als freundlich empfunden wird.[127]

---

[127] Aus dem Stückverlauf und dem weiteren Handeln erschließt sich, dass Elisabeth tatsächlich von einer Freundlichkeit ausgeht und es sich hier keineswegs um Ironie handelt, wie man beim Lesen dieser Stelle durchaus zunächst denken könnte.

Ein weiteres Beispiel für eine unangemessene Wortwahl, die überraschend und „merk-würdig" wirkt und damit auf einen so zu erkennenden Sachverhalt verweist, findet sich in „Glaube Liebe Hoffnung":

> ELISABETH Sind der Herr hier eine zuständige Instanz? (6,16)

An diesem fast schon grotesk anmutenden Beispiel zeigt sich, wie sehr die Formalisierungstendenzen im Reden der Figuren (s.II.2) auch direkt inhaltliche Auswirkungen haben. So lässt die Sprache Elisabeths Rückschlüsse auf ihr Verhältnis zum Präparator zu, das in zweierlei Hinsicht als bedeutsam angesehen werden kann: Zum Einen drückt sich hierin eine gewisse Autoritätshörigkeit Elisabeths aus, zum Anderen aber offenbart sich hierin auch die den Horváthschen Figuren eigene Tendenz, im jeweiligen Gegenüber mehr dessen gesellschaftliche Funktion als eine Person sehen.

Über die Gegenüberstellung inadäquater Redepassagen hinaus können bei Horváth Kontrastwirkungen auch durch ein der Rede nicht angemessenes Handeln erzielt werden, wie beispielsweise in der Szene „Beim Heurigen" in den „Geschichten aus dem Wiener Wald":

> ZAUBERKÖNIG Wie lang daß der so still stehen kann - Stramm! Sehr stramm! Respekt! Es geht wieder aufwärts mit uns! *Er fällt unter den Tisch.* (4,59)

Besonders an diesem eher simplen Witz wird deutlich, wie sehr das Verfahren der Horváthschen Volksstücke oftmals noch der traditionellen Komödienform verpflichtet ist. Gleichzeitig verweist dieses Beispiel aber auch auf ein Spezifikum der Dramen Horváths. Gerade hier nämlich, wo es sich um ein unabsichtliches Tun handelt, vollzieht sich auf der Inhaltsebene, was sich in der Rede mit den Figuren selbst vollzieht: sie werden überrumpelt, „es" geschieht ihnen.[128] Dabei sind die Beispiele solcher Kontrastierungen bisweilen von einer fast schon irritierenden Banalität, wie sich etwa in „Glaube Liebe Hoffnung" zeigt:

> DIE PRANTL --wer schreit hat unrecht.
> PRÄPARATOR *schreit*: Unrecht! Jawohl!! (6,27)

---

128 Spannend ist dabei natürlich die Frage nach diesem „es" und seinem Verhältnis zu einer „weisenden Hand" des Autors, wie sie bei Nestroy zu beobachten war. Hier ist der Standpunkt klar erkennbar und die Zielrichtung des Lachens wird durch eine bewusste Lenkung eindeutig. Ansonsten aber erscheint diese Art des Witzes eher untypisch für die Horváthschen Stücke, die sich, wie zu zeigen sein wird, zumeist solcher Eindeutigkeit verweigern.

Auch auf Dialogebene kann es zu ähnlichen Phänomenen kommen. Die reflexhaften Bewegungen des Dialogs lassen wechselseitig verborgene Bedeutungen offenbar werden.

> SCHUPO Ohne Glaube Liebe Hoffnung gibt es logischerweise kein Leben. Das resultiert alles voneinander.
> ELISABETH Sie haben leicht reden als Staatsbeamter in gesicherter Position.
> SCHUPO Wir müssen doch alle mal sterben.
> ELISABETH Hörens mir auf mit der Liebe. *Stille* (6,40)

Dadurch dass Elisabeth die Floskel des Schupos beim Wort nimmt – sie hört nur „Liebe", das ihr, die mit ihm ein Verhältnis eingehen will, gleichsam zum Signalwort wird – , ist dieser genötigt, Farbe zu bekennen, wodurch seine Phrase im Dialogverlauf als solche entlarvt wird. Zudem wirft die letzte Erwiderung Elisabeths ein besonderes Licht auf die bei Horváth oftmals zu verzeichnende Verbindung von Liebe und Tod.[129]

Eines der wichtigsten Merkmale der Horváthschen Bühnensprache lässt sich zusammenfassend in der Verwendung von zahlreichen Verfremdungselementen erblicken, die allesamt eine vergleichbare Funktion erfüllen: ihre „Merk-würdigkeit" soll den Zuschauer auf die Unangemessenheit in Sprache und Handlungsverlauf aufmerksam machen, indem sie sich seiner Erwartungshaltung extrem widersetzen. Auffällig wird, dass die Figuren völlig unangemessene Formulierungen verwenden, ihnen aber keine besseren zur Verfügung stehen. Diese offensichtlichen Diskrepanzen können als der eigentliche Auslöser des Kritikprozesses betrachtet werden.
Die hier skizzierten Möglichkeiten solcher Überführung und Durchleuchtung der Figurenrede auf „eigentlich" Gemeintes gewinnen ihre (geforderte und hierin auch gefundene) Relevanz durch die in ihnen ermöglichte Reflexion auf historische oder psychologische Implikationen. In ihnen ist bereits angedeutet nicht nur *wie*, sondern auch *weshalb* die Horváthschen Figuren ihren Bildungsjargon sprechen. Erst in der Betrachtung dieser Ursachen wird die Kennzeichnung der Rede als verräterische an ihr Ende geführt. Der Weg dorthin führt jedoch über die Komik, die als Effekt diesen Prozess erst in Gang setzt.

---

[129] Vgl. Johanna Bossinade, Eros Thanatos in Horváths Volksstück, in: Sprachkunst 19, 1988, 43-70, 44.

2. Die „Demaskierung des Bewußtseins": Den Dingen auf den (Ab-)Grund gehen

„Ihr seht, ich kann auch witzig sein, aber mein Witz ist Skorpionstich."

Friedrich Schiller

Wenn der Witz das zentrale Element ist, um den skizzierten Erkenntnisprozess in Gang zu setzen, steht und fällt er natürlich auch mit seinem Zweck, seiner Stoßrichtung und seinem kritischen Gehalt. Um ihn genauer einordnen und ihn in seiner ursprünglichen Absicht angemessen wahrnehmen zu können, muss der eingeschlagene Weg fortgesetzt und gefragt werden: Was kann (oder soll) man konkret aus den Witzen lernen? Wohin führt die Spur, die er legt und was findet sich als Ergebnis des Prozesses, den er anstößt? Denn erst mit Beantwortung dieser Frage ist der Witz seinem eigenen Anspruch nach an sein eigentliches Ziel gelangt.

Herzstück des kritischen Ansatzes war die „Demaskierung des Bewußtseins". Um den zentralen Charakter zu unterstreichen, sei nochmals an die Stelle in der „Gebrauchsanweisung" erinnert, als der Autor äußert, er habe „kein anderes Ziel als wie dies: Demaskierung des Bewußtseins"(11,216). In diesem Anspruch ist die literaturwissenschaftliche Forschung Horváth gefolgt, indem sie die Demaskierung bis heute als *die* bleibende Leistung des Autors, sein wesentliches Merkmal und Stilelement ansieht. Wichtigstes Objekt der Demaskierung ist der Bildungsjargon, von dem es heißt, er (und seine Ursache) „fordert aber zu Kritik heraus"(11,211).

Der Begriff „Demaskierung" impliziert zuallererst natürlich den Sachverhalt der vollzogenen Entlarvung, wie sie schon bei Nestroy vorkam. Auch hier wurde in diesem Sinne demaskiert, am sinnfälligsten vielleicht im „Talisman", der mit der Perücke eine Maske in den Mittelpunkt der Handlung stellt. Gleichermaßen verspricht nun auch bei Horváth die Erforschung der Ursache, den Dingen auf den Grund zu gehen. Und damit werden die beiden im ersten Abschnitt aufgerufenen Wurzeln zusammen und an ein erstes Ende geführt: in der Demaskierung des Bewusstseins stehen der kritische Ansatz und die adaptierten Stilmittel im Dienst der gleichen Sache und haben sich den gleichen Inhalt ins Visier genommen. Hier werden Kontrastierungen, durchbrochene Erwartungshaltungen und Verzerrungen ganz bewusst eingesetzt – immer mit dem Ziel, besagte Kritik auszulösen.

Träger und Auslöser des Bildungsjargons ist das Bühnenpersonal, das ihn spricht. Die „Aktualisierung" des Volksstücks (s.u.) ist zuallererst eine des Personals. Als „heutige Menschen" (11,201) handelt es sich dabei eben zu neunzig Prozent um Kleinbürger (11,201), die folglich auch fortan die Protagonisten des Horváthschen Volksstückes sind. Auf sie und ihr Sprechen sind letztlich alle anderen Veränderungen ursächlich zurückzuführen. Das „abgenutzte Typen-Arsenal" des alten Volksstükkes wird nun „durch glaubhaft gezeichnete `heutige Menschen´, die einen realistischen Handlungsablauf ermöglichen"[130], ersetzt. Sie treten an die Stelle des „unsoziologisch-mystischen Volksbegriffs"[131], wie er noch für Zuckmayer reklamiert wurde.
Als solche sprechen diese Menschen zunächst keinen Dialekt mehr. Ihre Sprache ist – im Gegensatz zur unmittelbaren, romantisch-verklärten Ländlichkeit der traditionellen Volksstücke[132] – als solche total vermittelt. Bevor nun nach den Auswirkungen dieser Sprache auf die dramatische Form und die Konstellationen auf der Bühne gefragt werden soll, geht es im Folgenden um eine genaue Analyse dieses Sprechens und was (und wie) an Verborgenem[133] durch es sichtbar gemacht wird.

Ein wesentliches Merkmal des Bildungsjargons ist das phrasenhafte Element dieser Rede. Wie bei keinem anderen Autor greifen die Horváthschen Figuren immer wieder auf die verschiedensten Arten von Versatzstücken zurück, die sich allesamt unter dem Oberbegriff der Phrase klassifizieren lassen. Statt einer eigenen Sprache setzt sich die Rede des Horváthschen Bühnenpersonals hauptsächlich aus nur unzureichend angeeignetem Sprachmaterial zusammen – überwiegend Vorbilder aus der „schöngeistigen Literatur" sind hier zu verzeichnen, wodurch dieses Sprechen auch als „*Bildungs*jargon" zu seinem Namen kam. Dies schlägt sich unmittelbar in ihrem Charakter nieder: hier betreten hauptsächlich Großmäuler, Angeber und Phrasendrescher die Bühne, die mit ihrer vermeintlichen Bildung protzen und oftmals – ohne es zu wissen – etwas ganz anderes sagen, als sie „eigentlich" meinen. Deshalb wurden die Stücke Ödön von Horváths auch immer wieder in die Nähe zu den Schriften Karl Kraus´ gerückt, der sich, wie nach ihm der Drama-

---

130 Schneider, Der Kampf zwischen Individuum und Gesellschaft, a.a.O., 60.
131 Schmitz, Das Volksstück, a.a.O., 40.
132 Zur Wichtigkeit des Dialekts bei Nestroy vgl. Otto Basil, Nestroy, Reinbek 1967, 7ff., vgl. a. Mautner, Nestroy, a.a.O., 30/31, wonach das Hochdeutsche bei Nestroy als identisch mit phrasenhaft unechtem Sprechen zu betrachten ist. Bei Horváth dagegen ist – bei aller Ähnlichkeit – die positive Gegenwelt des Dialekts einkassiert.
133 Als prägnantestes Beispiel sei hier nochmals Ingrid Haag, Zeigen und Verbergen, a.a.O., angeführt, die bereits mit dem Titel ihrer Arbeit das Problem verborgener Elemente zum Kernthema des Horváthschen Werks erhebt.

tiker, eine „Trockenlegung des weiten Phrasensumpfes"[134] zum Ziel gesetzt habe.[135] Und wie auch der Herausgeber der Fackel habe Horváth die Sprache weniger beim Wort als vielmehr „bei der Redensart genommen"[136] und diese somit gnadenlos auf ihren defizitären Charakter hin durchleuchtet. Diese Durchleuchtung der phrasenhaften Elemente lasse eine von dem Gesagten unterschiedene inhaltliche Komponente zum Vorschein kommen, in der sich Ideologie und Verblendung der Sprechenden ausdrücke.

Um nun zu entscheiden, wie sich diese „Trockenlegung" im Einzelnen vollzieht – dieser Vorgang ist als identisch mit der vom Zuschauer zu leistenden Kritik zu betrachten – , muss zunächst untersucht werden, wie diese phrasenhafte Sprache konkret aussieht. Wo kommen diese Phrasen her und wie setzen sie sich zusammen?

Betrachtet man die Horváthsche Bühnensprache in ihren Einzelheiten, so fällt zunächst auf, dass sie im Allgemeinen extrem formalisiert erscheint und geprägt ist von zahlreichen Elementen, die Louis Adey unter dem Oberbegriff „Depersonalisierungen"[137] zusammenfasst. In der Bühnensprache Horváths sind insgesamt mehrere Ebenen dieser Depersonalisierung zu beobachten: zum Einen eine semantische – im Gebrauch unpersönlicher Füllwörter wie „halt", „nämlich" und anderen, sowie in der Verwendung von Personalpronomen – vor allem durch den häufigen Gebrauch des „man" – , und zum Anderen die auffallend häufige Verwendung von Redensarten, Phrasen und ähnlichen Versatzstücken.

In seiner Untersuchung über „Das Sprachklischee und seine Funktion im dramatischen Werk Ödön von Horváths" unterscheidet Dietmar Goltschnigg alles in allem bis zu elf Schattierungen solcher Stereotypen[138], eine zwar sehr detaillierte, letzen Endes aber doch zu formalisierte Be-

---

[134] Zit. n. Paul Schick, Karl Kraus, Reinbek ^{3}1993, 39.

[135] Wenn auch über eine Kenntnis der Werke Karl Kraus´ durch Horváth nichts bekannt ist, stellt der von beiden hoch geschätzte Nestroy ein wichtiges Bindeglied zwischen den beiden Autoren dar, vgl. Herzmann, Das epische Theater und das Volksstück, a.a.O.

[136] Wolfgang Mieder, Karl Kraus und der sprichwörtliche Aphorismus, in: Muttersprache 89, 1979, 97-119, 106.

[137] Louis Adey, „By indirections find directions out." Horváth, Nestroy and the art of obliquity, in: Sprachkunst 19, 1988, 107-121, 110.

[138] Dietmar Goltschnigg, Das Sprachklischee und seine Funktion im dramatischen Werk Ödön von Horváths, in: Wirkendes Wort 25, 1975, 181-196. Hier wird unterschieden in: 1.Stehende Redewendungen, 2.Redensarten, 3.Über-brückungsfloskeln, 4.Leerformeln, 5.Zitate (nochmals zu unterscheiden in: literarische, feste Formeln und geflügelte Worte aus Fremdsprachen, Sprichwörter und stehende Redensarten), 6.Politische Schlagwörter, 7.Tautologien.

trachtung.[139] Bei aller nuancierten Unterscheidung weist nämlich auch Goltschnigg darauf hin, dass all diese Elemente im Grunde die gleiche Tendenz haben, beziehungsweise dass ihnen die gleiche Funktion zukommt. Bezüglich des vermeintlichen „Aussagegehalts" der Rede wirken sie stark verallgemeinernd; gerade auch und vor allem da, wo vom scheinbar Allerpersönlichsten die Rede ist.[140] Von daher erscheint es mir auch sinnvoll, die verschiedenen Elemente nicht mit Rücksicht auf die Betrachtungen Goltschniggs jeweils gesondert zu untersuchen, sondern nur solche Beispiele anzuführen, wo die Schattierungen auch inhaltlich verschiedene Funktionen erfüllen.

Am sinnfälligsten wird dieser Rekurs auf Allgemeines in der Verwendung vorgefertigten Redematerials. Neben literarischen Zitaten sind hier vor allem stehende Redewendungen und geflügelte Worte zu nennen. Solche Fälle finden sich in den Horváthschen Volksstücken in übergroßer Zahl, beispielsweise in „Glaube Liebe Hoffnung":

> OBERPRÄPARATOR Wir alle sind in Gottes Hand. (6,17)
>
> BUCHHALTER Dummheit und Stolz wachsen auf einem Holz. (6,34)
>
> BUCHHALTER *grinst* Nicht alles ist Gold, was glänzt -- (6,34)

Im Redeverlauf fällt diesen Wendungen eine ganz bestimmte Rolle zu. Zum Einen liegen sie als fertige Floskeln bereit und erfüllen so zwar eine kommunikative Funktion, zum Anderen jedoch sind sie völlig nichtssagend und entbinden den Sprecher davon, sich auf die Situation und sein jeweiliges Gegenüber genau einzulassen.[141] Sowohl formelhaft wie auch formalisiert (als bereits vorformuliert) verleihen sie dem Sprecher eine hohe Kommunikationssicherheit, indem sie ihn der Verpflichtung entheben, Eigenes zu artikulieren. Aus diesem Grunde bemühen sich die

---

[139] In weiten Teilen mutet die Untersuchung Goltschniggs wie eine sprachwissenschaftliche Studie an, die die Bedeutung der Unterscheidungen im Sinne des normalen Sprachgebrauchs und weniger an den Stücken Horváths untersucht.

[140] Vgl. Nolting, Drama des Tonfalls, a.a.O., 129: „Die Figuren versuchen nun gerade in ihren Individualitätsbestrebungen sich auf jeweils Typisches zu berufen, also sich ständig über Abstraktion auf ihre urtümliche Individualität und private Geschichte zu beziehen."

[141] Vgl. Nolting, Drama des Tonfalls, a.a.O., 121: „Die Anonymität der Handlungs- und Meinungsbegründung läßt den Figuren keine Verantwortlichkeit für ihr Tun oder Meinen (...) Der Jargon bietet ein Wissen, das es gestattet, den Dingen ihren Lauf zu lassen." Zur Begründung dieser Anonymität und zur Herleitung dieses Sprechens vgl. III.

Horváthschen Figuren, solchen „Sprüchen" möglichst getreu nachzufolgen.
Eine ähnliche Funktion erfüllen auch die (zumeist literarischen) Zitate, die die Figuren Horváths häufig im Mund führen. Oftmals handelt es sich dabei um solche, die schon so sehr zum Gemeingut geworden sind, dass sie auf den ersten Blick kaum mehr als Zitate erkennbar sind. So geht zum Beispiel Mariannes „Arbeit schändet nicht"(4,15) in den „Geschichten aus dem Wiener Wald" ebenso auf Hesiod zurück[142], wie Alfreds „Licht- und Schattenseiten"(4, 108) im selben Stück auf Goethes „Götz von Berlichingen" zurückzuführen ist[143]. Auch des Präparators „Eile mit Weile"(6,85) in „Glaube Liebe Hoffnung" stammt ursprünglich von Sueton, freilich ohne dass die Figuren (und wahrscheinlich auch der Autor selbst), die solche zu geflügelten Worten geratenen Zitate im Mund führen, dies selbst wüssten und ohne dass der Leser es wissen müsste. Aus diesem Grunde fungieren diese verbalen Versatzstücke weniger als Zitate denn vielmehr als stehende Redewendungen.

Neben solchen kaum mehr kenntlichen, gewissermaßen „herabgesunkenen" Zitaten, gibt es aber auch andere Formen des Zitierens, die beabsichtigt sind und auch als solche erkannt werden und so auf die ausgezeichnete Bildung des Sprechenden verweisen sollen. In den „Geschichten aus dem Wiener Wald" zitiert Alfred mit „Der Mohr hat seine Schuldigkeit getan, der Mohr kann gehen"(4,56) aus Schillers „Die Verschwörung des Fiesco zu Genua" und Rauch rekurriert in „Kasimir und Karoline" mit seinem „Ein politisch Lied ein garstig Lied"(5,49) auf Goethe – die im übrigen beliebteste Reminiszenz in den Volksstücken Horváths –, noch dazu auf den „Faust", der als Inbegriff bürgerlicher Bildung angesehen werden kann.
Auch das bloße Erwähnen von zitierfähigem Bildungsgut, wie beispielsweise den von Erich aufgerufenen „Brüdern Karamasow"(4,25) in den „Geschichten aus dem Wiener Wald" oder der von Rauch in „Kasimir und Karoline" bemühte „Don Quichotte"(5,92), fungiert in der Sprachpraxis der Figuren wie das Zitat, nämlich als Bildungsnachweis. Selbst wenn sich Rauch an dieser Stelle nicht explizit auf das Werk selbst bezieht, indem er eine andere Person als „Don Quichotte" bezeichnet, so gibt er damit doch immerhin zu verstehen, dass er das Werk kennt.[144]

---

142 S. die Anmerkungen in der Werksausgabe, 4, 216.

143 S. die Anmerkungen in der Werksausgabe, 4, 214.

144 Selbstverständlich nicht eine explizit unter Beweis gestellte Werkkenntnis; vielmehr genügt eine allgemeine populäre Vorstellung von der Hauptfigur des „Don Quichotte", weshalb dieser „Bildungsnachweis" einen Gemeinplatz darstellt. Allein der im Gespräch zu erzielende Effekt muss als wichtig erachtet werden. Insofern lässt sich hier bereits die allgemeine Nivellierung jedes Gesagten erkennen.

Um als Beweis der eigenen Bildung fungieren zu können, müssen solche Zitate allerdings erkannt werden. Die Wichtigkeit dieses Wiedererkennungseffekts unterstreicht eine Stelle in „Italienische Nacht", als der Stadtrat Nietzsches: „Wenn du zum Weibe gehst, vergiß die Peitsche nicht" (im Übrigen falsch) zitiert und Betz sogleich hinzufügt: „Das ist von Nietzsche"(3,95) und somit zu verstehen gibt, dass ihm sowohl dieser Ausspruch als auch dessen Autor bekannt sind. Mit der Nennung des Namens Nietzsche wird dieser zugleich als Autorität ins Feld geführt, die für das Gesagte mit ihrem Namen einsteht. Aus demselben Grund spricht Betz an anderer Stelle vom „Professor" Sigmund Freud, um durch diesen Hinweis auf den akademischen Titel sein „Referat" über Freuds Thesen zusätzlich abzusichern.
Es müssen also nicht immer unbedingt Werke sein, die zitiert werden; wichtig ist vor allem die verbürgte Autorität des Namens, wie zum Beispiel Ludwigs des Fünfzehnten in „Kasimir und Karoline" (5,51). Neben dem reinen Nachweis der Kenntnis soll so der Glanz des zitierten Namens auf den Sprecher zurückfallen. Worte wie Titel schmücken die sie aufrufenden Personen. Dieses Prinzip des „names-dropping" ist in allen vier Volksstücken zu beobachten.
Eine spezielle Variante dieses Sprechens sind die fremdsprachlichen Zitate, wie beispielsweise in den „Geschichten aus dem Wiener Wald":

ZAUBERKÖNIG (...)Difficile est, satiram non scribere.(4,15)

Besonders wirkungsvoll wird der beabsichtigte Effekt, auf vorhandene Bildung zu verweisen, wenn der Gesprächspartner das Gesagte nicht versteht, wie es in „Italienische Nacht" geschieht:

KARL grinst Honny soit qui mal y pense!
MARTIN Was heißt das?
KARL *schadenfroh*: Das ist französisch. Pause (3,37)

Dass Karl den Sinn des Gesagten nicht erklärt, beweist, dass es bei solchen Zitaten um den Inhalt des Gesagten gar nicht geht. Vielmehr sollen solche Aussprüche eine Überlegenheit konstituieren und nicht zuletzt auch den Gesprächspartner bloß ärgern.[145]

---

145 Wie in mancherlei Hinsicht liegt auch hierin eine deutliche Verwandtschaft zu den Stücken Carl Sternheims vor, der ebenso wie Horváth seine Figuren oft verballhornte oder unangebrachte Zitate gebrauchen lässt, um so eine Kluft zwischen Gesagtem und Gemeintem aufzureißen, vgl. Manfred Linke, Carl Sternheim, Reinbek 1979, 76.

Im Wesentlichen lassen sich zwei Merkmale des Bildungsjargons zusammenfassen, die selbst eng miteinander zusammenhängen: einmal ist da der Scheincharakter, den der Sprecher durch den Rückgriff auf traditionelle Bildungswerte evoziert.[146] Des Weiteren aber sind diese Zitate – bei aller „Exklusivität", die die Figuren mit ihrer Verwendung für sich beanspruchen – Allgemeingut und somit letztlich unpersönlich.
So wird in ihnen im Grunde fortgesetzt, was sich bei den Phrasen und Floskeln bereits angedeutet hat: weniger das, was sie wirklich zu sagen vermeinen, sondern vielmehr die kommunikative Funktion dieser „Sprüche" tritt als für das Bühnenpersonal entscheidend in den Vordergrund. So nichtssagend die einzelnen Sequenzen auch sein mögen, für die Figuren selbst machen sie durchaus einen gewissen Sinn. Sowohl auf formaler als auch auf inhaltlicher Ebene entbinden sie sich von der Verantwortung für ihr Handeln. In entscheidenden Momenten ersetzen sie eine individuelle Antwort, indem sie dem Individuellen durch den Rekurs auf bereits Vorformuliertes geradezu ausweichen. Durch diesen Rekurs aufs aller Allgemeinste (weil als Fertiges vorhanden und abrufbar) wird die Tendenz des Jargons, etwas „fest-zustellen", zugleich auch wieder relativiert (allerdings nur was den Inhalt des Gesagten anbelangt, die Funktion des Sprechens bleibt erhalten). Die Rede wird unverbindlich und erhält so ein gut Teil ihrer kommunikativen Funktion. Verstärkt wird diese Neigung zum Belanglosen und Nichtssagenden oft auch durch die oben bereits erwähnten Füllwörter. Symptomatisch hierfür ist der (noch zweimal wiederholte) Ausspruch Betz´ in „Italienische Nacht", der – als allgemeinste Rücksicht auf Albert Einstein – nicht nur als „Bildungsnachweis" fungiert, sondern auch auf formaler Ebene den Inhalt des Gesagten bestätigt:

> BETZ Es ist halt alles relativ.(3,13u.ö.)

An anderer Stelle im gleichen Stück weist der Gebrauch desselben Füllwortes zugleich auf einen inhaltlich-thematischen Bereich, dem eine vergleichbare entlastende Funktion zukommt:

> KARL Du hast halt keine Konflikte mit deiner Erotik.(3,43)

Hier gesellt sich zu dem Fluchtcharakter formaler Art das Sich-Herausreden auf die „Natur", die den Sprecher von der eigenen Verantwortung entbinden soll, was auch seinen Niederschlag auf inhaltlicher Ebene, in der Thematik des Gesagten findet. Ein weiteres ausge-

---

[146] Vgl. Hermann Glaser, Ab mit ihr. Ehe die toten Seelen töten. Zur deutschen „Spießer-Ideologie", in: stmGWW, 68-83, der „Kultur als Fassade" begreift, 71.

zeichnetes Beispiel hierfür liefert die Rede Ernas in „Kasimir und Karoline“:

> ERNA Wissens, wenns mir schlecht geht, dann denk ich mir immer, was ist ein Mensch neben einem Stern. Und das gibt mir dann wieder einen Halt.(5,21)[147]

Letzten Endes zeichnen sich solche Verallgemeinerungen durch eine Mangelerscheinung aus. Sie verweisen auf eine der Realität unangemessene Haltung, die vom Zuschauer als „dumm“ erkannt und kritisiert werden soll. In diese Richtung weist bereits das „Geschichten aus dem Wiener Wald“ vorangestellte Motto: „Nichts gibt so sehr das Gefühl der Unendlichkeit als wie die Dummheit“(4,9).
Diese Unangemessenheit wurde oft als „Uneigentlichkeit des Bewusstseins“, beziehungsweise die Sprache, in der sie sich ausdrückt, als der „Jargon der Uneigentlichkeit“[148] gefasst; „uneigentlich“, weil die Figuren hier zum Einen in fertigen Formeln reden und so ihr „Innerstes“ gerade nicht zum Zuge kommen lassen, zum Anderen aber weil gerade durch den Scheincharakter die Sprache gleichsam als verräterische ein (gewollt oder ungewollt) „eigentlich“ Gemeintes hinter der Rede erkennen lässt. Im Zuge der Erkenntnis dieser „Uneigentlichkeit“ kommt nun dem Zuschauer die Aufgabe zu, diese Rede in ihrer „Dummheit“ nachzuvollziehen.
Diese Dialektik von Eigentlichkeit und Uneigentlichkeit ist genau die von Maske und Demaskierung. Und hinter dieser Maske tut sich bisweilen Bedrohliches auf.

---

147 Vgl. Dietmar Goltschnigg, Pauschalisierungen, Euphemismen, Anekdoten, Witze und Metaphern als Formen des Sprachklischees in Horváths Dramen, in: Horváth-Diskussion, 55-66, 64. Im „falschen Sinnstifter“ Astrologie sieht Goltschnigg einen stückeübergreifenden Gemeinplatz. Diese Lesart steht noch völlig im Zeichen der inhaltlich/thematisch fixierten Lesart, die sich über verborgene Bewusstseinsdispositionen der Figuren einen möglichst reichhaltigen Aufschluss über Implikationen der Zeit erhofft.

148 So weit ich sehe, wurde dieser Begriff eingeführt von Dieter Hildebrandt, Der Jargon der Uneigentlichkeit. Zur Sprache Ödön von Horváths, in: Akzente 19, 1972, 109-123. Obwohl Hildebrandt darauf hinweist, dass „Eigentlichkeit“, schon bei Theodor W. Adorno, Jargon der Eigentlichkeit. Zur deutschen Ideologie, Ffm 1964, negativ verstanden wurde und nicht das gleichsam positive Gegenstück zur „Uneigentlichkeit“ darstelle, wurde der Hildebrandtsche Terminus – wenn auch nicht mit ausdrücklicher Rücksicht auf Adorno – immer wieder so benutzt: als positiv fassbarer Begriff, der einer „Uneigentlichkeit“ gegenüber gestellt war. Insofern stellt er aber eine unbrauchbare Kategorie dar, die mitunter mehr Verwirrung gestiftet als genutzt hat.

Auf der Ebene dieses vermeintlichen „Hintersinnes“ ist auch das Interesse zu lokalisieren, das den Horváthschen Stücken entgegengebracht wurde, denn die vermeintliche Brutalität beispielsweise, die sich hinter der nur belang- und gedankenlos daherkommenden Rede offenbare, schien eine bislang verborgene Disposition im Bewusstsein der Figuren zu offenbaren, die als relevant für die Genese des Faschismus in Deutschland betrachtet werden konnte. Darum sind auch bei Jeong-Yong Kim die Thesen noch mit Rücksicht auf die psychoanalytischen Studien Wilhelm Reichs zur „Massenpsychologie des Faschismus“ formuliert.[149] Aufgrund dieser Relevanz sei es nötig, die in den Stücken vorgeführte Dummheit und Verlogenheit nicht einfach nur als „defizitäres Sprechen“ abzuqualifizieren, sondern sie genauer auf ihre Funktionen und Folgen zu durchleuchten.

Als besonders sinnfälliges Beispiel sei hier nochmals die bereits zitierte Passage aus „Glaube Liebe Hoffnung“ angeführt:

> PRÄPARATOR Glaubens mir, Fräulein: das Beste ist, sie springen zum Fenster hinaus.
> ELISABETH Sie sind aber ein sehr freundlicher Mann, Herr Oberpräparator.
> PRÄPARATOR Ich mein es gut mit ihnen. Wer kauft eine Leiche? Heutzutag!
> ELISABETH Morgen ist auch ein Tag. (6,19)

Gerade die – wie immer formelhafte – Antwort beschwört den Kontrast herauf, der dem Zuschauer einen tieferen Einblick in die Psyche der Figuren erlaube. Sichtbar wird hier in der – gemessen am vermeintlich „gemeinten“ Gegenstand – Inadäquatheit der Rede die „süße Brutalität“[150] als eine hinter der Sentimentalität und dem durch die Exposition aufgerufenen Idyll verborgene. Diese Mehrdeutigkeit der Horváthschen Bühnensprache ist dabei bisweilen so offensichtlich, dass häufig der Ver-

---

[149] Kim, Das Groteske in den Stücken Ödön von Horváths, a.a.O., 148. Die Rücksicht auf Wilhelm Reich gehörte praktisch von Anfang an zum Repertoire der Horváth-Forschung, der, wie das Beispiel Kim selbst zeigt, de facto bis zuletzt nicht aufgegeben wurde.

[150] Hell, Mord und k.o.-Schlag, a.a.O. Auch im weiteren Handlungsverlauf manifestieren sich ganz real Momente solcher Brutalität, etwa in den angewendeten Jiu-Jitsu-Griffen(4,127/8) oder dem angedrohten „Beißen“(4,115/6), was den vorschnellen Schluss auf eine vergleichbare, nur eben hinter dem Gesagten verborgene Brutalität nahelegt. Das Horváthsche Bühnenpersonal scheint zusammengesetzt aus deformierten Sadisten, die bei allen Handlungen – ob offen oder verdeckt – nur darauf aus scheinen, dem Gegenüber auf möglichst grausame Art und Weise wehzutun.

such unternommen wurde, einen vermeintlichen Hintersinn mit psychoanalytischen Kategorien zu erfassen. Besonders am Beispiel der oftmals bemühten abzustechenden „Sau" in den „Geschichten aus dem Wiener Wald", die über Assoziationen des Sprechers in Verbindung mit der Frau gebracht wird, scheint sich eine solche Lesart geradezu aufzudrängen.[151]

> OSKAR Dreht sichs um die Sau?
> HAVLITSCHEK Es dreht sich schon um eine Sau, aber nicht um dieselbe Sau -- Her Oskar, bittschön nehmens ihnen das nicht so zu Herzen, das mit ihrer gewesenen Fräulein Braut, schauns, Weiber gibts wie Mist! Ein jeder Krüppel findt ein Weib und sogar die Geschlechtskranken auch! Und die Weiber sehn sich ja in den entscheidenden Punkten alle ähnlich, glaubens mir, ich meine es ehrlich mit ihnen! Die Weiber haben keine Seele, das ist nur äußerliches Fleisch! Und man soll so ein Weib auch nicht schonend behandeln, das ist ein Versäumnis, sondern man soll ihr nur gleich das Maul zerreißen oder so! (4,50)

Auch an anderer Stelle in den „Geschichten aus dem Wiener Wald" finden sich Beispiele inadäquater Formulierungen:

> MARIANNE zu Alfred Ich wollte mal rhythmische Gymnastik studieren und dann hab ich von einem eigenen Institut geträumt, aber meine Verwandtschaft hat keinen Sinn für sowas. Papa sagt immer, die finanzielle Unabhängigkeit der Frau vom Mann ist der letzte Schritt zum Bolschewismus.
> ALFRED Ich bin kein Politiker, aber glauben sie mir: auch die finanzielle Abhängigkeit des Mannes von der Frau führt zu nichts. Das sind halt so Naturgesetze. (4,26)

Neben dem erneuten Insistieren Alfreds auf „Naturgesetzen" und der damit vorgenommenen Verwechslung von Natur und Gesellschaft, die auf eine (zu kritisierenden) Ideologie verweist, ist Mariannes Wort von der „rhythmischen Sportgymnastik" selbst keineswegs eine neutrale

---

151 Vgl. Johanna Bossinade, Eros Thanatos, a.a.O., 52. Freilich scheinen mir die Texte mit dieser Kategorisierung nicht „aufgelöst", bzw. nicht hinreichend erfasst, vgl. hierzu III.3.

Umschreibung, sondern eine Bezeichnung, die ihrerseits eine ideologische Aufladung erkennen lässt.[152]

Zusammenfassend lässt sich sagen, dass primär über Stilmittel, die sich formal am Scherz orientieren, eine Erkenntnis produziert wird, die sich auf ganz reale lebensweltliche Situationen bezieht und im klaren Aburteilen einen Teil der kritischen Intention umsetzt. Fernab davon, nur eine zu belächelnde oder gar liebenswerte Marotte zu sein, offenbaren sich im allgemeinen Gerede der Figuren Abgründe, die in der Demaskierung sowohl analysiert als auch bloßgestellt werden.
Unterstützt, beziehungsweise konterkariert wird dieser Prozess durch die Zerstörung der Form, die dem Autor zugleich eine Aktualisierung ist, mit der auf das veränderte Bühnenpersonal reagiert und eine der neuen Figurenkonstellation angemessene Form geschaffen wird. Sie greift auf alte Schemata zurück, die zum Teil entstellt werden müssen, um in der „heutigen Zeit" noch wirksam zu sein.
Bei dieser Aktualisierung der Gattung wird ein ähnliches formales Muster angewandt, wie es auf der Dialogebene zu beobachten war. Hiervon wird im Folgenden die Rede sein.

---

[152] Helmut Arntzen, Ödön von Horváth. „Geschichten aus dem Wiener Wald", in: Walter Hinck (Hg.), Die deutsche Komödie. Vom Mittelalter bis zur Gegenwart, Düsseldorf 1977, 246-268, 247. Aufgrund der Unabsichtlichkeit, die diese Aufladung zum Vorschein kommen lässt, lässt sich diese Rede als „verräterische" klassifizieren.

3. Harte Landung: Das Volksstück auf dem Weg ins 20. Jahrhundert

„Mißtraue der Idylle –
sie ist ein Mörderstück,
Schlägst Du Dich auf Ihre Seite,
Schlägt sie Dich zurück"
André Heller

„Das Volk ist nicht tümlich"
Bertolt Brecht

Es war vor allem das veränderte Personal, das dafür sorgte, dass auch die Stücke selbst sich ändern mussten, ihre ursprüngliche Form nicht mehr halten konnten. Da die einstige Dramaturgie des Volksstücks in ihrem Aufbau wesentlich auf dem Figurenkonzept und den Möglichkeiten, die es bietet, fußt, müssen zum Zwecke der „Erneuerung" auch hier Anpassungen vorgenommen worden.
Anders als die Figuren Nestroys mit ihrer gleichsam „natürlichen" Sprache, erweisen sich die „heutigen Menschen" in ihrem Sprechen als nicht mehr „volksstückgerecht"[153]. Als Menschen einer bestimmten, sie deformierenden Bewusstseinsepoche, die sich in ihrem Sprechen und Handeln offenbare, sind sie die eigentlichen Zerstörer der traditionellen versöhnlichen Form, in die sie sich nicht mehr einfügen. Die erfrischende und letztlich konstitutive Fröhlichkeit, die das „klassische" Personal noch abstrahlt, ist ihnen vollständig abhanden gekommen. Sie sind im Gegenteil so eindeutig und ohne jedes Augenzwinkern negativ gezeichnet, dass sie zur Versöhnlichkeit nicht mehr taugen. Es sind die Implikationen der Zeit, die sich durch sie artikulieren und so das Stück in seiner ursprünglichen Form unmöglich machen. Eine Überführung in die „heutige Zeit" bedurfte dementsprechend drastischer Einschnitte.
Dieser Drastik angemessen wird das alte Volksstück denn auch nicht einfach ersetzt, sondern in seine Einzelteile zerlegt und Stück für Stück demonstrativ exekutiert. Und genau dies sah Horváths dramatische Konzeption vom zeitgemäßen Volksstück vor:

„Mit vollem Bewußtsein zerstöre ich nun das alte Volksstück, formal und ethisch -- und versuche die neue Form des Volksstückes zu finden.

---

153 Vgl. Klotz, Dramaturgie des Publikums, a.a.O., 7: „Wie und wozu Horváth das konservativ gehätschelte und verfälschte Schema vom treuherzigen Volksstück unterläuft, auch das ging aus seinen Stücken allein nicht hervor; es leuchtet mir nur ein, wenn ich es als Antwort verstand auf bestimmte Verrenkungen im kleinbürgerlichen Heldenleben der späten Weimarer Republik."

Dabei lehne ich mich mehr an die Tradition der Volkssänger und Volkskomiker an, denn an die Autoren der klassischen Volksstücke."(11,219) Im Anfang dieser Re-Form steht also die Zerstörung. Schon früh war deshalb auch vom „kritischen" oder vom „Anti-Volksstück"[154] die Rede, das sich zunächst formal scheinbar an die traditionellen Gesetze dieser Form halte, nur um sie dann umso effektvoller zu verletzen. Bereits Erich Kästner merkte anlässlich der Uraufführung von „Geschichten aus dem Wiener Wald" an: „Horváth schrieb hier ein Wiener Volksstück gegen das Wiener Volksstück."[155] Damit habe Horváth einen entscheidenden Beitrag zur Erneuerung des Volksstückes geleistet.[156]

Sein wichtigstes Stilmittel dabei wurde auf der Dialogebene bereits identifiziert und es findet auch auf formaler Ebene seine Fortsetzung: die Zerstörung der Erwartungshaltung. Diese wird schon durch die Gattungsbezeichnung „Volksstück" aufgerufen: sie ließ – entgegen dem Sinn zitierter Selbstaussage – vor allem an die „klassischen" Volksstücke Ludwig Anzengrubers oder Ferdinand Raimunds denken.[157] Die stärkste Folie für die Aufnahme eines als „Volksstück" bezeichneten Theaterstückes für die zeitgenössischen Theaterzuschauer Horváths dürfte allerdings Carl Zuckmayers „Der fröhliche Weinberg" gewesen sein, das sich durch seinen sensationellen Erfolg seit der Uraufführung 1925 als ein Paradebeispiel dieser Gattung in den Köpfen der Zuschauer festge-

---

[154] Zu bedenken wäre, dass diese Unterscheidung nicht heißt, dass das traditionelle Volksstück seiner Intention nach „unkritisch" wäre, s.u. „Anti-Volksstück" bezieht sich lediglich auf eine bestimmte Form und eine bestimmte Rezeptionssituation des Volksstückes, vor allem (und zu Unrecht) geltend gemacht auf ein Stück wie Zuckmayers „Fröhlicher Weinberg." So weit ich sehe wird die Formulierung vom „Anti-Volksstück" (ohne direkten Bezug auf Horváth) erstmals von Adorno verwendet, s. Theodor W. Adorno, Reflexion über das Volksstück, in: T.W.A., Noten zur Literatur, Ffm [4]1989, 693-694, 694. Hier ist sie weniger thematisch verwendet, sondern meint, vergleichbar dem modernen Anti-Roman oder dem Anti-Drama, die Reaktion auf eine geschichtlich problematisch gewordene Form.

[155] Zit. n. Schmitz, Das Volksstück, a.a.O., 45.

[156] Bisweilen wird diese Betrachtung auch übertrieben. Arntzen, Ödön von Horváth. „Geschichten aus dem Wiener Wald", a.a.O., merkt zu Recht an, dass die Gattungsbezeichnung nur von geringerem Wert bei Horváth ist, vgl. a. Kaszynski, Horváths Poetik des Destruktiven, a.a.O., 325, wonach Horváth keinesfalls ein „innovatorischer Gattungstheoretiker" sei. Interessant ist die Klassifizierung der Dramen als „Volksstück" vor allem, wo sie auf die potenzielle Erwartungshaltung des Zuschauers rekurriert.

[157] Dass Horváth sich selbst auf Nestroy beruft, spielt hier nur eine untergeordnete Rolle. In diesem Zusammenhang nicht unwichtig ist die Anmerkung R. Bauers, wonach der Begriff des Volksstückes sich erst bei Anzengruber endgültig festsetzt und bewusst verwendet wird, nicht aber schon bei Nestroy, zit. n. Arntzen, Ödön von Horváth. „Geschichten aus dem Wiener Wald", a.a.O., 249.

setzt hatte.[158] Gerade gegenüber diesem Stück wurde die von Horváth vorgenommene Erneuerung immer wieder geltend gemacht.

Zwar war auch das alte Volksstück immer schon geprägt von Unterhaltung *und* Gesellschaftskritik[159], doch wurde nun diese Kritik, die auch und gerade bei Zuckmayer in bedenkliche Nähe zur Blut- und Bodenideologie stände, von Horváth als unangemessen ideologische entlarvt. Das alte Volksstück galt längst nicht mehr als revolutionär oder kritisch, einmal weil es einen Entwurf der gesellschaftlichen Realität vertrete, der sich schwerlich mit der des 20. Jahrhunderts vereinbaren ließe. In ihm wohnt, wie Adorno es formulieren würde, die Unwahrheit. Und zum Anderen stand es natürlich (von Anfang an) unter dem Verdacht der Plattheit.[160] Wenn also überhaupt eine Fortsetzung möglich sei, dann nur unter selbstironischer Fortschreibung des gattungsimmanenten selbstkritischen Ansatzes.

Vor dieser Folie nehme Horváth seine Erneuerung vor[161], die sich primär durch das Durchbrechen der durch die Gattungsbezeichnung implizierten Erwartungshaltung vollziehe. Gerade gegen die sinnvolle Naturordnung Zuckmayers[162], die, wie im traditionellen Volksstück, eine romantisch verklärte Ländlichkeit gegen fortschreitende Vergesellschaftung ausspiele, schienen Horváths Stücke angeschrieben.[163]

---

158 Zu dem fast sensationellen Siegeszug, den das Stück Zuckmayers quer durch die ganze Republik feierte und dessen Aufsehen dem um Bertolt Brechts „Dreigroschenoper" um nichts nachstand s. Carl Zuckmayer, Als wär´s ein Stück von mir, a.a.O., 456ff.

159 Himmel, Ödön von Horváth und die Volksstücktradition, a.a.O., 46. Auf eine im aufklärerischen Sinne kritische Seite weist auch schon die reine Gattungsbezeichnung „*Volks*stück" hin, die sich nicht zuletzt auf den Adressaten dieser Stücke bezieht, s. Schmitz, Das Volksstück, a.a.O., 14. Dennoch galt (und gilt im Grunde bis heute) die Gattung des Volksstückes – trotz Nestroy und Horváth – als eine Art Stiefkind der literaturwissenschaftliche Betrachtung, wurde es nicht zuletzt ob dieses Adressaten nicht ernst genommen und in die Nähe sogenannter „niederer" Gattungen wie Posse und Burleske gerückt, vgl. Volker Klotz, Bürgerliches Lachtheater. Komödie - Posse - Schwank - Operette, Reinbek 1987, 8.

160 Im Grunde handelt es sich hierbei um eine nicht unerhebliche Verzerrung, wenn nicht gar Verfälschung. Mit Zuckmayer wird von vielen Interpreten ein Gegenbild evoziert, das nicht nur Zuckmayer nicht gerecht wird, sondern das auch mit den Vorlagen, die Horváth aufgreift – erneut vor allem Nestroy – nicht viel gemein hat.

161 Vgl. Schmitz, Das Volksstück, a.a.O., 48.

162 Rotermund, Zur Erneuerung des Volksstücks, a.a.O.

163 Das behaupten unter anderem Rotermund, Zur Erneuerung des Volksstücks, a.a.O., 27 und Schmitz, Das Volksstück, a.a.O., 40, eine grobe Ungerechtigkeit gegenüber Zuckmayer, die nur durch eine voreingenommene Lektüre zu erklären ist. „Der fröhliche Weinberg" nämlich präsentiert sich keineswegs so naiv und verklärend, Stadt und Ländlichkeit gegeneinander ausspielend, wie er sich auf den ersten Blick darstellen mag. Vielmehr spielt Zuckmayer sehr gekonnt mit der Form des Volks-

Laut Gerhard Melzer fungieren die verwendeten Kunstgriffe durch ihr Abweichen vom zu Erwartenden als „Fußangeln", die beim Publikum eine Unsicherheit erzeugen und so eine – durchaus der Brechtschen vergleichbare – Verfremdung entstehen lassen.[164] Auch Wilhelm Baumgartner betont eine diesbezügliche Nähe zu Brecht, wenn er darauf hinweist, dass Horváth etwa gezielt Musik als ein Mittel der Rezeptionssteuerung einsetze, deren kontrastierende Wirkung die „Demaskierung" zur Folge habe.[165]

Beispielsweise werden in der Szene „Beim Heurigen" in den „Geschichten aus dem Wiener Wald"(4,58ff) oder auch während des Oktoberfestes in „Kasimir und Karoline"(5,39ff) die Bierseligkeit und Gemütlichkeit nicht zuletzt durch „stimmungsvolle" Musik aufgerufen, um dann umso deutlicher zu machen, dass diese „Heimeligkeit (...) unheimlich"[166] ist.

Neben solchen stückimmanenten „Fußangeln", die den Handlungsfluss an wichtigen Momenten ins Stocken geraten lassen, ist zu beobachten, dass auch die Stücke als Ganze in ihrem Handlungsverlauf die durch die Gattungsbezeichnung aufgerufenen Erwartungen nicht nur nicht einlösen, sondern sie, eben weil sie gerade absichtlich aufgerufen worden waren, dann geradezu verweigern. Neben der Gattungsbezeichnung evozieren auch die Titel der Volksstücke solche Erwartungen, denen sie sich im Verlauf des Geschehens fast schon demonstrativ widersetzen. „Kasimir und Karoline" stellen gerade nicht ein Liebespaar dar (wie etwa „Romeo und Julia" oder „Tristan und Isolde") und die Geschichte der „Italienischen Nacht" ist die eines „verpatzten Festes", das einfach nicht zustande kommen will und das vielmehr die Hindernisse auf dem Weg zu einer gelungenen Feier (und letztlich deren Unmöglichkeit) zum Gegenstand hat.[167] Ebenso unmöglich scheinen auch die im Titel aufgerufenen „Glaube Liebe Hoffnung" zu verwirklichen. Am sinnfälligsten ist die Kontrastwirkung von Titel und Handlung aber bei den „Geschichten aus dem Wiener Wald", das, als Titel selbst Zitat, geradezu gegen das

---

stückes als der Vorlage seines Stückes, das, nicht zuletzt im Hinblick auf den dort thematisierten Antisemitismus, in vielerlei Hinsicht seine eigene Parodie darstellt. Insofern ist Zuckmayer keineswegs so etwas wie der „Raimund des 20.Jahrhunderts". Diese grobe Fehleinschätzung kann auch als ein Hinweis dafür gelten, dass einem Stück, das nicht betont ernst (und auch nicht betont modernistisch) daherschreitet, nicht allzu viel zugetraut wird, sogar von Autoren wie den genannten, die sich ausdrücklich mit der Gattung und ihrer Problematik im 20.Jahrhundert auseinandersetzen.

164 Gerhard Melzer, Lachen über die Wirklichkeit, a.a.O., 30.

165 Wilhelm Baumgartner, Lied und Musik in den Volksstücken Ödön von Horváths, in: stmHS, 154-180, 174.

166 Glaser, Ab mit ihr, a.a.O., 71.

167 Vgl. Wendelin Schmidt-Dengler, Von der Unfähigkeit zu feiern. Verpatzte Feste bei Horváth und seinen Zeitgenossen, in: Literatur und Kritik 23, 1989, 52-63.

Straußsche Idyll eines „Wien, Wien, nur du allein" angeschrieben scheint.
Inwieweit der Handlungsverlauf eines Stückes nun den geweckten Erwartungen die Einlösung verweigert, zeigt sich am deutlichsten an den Dramenschlüssen, die als der wichtigste Teil des Dramas gleichsam dessen Probe aufs Exempel sind. Auch hier ist ein deutliches Abweichen vom Muster der traditionellen Volksstücke zu verzeichnen.[168]
Bereits in der 1929 entstandenen Posse „Rund um den Kongreß" tritt gegen Ende des Stückes ein „Vertreter des Publikums" auf und reklamiert, als die „Posse" nicht im Sinne einer solchen zu enden droht:

> EIN VERTRETER DES PUBLIKUMS *erscheint*: Halt! Ich protestiere gegen diesen Betrug!
> ALFRED Pfuschen sie mir nicht ins Geschäft, Herr! Wer sind sie denn überhaupt?
> DER VERTRETER DES PUBLIKUMS Ich sitze dort links in der siebenten Reihe. Ich habe mir eine Karte gekauft, weil auf dem Theaterzettel stand, hier steigt eine Posse in fünf Bildern! Und jetzt gehts auf einmal tragisch aus! Ich laß mir das nicht gefallen! Das ist eine Vorspiegelung falscher Tatsachen!
> SCHMINKE Das ist die Wahrheit! Die unerbittliche Wahrheit!
> DER VERTRETER DES PUBLIKUMS Ich verzichte auf ihre Wahrheit! Ich bin ein müder abgearbeiteter Mensch und möchte abends meine Posse haben! Verstanden? Entweder gibt es hier augenblicklich eine Posse, oder ich laß´ mir mein Geld herauszahlen.(1,279)

An dieser Stelle werden auch die Notwendigkeit der Durchbrechung der Erwartungshaltung und ihr vermeintlicher Sinn einsichtig: es geht um die Wahrheit, die in der alten Form nicht mehr gewährleistet ist. Insofern handelt es sich auch hier um ein Spielen mit den Möglichkeiten der Gattung; ein durch Ironisieren erzeugtes Distanzieren.[169] Besonders pikant wird diese Ironisierung durch ihre eingeschriebenen doppelten Bre-

---

[168] Die Innovation, die von einer solchen Änderung ausgeht, darf freilich nicht überschätzt werden, gibt es doch das Phänomen des „untypischen" Schlusses nicht erst bei den „Vorläufern" Horváths wie Sternheim, vgl. z.B. Linke, Sternheim, a.a.O., 71, oder Nestroy. Vielmehr stelle die Parodie des guten Schlusses einen wichtigen Teil der Komödientradition dar, vgl. a. Arntzen, Ödön von Horváth. „Geschichten aus dem Wiener Wald", a.a.O., 247. Solche Parodien jedoch waren immer „aufgehoben" oder zumindest mit einem Augenzwinkern versehen.
[169] Vgl. Bartsch, Ödön von Horváth, a.a.O., 24.

chungen, die erst in den späteren Volksstücken klar erkennbar werden, denn Schminke ist keineswegs eine positive Gestalt, die im Besitz einer zu sagenden Wahrheit wäre. Auch hier wird man also bei der Suche nach „dem Positiven“ nicht wirklich fündig

Besonders sinnfällig wird diese „Technik“ in den „Geschichten aus dem Wiener Wald“, wo – ganz im Sinne des traditionellen Volksstückes und seines „guten“ Endes – Oskar und Marianne doch noch „zueinander finden“ und heiraten. Fragwürdig wird dieser Schluss zum Einen durch den Preis, um den er erkauft wird – den Tod des Kindes aus Mariannes Liaison mit Alfred – und vor allem die subtile Regieanweisung der letzten Szene, Oskar und Marianne betreffend: „und ab mit ihr“ (4,99) statt „mit ihr ab“[170]. So stirbt sie in einem „der deprimierendsten Dramenabschlüsse der Weltliteratur“[171] den grausamsten aller Tode: den langsamen Tod einer unglücklichen Ehe mit dem „Sadisten“ Oskar.

Auch in der „Italienischen Nacht“ erscheint der Schluss, der oberflächlich den Sieg der Republikaner über die Faschisten verheißt, in sich fragwürdig, da die zum Einen postulierte Standhaftigkeit des Stadtrats durch den bisherigen Handlungsverlauf als desavouiert gelten muss und er sie zum Anderen noch in demselben Wortlaut vorträgt, den er bereits zu Beginn des Stückes im Munde führte:

> STADTRAT Solange es einen republikanischen Schutzverband gibt, und solange ich hier die Ehre habe, Vorsitzender der hiesigen Ortsgruppe zu sein, solange kann die Republik ruhig schlafen!
> MARTIN Gute Nacht! (3,64/65 und 3,124)

Mit dieser kreisförmigen Struktur der Dramen, in denen die Schlüsse zu keinem – wie auch immer zu wertenden – „Ergebnis“ führen, geht ein wichtiges Element des traditionellen Volksstückes verloren: die Entwicklung zum Besseren.[172]

Wie viele andere ist auch dieses Merkmal des Horváthschen Schaffens auf Nestroy und seine „kritischen Volksstücke“ zurückzuführen.[173] Auch bei ihm wird die im traditionellen Volksstück entfaltete und schließlich vom Zuschauer zu kritisierende Problematik nicht immer in einem versöhnlichen Schluss restlos aufgehoben. Wie später in Horváths „Italienischer Nacht“ verstößt beispielsweise der Schluss von Nestroys „Der böse Geist Lumpazivagabundus“ gegen den gattungskonstituierenden Topos,

---

[170] Vgl. Glaser, Ab mit ihr, a.a.O., 68. Dieselbe Regieanweisung findet sich noch des Öfteren bei Horváth, unter anderem in der „Lehrerin von Regensburg“, stmEM, 166.
[171] Glaser, Ab mit ihr, a.a.O., 68.
[172] Schmitz, Das Volksstück, a.a.O., 45.
[173] Schmitz, Das Volksstück, a.a.O., 28.

der die Besserung einer Person verlangt. Knieriems „Ich werd´ mich bessern“ und Zwirns „Ich hab´ mich schon gebessert“[174] muss angesichts des vorherigen Handlungsverlaufs merkwürdig aufgesetzt erscheinen, wodurch das Prinzip solcher „Lösungen“ als an sich fragwürdig erscheint.[175]
Auch hierin wurde eine Parallele zu Brecht erblickt, der in seiner „Dreigroschenoper“ einen so sinnfällig unpassenden Schluss verwendet, dass dem Zuschauer die Fragwürdigkeit, den behandelten Stoff im traditionellen Sinne zu beenden, deutlich werde.
Die Inadäquatheit der Kontraste lasse das Dargestellte als auffällig fremd und (erneut) „merk-würdig“ erscheinen, insofern eine Parallele zwischen Dialog- und Handlungsführung. Die verschiedensten Erwartungen, die an ein Volksstück gerichtet werden, werden gezielt aufgerufen, um sie dann nur mit umso größerer Wirkung durchbrechen zu können. Wiederum vergleichbar Brecht schlage Horváth so die Einfühlungsästhetik mit ihren eigenen Waffen, indem er das „Kitscherleben als Köder“[176] benutzt. Gerade am Beispiel der Musik konnte das auf das Deutlichste gesehen werden. Die aufgerufene – einstmals gemütvolle – „Innerlichkeit“ wird durch die spezielle Technik Horváths als korrumpiert – hier spielte erneut der Komplex der „Kulturindustrie“ eine entscheidende Rolle bei der begrifflichen Erfassung dieses Phänomens – und letztlich unmöglich dargestellt: die neuen Formen des Kitscherlebens hatten das alte Volksstück und seinen kritischen Ansatz ad absurdum geführt. Wo der einstmals aufgerufenen „Natürlichkeit“ ein kritisches Potenzial zugewiesen wurde, sorgt „Kitsch in der Kehle“ heute dafür, „daß Aufklärung im Hirn wenig Chancen hatte“[177].
Damit habe Horváth ein neues Phänomen auf die Bühne gebracht: das der „falschen Wärme“[178], die eben die traditionelle Wärme nur aufruft,

---

[174] Nestroy, Werke, a.a.O., 1, 64. Ein weiteres Beispiel eines fragwürdigen Schlusses bei Nestroy wäre auch der von „Nagerl und Handschuh“.

[175] Vgl. Mautner, Nestroy, a.a.O., 162, 188 u.ö. Zu bedenken ist allerdings, dass Nestroy das Prinzip der fragwürdigen Schlüsse bei Weitem nicht so weit treibt wie Horváth es später tun sollte und dass dies auch von den Zuschauern nicht immer erkannt wurde. Mautner spricht darum in diesem Zusammenhang von einer „verborgene[n] `Publikumsbeschimpfung´“, 164, vgl. a. ebd., 193, wo er in der Familie Zwirn eine Satire aufs „Wien, Wien, nur du allein...“ ausmacht.

[176] Kurzenberger, Horváths Volksstücke, a.a.O., 117. An dieser Stelle sei jedoch nochmals der geltend gemachte Unterschied zu Brecht betont, dem es, im Gegensatz zu Horváth, nicht nur um bloßes Erkennen der eigenen Persönlichkeit gehe, sondern um ein Freisetzen einer produktiven, die Gesellschaft verändernden Kraft, vgl. III.1.2.1.

[177] Glaser, Ab mit ihr, a.a.O., 81.

[178] Peter von Matt, Liebesverrat. Die Treulosen in der Literatur, München 1991, 372. Zumindest bezogen auf das Volksstück handelt es sich hier um ein neues Phänomen.

um sie schließlich in einem umso fragwürdigeren Licht erscheinen zu lassen. Diese „falsche Gemütlichkeit" der Volksstücke hat auf den Zuschauer eine ähnliche Wirkung wie Alkohol als Mittel gegen Frost: er täuscht Wärme nur vor und öffnet die Poren der Haut, um dadurch aber im Gegenteil den Prozess des Erfrierens nur zu beschleunigen. So wird der Zuschauer, um eine Formulierung Jean Pauls zu gebrauchen, zuerst „ins Dampfbad der Rührung" geführt, um dann – mit umso empfindlicherer Wirkung – ins „Kühlbad der frostigen Satire" hinausgetrieben zu werden.[179] An dem Punkt, an dem Handlungsführung und Sprachverhalten der Figuren diese Wärme jedoch als falsch erkennbar werden lassen, setzt dieses Verfahren schließlich – im günstigen Falle – eine Reflexion auf Seiten des Zuschauers frei.[180] Dieser Einspruch freilich erfolgt nicht automatisch. Horst Jarka nennt hier das Beispiel von mitschunkelnden Zuschauern während der Szene „Beim Heurigen" in den „Geschichten aus dem Wiener Wald" als Beispiel für eine im Sinne der Intention des Stückes misslungene Reaktion.[181]

Was die inadäquate Formulierung auf Dialogebene, die bereits eine Abweichung vom zu Erwartenden bedeutet, bewirkte, vollzieht sich damit auch auf der Ebene der Handlungsführung als bewusstes Abweichen von Abläufen, die sich durch die Gattungsbezeichnung und das entworfene Szenario vermuten ließen: beide bringen Verborgenes zum Vorschein, jeweils als Pointe, von der Kant bemerkte, dass sie in ihrem Wesen eine Zerstörung der Erwartung sei.[182] Der als Stilmittel verwendete Witz ist dabei die Spur: in einer durchaus traditionellen, der Gattung entsprechenden Weise, weist er den Weg zu einer „adäquaten" Analyse. Als Kontrastierung zielt das Durchbrechen der Gattungsgesetze auf die Erwartungshaltung der Zuschauer und ist damit das zentrale Mittel, um beim Rezipienten einen Erkenntnisprozess auszulösen.

---

[179] Jean Paul, Werke, herausgegeben von N. Miler u.a., München 1959ff., I.4, 348.

[180] Vgl. Adorno, Reflexionen über das Volksstück, a.a.O., 694: „Das Publikum muß der Suggestion des Stückes selbst widerstehen, wenn es die Stücke verstehen will, sich dem Bann überantworten, um das Entsetzen des Gemütlichen zu spüren und dadurch ihm abzusagen."

[181] Horst Jarka, Zur Horváth-Rezeption 1929-38, in: stmÖvH 156-184, 168. Bereits hier wird die Problematik dieser Lesart, die den Wert der Stücke vor allem über ihre Wirkung zu konstatieren versucht, deutlich, da diese „falsche" Reaktion – eine andere, ebenfalls des Öfteren zu verzeichnende wären heftige Unmutsbezeugungen gegen den „Nihilisten" und „Nestbeschmutzer" Horváth – klar zeigt, dass zu einer „richtigen" Rezeption ein vorab vorhandener Konsens notwendig ist. Andernfalls müsste man nämlich zugestehen, dass die Stücke nicht in der Lage sind, das Widerstehen als ein notwendiges aus sich selbst heraus zu entwickeln, was – denkt man ihren Gehalt in der Kategorie von Effekten – letztlich ein Argument gegen ihre Qualität wäre, vgl. III.

[182] Zit. n. Berger, Erlösendes Lachen, a.a.O., 30.

Dieser so erzeugte Neuigkeitswert war der literaturwissenschaftlichen Forschung bei der Betrachtung unter gattungsspezifischen Gesichtspunkten denn auch immer ein zentraler Aspekt. Mit seinen vier großen Volksstücken – so konnte gemeinhin geltend gemacht werden – sei Horváth die Verwandlung dieser Gattung in eine dem „wissenschaftlichen Zeitalter" angemessene Form gelungen.[183] Damit lag der Akzent der Erneuerung vor allem auf der „ethischen" Seite, zu deren Erreichung die formale Erneuerung lediglich ein Mittel war.
Erst hiermit gelangte das Volksstück, in der Literaturwissenschaft sonst eher vernachlässigt, zu gewissen germanistischen Ehren. Wurde das „klassische Volksstück" einst als unseriös und platt verachtet[184], findet diese Gattung erst im Zusammenhang mit dem neuen, dem wahrhaft „kritischen" Volksstück, einigermaßen Beachtung, zumal es in Franz Xaver Kroetz und Martin Sperr ernstzunehmende, gleichsam „würdige" Nachfolger fand. Das Volksstück war nun auf dem harten Boden der Tatsachen zurückgeführt, nicht zuletzt dadurch, dass die „höhere Ordnung", die ursprünglich ein wesentliches Merkmal war, konsequent aus den Stücken verbannt wurde.

---

183 Rotermund, Zur Erneuerung des Volksstücks, a.a.O., 45.

184 Dass die Gattung des Volksstückes in der literaturwissenschaftlichen Betrachtung lange Zeit eine untergeordnete Rolle spielte, s.o., hängt nicht zuletzt mit dem ursprünglichen Adressaten zusammen. Ein vermeintlich anspruchsloses Publikum, das mehr an Unterhaltung als an Literatur interessiert ist, schien keine besseren Stücke verdient zu haben.

4. Horváth realistisch? Vom Naturalismus zum Snobismus

> "Die Schwierigkeit liegt darin: daß die Realität auf dem Theater wiedererkannt wird, ist nur eine Aufgabe des echten Realismus. Sie muß aber auch noch durchschaut werden. Es müssen die Gesetze sichtbar werden, welche den Ablauf der Prozesse des Lebens beherrschen. Diese Gesetze sind nicht auf Photographien sichtbar."
>
> Bertolt Brecht

Das Volksstück als kritische Gattung ins 20. Jahrhundert zu retten und es seiner (Horváths) Intention gemäß gestalten zu können, bedeutete zugleich, ihm eines seiner ausgezeichnetsten Merkmale zu nehmen: die Bodenständigkeit und Ursprünglichkeit.
„Die Wahrheit", die der Autor mit der Realität in eins gesetzt und die er in seinen Stücken zu fassen gesucht hatte, entfaltete sich ihm nicht mehr unmittelbar aus dem Personal und der Handlungsführung; sie musste vor allem durch kunstvolles Arrangement, schroffe Überzeichnungen und eine gewisse Drastik erst ans Tageslicht gebracht werden.
Am Beispiel der ironischen Brechungen, speziell der gattungsüblichen Enden, war dies besonders deutlich zu erkennen. Darüber hinaus soll es im Folgenden um vergleichbare Irritationen gehen, die sich auch auf anderer Ebene – namentlich der Bühnensprache – finden. Dabei geht es vor allem um die Frage nach dem Realitätsbezug dieser Schilderungen, die immer auch eine Frage nach der Authentizität und dem Verhältnis zum vorgestellten Stoff ist und dass über die Veränderung des Sprechens – analog der Zerstörung der Gattung – auch die Erzeugung und die Wahrnehmung von Komik eine Verschiebung und Verzerrung erfahren.

Auch hier war es der Autor selbst, der eine erste – durch eine uneindeutige Formulierung wie so oft vage – Spur legte, wie das Sprechen seiner Figuren zu verstehen sei. Im „Cronauer-Interview" gibt er eine Terminologie vor, die allzu oft und ohne sie genauer zu hinterfragen, adaptiert wurde und nach der seine Personendarstellung von der Forschung meist als „realistische" betrachtet wurde.[185] Hier heißt es:

---

[185] Die Bestimmung des Realismusbegriffs musste aufgrund der Tatsache, dass praktisch alle Autoren, die sich zum Realismuscharakter der Horváthschen Volksstücke äußern, keine Rechenschaft über ihr theoretisches „Rüstzeug" ablegen, notwendig unsauber bleiben. Dass die Horváthsche Terminologie hier selbst nicht sauber ist und diese Spielräume eröffnet und zu Unbestimmtem geradezu einlädt, ist deutlich geworden. So handelt es sich bei vorliegenden Betrachtungen auch eher um eine Re-

„Natürlich. Und um einen heutigen Menschen realistisch schildern zu können, muß ich ihn also dementsprechend reden lassen."(11,201)

Auch in der „Gebrauchsanweisung" aus demselben Jahre finden wir eine ähnliche Formulierung:

„Um einen heutigen Menschen realistisch schildern zu können, muß ich also den Bildungsjargon sprechen lassen. Der Bildungsjargon (und seine Ursachen) fordert aber natürlich zu Kritik heraus."(11,219)

Zunächst wurde dieser Realismus nicht nur für die Personenschilderungen, sondern beispielsweise auch für die Schauplätze, an denen die Stücke spielen, die als „natürliche" Umgebung dieser Figuren hier exakt abgebildet seien, geltend gemacht. Hier wäre besonders die Studie Elisabeth Goughs zu nennen, die, erneut mit Rücksicht auf den Horváthschen Begriff vom Kleinbürger, die (im soziologischen Sinne) „typischen" Örtlichkeiten der Horváthschen Volksstücke untersucht.[186]
Für eine solche getreue Nachbildung als dem Szenarium wesentlich spricht auch, dass einige der in den Volksstücken vorkommenden Orte (wie zum Beispiel das Münchner Oktoberfest in „Kasimir und Karoline") tatsächlich existieren. Verschiedene Untersuchungen des Szenariums hinsichtlich seines Vorbildcharakters[187] scheinen deshalb durchaus mit der in Kapitel I.1. dargestellten Intention des Autors konform zu gehen.

---

konstruktion der Begründung des Realismuscharakters, die praktisch in keinem einzigen Fall für notwendig gehalten, sondern vielmehr stillschweigend vorausgesetzt wurde. Ohne genau zu bestimmen, was man sich konkret darunter vorzustellen habe, wurde der Begriff „realistisch" geradezu inflationär auf die Horváthsche Gestaltung angewendet. Dieser reklamierte „Realismus" trug meist eher naturalistische Züge, weshalb hier auch eine genauere Abgrenzung vorgenommen werden soll.

186 Elisabeth Gough, Möblierte Zimmer, stille Straße. Zur Dramaturgie des Schauplatzes in Ödön von Horváths Stücken, in: ÜberÖvH, 107-22. Dabei stützt sie sich jedoch leider überwiegend auf für Horváth eigentlich untypische (weil bloß beschreibende) Regieanweisungen. Weiterhin problematisch ist die hier vorgenommene Unterscheidung zwischen freien Plätzen und Privaträumen, wobei für Gough in letzteren die Figuren quasi ohne Maske auftreten und, im Sinne der Aussage Horváths, hier als Mensch „ganz" sichtbar werden, weil sie sich nicht zu verstellen brauchten, 115. Ein kurzer Blick etwa auf die Szene zwischen Elisabeth und dem Schupo in „Glaube Liebe Hoffnung"(s.o.) genügt jedoch um zu zeigen, dass diese Lesart so nicht haltbar ist, s.a. Dieter Hildebrandt, Horváth, Reinbek [7]1993, 31.

187 Z.B. Elisabeth Tworek-Müller, Provinz ist überall. Zum Vorbildcharakter des bayrischen Oberlandes in Horváths kleiner Prosa, in: stmHP, 34-96, dies., Am Rande der weißblauen Kalkalpen: Ödön von Horváth und Murnau, in: Horváth und Murnau, hg. v. E.T.-M., Ödön von Horváth-Verein 1988.

Gerade in einer möglichst getreuen Beschreibung (auch hierbei handelt es sich schließlich um „Schilderungen") drücke sich, gleichsam als Ergänzung zur Personenbeschreibung, ein Hang zu größtmöglicher Objektivität aus. In diesem Zusammenhang wird auch immer wieder Horváths bereits skizzierte Vorliebe für kleinbürgerliche Kneipen und Cafés angeführt, in denen der Dichter quasi seine „Zielgruppe" studiert habe.
Diese Sichtweise verdeutlicht, worin der Realismus Ödön von Horváths hauptsächlich gesehen wurde: Traugott Krischke nimmt für ihn ein Zitat Kurt Tucholskys in Anspruch, das eine für den Schriftsteller lohnende Aufgabe formuliert: „Man sollte mal heimlich mitstenographieren, was die Leute so reden. Kein Naturalismus reicht da heran."[188] In diesem Sinne wurde für die Rede der Horváthschen Figuren das reklamiert, was beispielsweise auch für die „Herr Wendriner-Geschichten" Kurt Tucholskys oder später für Qualtingers und Merz´ Monolog des „Herrn Carl" galt: der Dichter habe gleichsam „dem Volk aufs Maul geschaut" und hier gestaltet, wie die Leute tatsächlich redeten.[189]
So verstanden zeichnet sich das Horváthsche Sprechen nicht zuletzt durch seine Prägnanz aus, mit der es ein – für eine bestimmte (Bewusstseins-)Epoche – exemplarisches Sprechen auf die Bühne bringt.
Dieses exemplarische Sprechen allerdings, so war zu sehen, war als „natürliches" in sich bereits ein Stück weit gebrochen.[190] Durch den Bildungsjargon war es insofern obsolet geworden, von einem „natürlichen" Sprachgebrauch des Horváthschen Bühnenpersonals zu sprechen, als die zeitbedingten Deformationen dafür verantwortlich waren, dass die Figuren nicht mehr mit dem von ihnen gesprochenen Wort identisch waren, sondern ihnen – entgegen der Urtümlichkeit der Vorläufer – vielmehr etwas Gekünsteltes und Posenhaftes anhaftete. Und gerade das sollte explizit deutlich gemacht und herausgestellt werden: dass den Figuren gerade jede unmittelbare Umgebung abgeht, wie sie der Begriff des Milieus, mit dem sie gleichsam identisch seien und in dem sie ihren adäquaten Lebensraum fänden, impliziert. Sie sind nicht mehr, wie noch

---

[188] Kurt Tucholsky, Gesammelte Werke in zehn Bänden, herausgegeben von Mary Gerold-Tucholsly u. Fritz J. Raddatz, Reinbek 1975, Bd.5, 143. Die Absehung vom Naturalismus, die Tucholsky hierin sieht, besteht allerdings hauptsächlich in der Überbietung von dessen Prinzipien, worauf auch die klare Unterscheidung dieser Alltagssprache von der Bühnensprache, hier allerdings im „klassischen" Sinne gebraucht, hinweist, 144. Insofern scheint der Vergleich mit Horváth problematisch, schon wegen der vielen bei ihm verwendeten Stilisierungen, die über eine reine Abbildung deutlich hinausweisen und durchaus als eine (modernisierte) Form der Bühnensprache zu begreifen sind, der die Alltagssprache nur sehr bedingt als Vorbild dienen kann, s.u.

[189] S. Bartsch, Ödön von Horváth, a.a.O., 43.

[190] Dass das Horváthsche Sprechen nicht mit „natürlicher" Rede verwechselt werden darf, merkt als einer der wenigen Kurzenberger, Horváths Volksstücke, a.a.O., 66, an.

im klassischen Volksstück, fest in ihrer naturgemäßen Umgebung verwurzelt, aus der sie instinktsicher ihr Handeln und ihre Sprache herzuleiten vermögen. Da diese Entfremdung zur eigenen Umgebung jedoch durchaus auf reale Ursachen zurückzuführen ist, bilden die Stilisierungen allemal wichtige Momente der Realität ab, handelt es sich bei diesen Stilisierungen doch um ein Phänomen, das durchaus einem realen Vorbild nachgebildet ist. Der Sprache des Kleinbürgertums ist nach Horváth die Unnatürlichkeit zur zweiten – oder vielmehr, da sich eine ursprüngliche bis auf wenige Ausnahmen nicht mehr denken ließe – zur ersten „Natur" geworden.[191]

Diesem Verständnis von seinem Realismus, der die Bühnensprache als gleichsam naturgetreue Abbildung einer – wenn auch deformierten – natürlichen Rede betrachtet, widerspricht der Autor allerdings ausdrücklich, noch dazu in der „Gebrauchsanweisung" von 1931, die als Reaktion auf viele seinen Stücken entgegengebrachte Missverständnisse entstand[192] und der schon deshalb ein besonderes Gewicht in „technischen" Fragen zugemessen werden muss. Hier spricht er sich ausdrücklich dagegen aus, seine Stücke als „Miljöhbilder" zu begreifen und merkt vielmehr an, sie müssten „stilisiert gespielt werden"(11,220). Dies gilt besonders für das Sprechen, von dem es heißt:

> „Es darf kein Wort Dialekt gesprochen werden! Jedes Wort muß hochdeutsch gesprochen werden, allerdings so, wie jemand, der sonst nur Dialekt spricht und sich zwingt, hochdeutsch zu reden. Sehr wichtig!"(11,219)

Zwar geht aus diesen Äußerungen Horváths zunächst nicht klar hervor, welcher Stellenwert diesen Stilisierungen in seinem Realismusverständnis zukommt, was vor allem mit seiner terminologischen Unschärfe zusammenhängt. Wenn er zum Beispiel davon spricht, dass Naturalismus und Realismus seine Stücke umbringen (11,220), so setzt er zwei Begriffe in eins, die sich natürlich grundlegend unterscheiden und offenbart erneut einen Widerspruch, hatte er doch ausdrücklich reklamiert, „reali-

---

191 Angesichts der Problematik der Ausnahmen jedoch verliert auch der Begriff der „Natur" seine ursprüngliche Substanz, vgl.III.

192 Die „Gebrauchsanweisung" beginnt mit den Sätzen: „Ich hatte mich bis heute immer heftig dagegen gesträubt, mich in irgendeiner Form über meine Stücke zu äußern -- nämlich ich bin so naiv gewesen, und bildete es mir ein, daß man (Ausnahmen bestätigen leider die Regel) meine Stücke auch ohne Gebrauchsanweisung verstehen wird. Heute gebe ich es unumwunden zu, daß dies ein grober Irrtum gewesen ist, daß ich gezwungen werde, eine Gebrauchsanweisung zu schreiben"(11,215).

stisch" schildern zu wollen. Insbesondere der Realismusbegriff zeichnet sich durch eine Dehnbarkeit aus, von der späterhin weidlich Gebrauch gemacht wurde. Erinnert man sich an seinen Anspruch, „realistisch" zu schildern, so scheint es, dass er an dieser Stelle zumindest Realismus und Naturalismus weitgehend identisch sieht. Dennoch geht sein Anspruch deutlich über die Abbildung tatsächlich gesprochener Sprache, wie Tucholsky sie reklamiert und die er explizit ablehnt, hinaus. Zwar könnte man die Stilisierungen noch als der „(Un-)Natur" entlehnt begreifen[193], jedoch lässt er es dabei nicht bewenden.
Wenn der Autor anmerkt, es dürfe kein Satz „ganz naturalistisch gebracht" werden (11,220)[194], dann wird damit angezeigt, dass es nicht nur darum geht, real vorhandene Deformationen auf die Bühne zu bringen, sondern dass die Inszenierung darüber hinaus entstellend wirken soll. Diese Art der Stilisierung ist nicht der Wirklichkeit nachempfunden, sondern sie geht als Verzerrung deutlich über ihr Rohmaterial hinaus.
Damit lag es für viele Interpreten nahe, den Horváthschen Realismus dahingehend zu spezifizieren, dass man für ihn den Begriff des „Typischen"[195] geltend machte. Auch hier konnte man sich auf den Autor selbst berufen, der bezüglich seines Personals von „Grundtypen" spricht (9,13). Wie auch Tucholskys „Herr Wendriner" wurden die Figuren Horváths als „Typen" gefasst, die – weil eben typisch – repräsentativ für einen bestimmten Teil der Bevölkerung der Weimarer Republik seien. Dieses „Typische" stellt eine zentrale Kategorie der Realismustheorie Georg Lukács´ dar, der in seinem Essay „Es geht um den Realismus" formuliert: „Jeder echte Realismus geht auf die Erschaffung von Typen aus."[196] In diesen Typen nun werden objektive Entwicklungstendenzen sichtbar, in deren Besonderem das Allgemeine gefasst sei.[197]
Im individuell gestalteten Typus werde nach Lukács ein möglichst großer Reichtum „der objektiven Bedingungen des Lebens"[198] erlebbar. Wichtig ist dabei der Akzent, den Lukács auf die „Bedingungen" der Wirklichkeit legt, was bereits auf eine gewisse Entfernung von der

---

[193] Ähnliches findet sich bei Tucholsky, Werke, a.a.O., Bd.9, 10: „Das Hochdeutsch darin nimmt sich aus wie Hohn und Karikatur; es ist, wie wenn ein Bauer in Frack und Zylinder aufs Feld ginge und so ackerte."

[194] Zum Problem dieser Ausnahmen vgl.III. Im Versuch, Oasen der Authentizität zu errichten, wird sich der Autor selbst unterbieten.

[195] So z.B. bei Urs Jenny, Horváths Größe und Grenzen, in: ÜberÖvH, 71-78, 74 oder auch bei Fritz, Ödön von Horváth als Kritiker seiner Zeit, 1973, a.a.O., v.a.31.

[196] Georg Lukács, Essays über Realismus, Neuwied, Berlin, 1971, 332.

[197] Die Rücksicht auf Lukács (und auch andere Realismustheorien) erfolgte im Zusammenhang mit Horváth an keiner Stelle ausdrücklich und unter direkter Bezugnahme. Aus diesem Grunde blieben auch hier die Abgrenzungen und die Terminologie wie bereits angedeutet weitestgehend unsauber.

[198] Lukács, Essays über Realismus, a.a.O., 620.

„Oberfläche" hinweist. Sein Realismus des Typischen geht nämlich bereits entscheidend über eine bloße Abbildung eines Charakters hinaus. Wichtiger ist ihm vielmehr das Maß an den zitierten objektiven Bedingungen des Lebens, die in seine Gestaltung eingegangen seien. Dazu aber ist gerade eine Absage an die bloße Abbildung erforderlich, die bei Lukács indes erkenntnistheoretisch fundiert ist. Mit Rücksicht auf Karl Marx, nach dem Wesen und Erscheinung einer Sache nicht als identisch betrachtet werden können, darf sich die künstlerische Darstellung nicht auf die Oberfläche der Dinge beschränken, da sie ihr Wesen so notwendig verfehle. Dies tut sie nicht nur, weil die Abbildung lediglich Vorhandenes reproduziere[199], sie reproduziert sogar (und ausschließlich) die „Lüge" des Scheins.

Der von vielen Interpreten für Horváths Stücke in Anspruch genommene „Realismus" kann also – auch ohne ausdrückliche Rücksicht auf Lukács – in vielerlei Hinsicht als dessen Begriff des Typus verpflichtet betrachtet werden. Dabei brauchte auch die Erkenntnis, dass die Stücke sich einer naturgetreuen Abbildung in Teilen verweigerten, nicht mehr als Widerspruch zum Wort von den „realistischen Schilderungen" gelesen werden.

Nun unterliegt zwar auch die Horváthsche Bühnensprache den Gesetzen, die Tucholsky für die Alltagssprache ausmacht: sie strotzt nur so von Füllwörtern, hat ihre eigene Grammatik, kennt keine Gegenrede, sondern nur Sprechende und besteht auf zu Sagendem, unabhängig von Zuhörer und Zeitpunkt[200] und lässt als solche – wie in Abschnitt II.2. gesehen – Rückschlüssen über die psychische Disposition und deren soziokulturellen Ursachen zu. Dennoch handelt es sich bei diesem Sprechen zunächst nur um das „Rohmaterial", das an sich noch nichts über die Stücke aussagt. Das natürliche Sprechen kann zwar als Vorbild der Horváthschen Bühnensprache betrachtet werden, doch ist diese letztlich kunstvoll zusammengesetzt und geht über die Entstellungen, die der reale gesellschaftliche Hintergrund an den „heutigen Menschen" vornimmt, hinaus. Im Gegensatz zum „Stoff" präsentiert sich die Bühnensprache wesentlich vielschichtiger. Und diese Vielschichtigkeit ist das Resultat eines poetischen Verfahrens, das gerade nicht die Typisierung, sondern die weitere Entstellung zum Ziel hat.

Dass dieses Sprechen kunstvoll zusammengesetzt ist, zeigt schon die Arbeitstechnik Horváths. Lieselotte Müller hat im Zuge der Sichtung des Horváth-Archivs darauf hingewiesen, dass der Autor zunächst jeweils einzelne Szenen auf der Schreibmaschine tippte und diese dann an-

---

199 So auch Kurzenberger, Horváths Volksstücke, a.a.O., 142.
200 Tucholsky, Werke, a.a.O., 5, 143.

schließend zusammenklebte.[201] Das Ordnungsprinzip, von dem er sich beim Zusammenkleben leiten ließ, sah aber nicht vor, möglichst authentische, plausible oder prägnante Figuren auf die Bühne zu bringen. Ganz im Gegenteil werden hier die Deformationen über die des einzelnen Charakters hinaus verlängert. Mit diesen Stilisierungen und Überzeichnungen erlangen die Szenen und Charaktere immer öfter groteske Züge. Auf die Verwandtschaft der Groteske zur Satire hat Kim ausdrücklich hingewiesen.[202] Sie entsteht gleichfalls durch Überzeichnung und ist so – mit Rücksicht auf Schiller – als eine Steigerung der Satire zu begreifen. Dass sich die Groteske anders als die Satire aber durch ihre Negativität auszeichne, wird durch eine Verlagerung des positiven Elements freilich wieder aufgehoben: vergleichbar der Verfremdung setze die Groteske einen Denkprozess beim Zuschauer in Gange, der das Fehlen einer eingeschriebenen Utopie kompensiere.[203]

Da nun auch die Grotesken zum Ziel haben, Unsichtbares sichtbar zu machen, gehen sie bei Kim auch als realistisches Gestaltungsprinzip durch. Hier macht sich die terminologische Unschärfe insofern wieder bemerkbar als nun klar ist, dass dieses Verständnis von Realismus sich fundamental von dem Lukács´ unterscheidet.[204]

Winfried Nolting weist zu Recht darauf hin, dass Horváths „Realismus" – gerade entgegen der Abbildung – vielmehr als Abstandsbezeichnung zu begreifen ist, zumal er deutlich über eine Affirmation hinausgeht.[205] Realistisch sind seine Darstellungen gerade dann (und nur dann), wenn sie zwar auf die „Bedingungen" der Realität reflektieren, dabei aber in ihrer Erscheinung verfremden, verzerren und den Weg zur Grotesken einschlagen. Sie tendieren zur komplett irrealen Erscheinung, die sich *nur noch* auf die Bedingungen ihrer Entstehung berufen kann und im

---

201 Lieselotte Müller, Zum Ödön-von-Horváth-Nachlaß. Bericht über den Versuch, ein Ordnungssystem des Ödön-von-Horváth-Archivs zu entwickeln, in: ÜberÖvH, 123-130, 125.

202 Kim, Das Groteske in den Stücken Ödön von Horváths, a.a.O., 27 u.ö.

203 Mit dieser Deutung begreift Kim, Das Groteske in den Stücken Ödön von Horváths, a.a.O., 156 ff., die Groteske ausschließlich wirkungsästhetisch, was allerdings im Widerspruch zu ihrer Negativität steht und deshalb zu kurz greift, vgl. III.

204 Zwar erkennt auch Lukács die Groteske als Stilmittel der Satire an, wenn er sagt: „Diese Entfernung von der Wirklichkeit, die trotzdem eine richtige Reproduktion des *Wesens* der Wirklichkeit bleibt, dieses ständige Hin- und Herpendeln zwischen Wirklichem und \`Unwirklichem´ schafft den Eindruck des Grotesken, des Phantastischen. Freilich *nur* dann, wenn jenes \`Unwirkliche´ inhaltlich gerade das Wesen der Wirklichkeit ausdrückt;...", Essays über Realismus, a.a. O., 96. Von einer vermeintlichen Negativität kann demnach keine Rede sein; ein fester Standpunkt ist für Lukács zweifelsfrei definierbar.

205 Winfried Nolting, Der totale Jargon. Die dramatischen Beispiele Ödön von Horváths, München 1976, 37.

Rekurs auf diese gleichsam verstanden und aufgelöst werden. Hinterlegt ist hier ein Verständnis von Wirklichkeit, wonach die Bedingungen der Realität und ihre Erscheinung nicht nur nicht identisch sind, sondern sich sogar widersprechen, weshalb man erst durch die Zerstörung zum eigentlichen „Wirklichkeitskern" vordringt. Dadurch wird das Bühnengeschehen höchst artifiziell; es erschließt sich nicht unmittelbar, sondern dessen vielfache Brechungen müssen durch den begreifenden Intellekt erschlossen werden. Bereits im Zusammenhang mit dem „Jahrgang 1902" war die Erfahrung als Kategorie obsolet geworden – gleiches gilt nun auch für die direkte Wahrnehmung und Rezeption. Die Vorgänge müssen über den Augenschein hinaus interpretiert werden.

Fast zwangsläufig folgt ihm dabei der Humor, der fürderhin seine Richtung und seinen Tonfall ändert und einen vergleichbaren Weg gehen wird. Er verliert mit dem erzeugten Abstand zu seinem Objekt seine Unmittelbarkeit; fortan geht er nicht mehr durch den Bauch, sondern ebenfalls primär durch den Kopf. In diesem Umfeld kann er nur noch durch einen snobistischen Unterton gerettet werden – man braucht schon einen sehr feinen, intellektualistischen und seiner selbst bewussten Geschmack, um unter diesen Voraussetzungen noch ein Lachen reklamieren zu können.

5. Schluss mit lustig?
Zwischenbilanz am Scheideweg

„Wer lacht hier, hat gelacht?
Hier hat sich´s ausgelacht.
Wer hier lacht, macht Verdacht,
daß er aus Gründen lacht."

Günter Grass

Der Horváthschen Witz, soviel lässt sich jetzt sagen, beruht hauptsächlich auf zwei Faktoren: einmal dem kritisch-aufklärerischen Anspruch, den der Autor an sein Schreiben stellt, zum Anderen der Gattung, derer er sich bedient und der Vorläufer, an denen er sich orientiert. In seinem schriftstellerischen Anspruch ergänzen sie sich und bilden den Hintergrund für seine Volksstücke des 20. Jahrhunderts.
Gleichzeitig sah man aber auch, dass zum Beispiel die Gattungsprinzipien nicht 1:1 fortgeschrieben werden konnten und entsprechende Veränderungen erfuhren. Resultat dieses Transformationsprozesses ist der spezifische Horváthsche Tonfall, der sich in der Art, den dargestellten Vorgängen lachend zu begegnen – denn das Lachen wird über die Verwendung von Witzen zumindest formal weiterhin eingefordert –, entfaltet. Die „Aktualisierung" des Volksstücks verläuft nicht reibungslos und sorgt dafür, dass das Lachen nicht mehr rund läuft und ins Stocken gerät – möglicherweise bis hin zum Verstummen.

Zwar konnte Horváths Witz insofern noch als durchaus „klassisch" angesehen werden als hier viele Muster, Formen und Enthüllungstechniken zur Anwendung kommen, die bereits aus den Volksstücken im Allgemeinen und von Nestroy im Besonderen her bekannt sind. Zudem haben diese Witze ein ähnliches Ziel und kommen dem gleich, welches der Autor für sein Schreiben reklamiert: sie sind sowohl kritisch als auch aufklärerisch. Nestroys „enthüllendes Spiel" verwendete bereits einen sehr ähnlichen Mechanismus, der auch bei der „Demaskierung des Bewußtseins" Anwendung fand. Verborgenes zum Vorschein zu bringen, es durch Überzeichnung auf die Spitze zu treiben, es damit sicht- und angreifbar zu machen und es dann durch Spott zu richten und zu verurteilen, entsprach exakt dem gesellschaftskritischen Ansatz, der für Horváth – in Nachfolge seiner Selbstaussagen – reklamiert werden konnte. Der Witz vollzog letztlich diese Enthüllung; in seiner Konsequenz ist er die Waffe, die das Opfer richtet, indem er es der Lächerlichkeit preisgibt. So verstanden hätte man es hier mit Satire in Reinform zu tun.[206]

Trotz dieser formalen Ähnlichkeit aber könnten die aus der Anwendung dieser Technik jeweils resultierenden Witze in ihrem Ergebnis kaum unterschiedlicher sein. Nestroys Witze entladen sich noch im Lachen, die Spannung, die ihnen zugrunde liegt, wird im doppelten Sinne „gelöst" und auch wenn die Welt bei Weitem nicht immer „heil" ist, so bleibt doch das Lachen des „Trotz alledem"[207], das explizit eine kathartische Wirkung[208] entfaltet.

Bei Horváth dagegen will sich nur schwerlich ein vergleichbares Lachen einstellen. Das „Unheimliche", von dem er selbst spricht (11,220) und das immer sichtbar sein müsse, sorgt dafür, dass für ein ursprüngliches Lachen praktisch kein Raum mehr bleibt. Wo Nestroys Humor noch etwas durchaus Chaotisches, Anarchisches, Ursprüngliches, Befreiendes hat, unterscheidet sich der Horváthsche zunächst vor allem in der Wirkung, die diese Witze beim Rezipienten auslösen. Zwar sind die Witze noch Witze, weil sie nach deren formalem Muster aufgebaut sind: zum Lachen sind sie freilich nicht mehr.

Für Kim waren es vor allem die Grotesken, die dieses Resultat zeitigten, da sie das Grauen zwar mit Lachen verbinden, jedoch mit einem Lachen, das eben nicht mehr befreiend wirke.[209] Nun wird zwar an den grotesken Elementen diese Verschiebung besonders deutlich, wie Kim auch an zahlreichen Beispielen nachweist, jedoch ist dieser Zusammenhang zwischen Grauen und Groteske keineswegs zwingend (so als ob die Groteske *immer* diese befremdende und beklemmende Wirkung hervorriefe und nicht durchaus auch *nur* komisch sein könne). Vielmehr offenbaren die Grotesken meiner Ansicht nach nur die Diskrepanz, die durch die „Erneuerung des Volksstücks" und den damit verbundenen Rekurs auf die zeitgeschichtliche Aktualität, entsteht. Gemäß der Einschätzung „der Lage" – Präfaschismus, Brutalität und sexuelle Unterdrückung waren hier die wichtigsten Stichworte, die im Zuge der „Demaskierung des Bewusstseins" zum Vorschein kamen – werden bei Horváth jedwede

---

206 Vgl. Sloterdijk, Kritik der zynischen Vernunft, a.a.O., 54, zum Zusammenhang von Ideologiekritik und satirischer Tradition. Dementsprechend wird die Demaskierung explizit als Waffe verstanden.

207 Mautner, Nestroy, a.a.O., 32, weist mit Recht darauf hin, dass der Nestroysche Humor beileibe nicht immer so „fröhlich" ist, wie es vielleicht auf den ersten Blick erscheinen mag. Auch hier sind bisweilen beträchtliche Ansätze des „black humor" und offene Brüche zu verzeichnen. Dennoch gilt für diesen Vergleich, was auch bereits für Carl Zuckmayer gegolten hat: der Grundton ist ein signifikant anderer als bei Horváth.

208 Im Sinne von Stierle, Das Lachen als Antwort, a.a.O., 375, vgl. a. Grimm, Komik und Verfremdung, a.a.O., 255.

209 Kim, Das Groteske in den Stücken Ödön von Horváths, a.a.O., 13/14.

Spuren von Versöhnlichkeit und Heiterkeit, wie man sie noch bei seinen Vorläufern erkennen konnte, praktisch zwangsläufig und konsequent verweigert. Bereits auf inhaltlicher Ebene lassen die Stücke hier überhaupt keinen Zweifel an der Bewertung der Bühnenvorgänge aufkommen. Hier werden klare Urteile gefällt, zu denen der Rezipient ebenso klar Stellung beziehen muss – Neutralität scheint angesichts der Ereignisse und der Form der Darstellung nicht möglich.
Konterkariert wird dies durch einen der Handlung unterlegten „Subtext", insbesondere die verwendete Todessymbolik. Abseits des Geschehens sind permanent Zeichen hinterlegt, die auf Tod und Verderben hinweisen, ohne dass sie selbst direkt thematisiert und in das Spiel mit einbezogen würden. Herbert Gamper hat dies vor allem für die frühen Stücke nachgewiesen.[210]
Deutlicher jedoch (weil direkter) stehen die Stücke unter dem bedrükkenden Einfluss der allgegenwärtigen „süßen Brutalität", die sich hinter der nur notdürftig aufrecht erhaltenen Fassade verbirgt und die durch den Mechanismus der Demaskierung permanent zum Vorschein kommt. Bisweilen kam diese Brutalität unverhohlen zum Ausdruck, beispielsweise in der oft zitierten Szene aus den „Geschichten aus dem Wiener Wald" zwischen Oskar und Havlitschek:

> OSKAR Dreht sichs um die Sau?
> HAVLITSCHEK Es dreht sich schon um eine Sau, aber nicht um dieselbe Sau -- Her Oskar, bittschön nehmens ihnen das nicht so zu Herzen, das mit ihrer gewesenen Fräulein Braut, schauns, Weiber gibts wie Mist! Ein jeder Krüppel findt ein Weib und sogar die Geschlechtskranken auch! Und die Weiber sehn sich ja in den entscheidenden Punkten alle ähnlich, glaubens mir, ich meine es ehrlich mit ihnen! Die Weiber haben keine Seele, das ist nur äußerliches Fleisch! Und man soll so ein Weib auch nicht schonend behandeln, das ist ein Versäumnis, sondern man soll ihr nur gleich das Maul zerreißen oder so! (4,50)

Oder auch, im gleichen Stück, erneut Havlitschek:

> HAVLITSCHEK *deutet mit einem langen Messer auf Ida:*
> Das dort! Sagt das dumme Luder nicht, daß meine Blutwurst nachgelassen hat -- meiner Seel, am liebsten tät ich sowas ab-

---

210 S. hierzu Herbert Gamper, Todesbilder in Horváths Werk, in: Horváth-Diskussion, 67-81, ders., Horváths komplette Textur. Dargestellt an frühen Stücken, Zürich 1987, der allerdings in beiden Fällen eher die frühen und späten Stücke untersucht. Auch die Arbeiten Ingrid Haags sind in diesem Zusammenhang zu nennen.

stechen, und wenn es dann auch mit dem Messer in der Gurgel herumrennen müßt, wie die gestrige Sau, dann tät mich das nur freuen!(4,11)

Neben dieser offenkundigen Brutalität jedoch erscheint sie oftmals erst auf den zweiten Blick. Hierzu noch einmal Elisabeths Unterhaltung mit dem Präparator:

PRÄPARATOR Glaubens mir, Fräulein: das Beste ist, sie springen zum Fenster hinaus.
ELISABETH Sie sind aber ein sehr freundlicher Mann, Herr Oberpräparator.
PRÄPARATOR Ich mein es gut mit ihnen. Wer kauft eine Leiche?
Heutzutag!
ELISABETH Morgen ist auch ein Tag.(6,19)

Offensichtlich ist hier ein Realitätsverständnis hinterlegt, das ein Vertrauen in ein Sinnganzes, in ein Ordnungsgefüge, nicht mehr zulässt und so müssen diese auch aus den Stücken radikal getilgt werden. Ist die Erkenntnis der Brutalität wie in diesem Falle das Resultat eines (formalen) „Witzes", gerät etwas ins Stocken. Wenn hier trotz des Witzes ein Lachen erzeugt wird, so bleibt es doch spätestens beim zweiten Nachdenken im Halse stecken.
Diese neuen Akzentuierungen auf inhaltlicher Ebene konnten nun auch für den Schluss des jeweiligen Stückes nicht ohne Folgen bleiben. Verbürgte dieser bei Nestroy noch am sichersten den Grundton von Heiterkeit, so markiert er bei Horváth augenscheinlich den Verlust an Freiheit und die Enge, der die Figuren ausgeliefert sind. Neben Mariannes „langsamem Tod" in der Ehe mit Oskar oder Elisabeths tatsächlichem Sterben auf der Polizeistation, war es vor allem die kreisförmige Struktur der Dramen, die jedwede Entwicklung verweigerte und die Stücke damit in Fatalismus enden ließ. Dass innerhalb der Stücke keine Besserung möglich ist, wird durch diese Enden, die sich allenfalls als Parodie begreifen ließen[211], leibhaftig auf die Bühne gebracht. Wo die Entwicklungsfähigkeit einer Gesellschaft als Ganze derart in Frage gestellt wird, bleibt eben kein Raum mehr für einen guten Schluss.[212]

---

211 Hier verhält es sich allerdings ähnlich, wie es auch für einen möglichen „black humor" angemerkt wurde: bei Nestroys Parodien handelt es sich allenfalls um ironische Brechungen, die das Ganze nicht in Frage stellen. Insofern ist auch hier der Unterschied zu Horváth keineswegs nur eine Frage von Nuancen.
212 Vgl. Arntzen, Komödie und episches Theater, a.a.O.

Selbst wenn auch hinsichtlich des „happy end" bereits im alten Volksstück gewisse Abstriche gemacht werden müssen – Volker Klotz spricht von einer „fadenscheinigen Suggestion von Glück trotz alledem", mit der zum Beispiel ein Raimund seine Theatergänger nach Hause schikke[213] – ist das Horváthsche Vorgehen als Qualitätssprung zu begreifen.

Beklemmung entfaltet sich aber nicht nur von inhaltlicher Seite; sie wird auch formal durch die Figurenkonzeption und die Rolle der Charaktere als Handlungsträger erzeugt. Es war zu sehen, dass sich Nestroys Charaktere des Öfteren noch durch ihre Souveränität, ihren Sprachwitz und die damit verbundene Fähigkeit, den Handlungsverlauf positiv und in ihrem Sinne zu beeinflussen, auszeichneten. Bei Horváth dagegen findet sich nichts dergleichen mehr. Seinen Figuren fehlt eben diese Freiheit und sie sind – gleichsam als Opfer der von ihnen verwendeten Redemuster[214] – mehr Gefangene ihrer Sprache denn ihre Eigentümer.[215] Über den Status des Opfers gelangen sie nicht hinaus. Dort, wo sie versuchen, die Sprache in manipulativer Absicht zu nutzen, ihr Gegenüber zu blenden und sich daraus einen Vorteil zu ziehen, der die weiteren Geschicke verändert, misslingt dies regelmäßig[216], so dass es in der Regel nicht einmal für die Rolle des „Vorstadttarfuffes"[217] reicht. Wo ihnen die Einsicht und die Fähigkeit fehlen, wirklich eingreifend und verändernd zu agieren, sind sie dem Geschehen mehr oder weniger hilflos ausgeliefert.

Damit ist der Optimismus, der zuallererst für die Heiterkeit und die „Freiheit" des Lachens sorgte, von mehreren Seiten einkassiert. Angesichts des oftmals tragischen Ausgangs, der „Geworfenheit" des Bühnenpersonals und der verweigerten Entwicklung sowohl der Handlung als auch der Charaktere, sind die Stücke per se einfach nicht mehr lustig.

---

213 Klotz, Dramaturgie des Publikums, a.a.O., 86.

214 Gab es bei Nestroy noch Opfer und Täter innerhalb der Stücke, so ist diese Grenze bei Horváth verloren gegangen. Im Kapitel III.3 wird davon die Rede sein, dass es nicht bloß nur noch Opfer gibt, dass hier nicht die Menschen die Phrasen, sondern dass die Phrasen die Menschen haben und was dies für den dramatischen Entwurf als Ganzes und für die Rolle des Subjekts als Handlungsträger bedeutet.

215 Vgl. Herzmann, Das epische Theater und das Volksstück, a.a.O., wonach die aus der Rolle fallenden Figuren bei Nestroy in der Regel insofern Herr der Situation sind, als sie die Verhältnisse durchschauen und ihre Erkenntnisse auch formulieren können. Zumindest sprachlich sind sie nicht hilflos. Bei Karl Kraus und Ödön von Horváth aber beginnt die Sprache sich zu verselbständigen.

216 Wenn beispielsweise Alfred als „Verführer" in den „Geschichten aus dem Wiener Wald" als mögliches Gegenbeispiel gelten kann, so ist doch auch er am Ende ein Gescheiterter und zu keiner Zeit ein Sympathieträger.

217 Arntzen, Ödön von Horváth. „Geschichten aus dem Wiener Wald", a.a.O., 256.

Und deshalb, so scheint es, ist der Witz bei Horváth in ein Spannungsfeld zwischen seiner traditionellen Funktion, beziehungsweise seinen traditionellen stilistischen Mustern und seinem Gegenstand geraten. Hier scheint er gefangen: mit dem Resultat, dass ein Lachen ob dieser Düsterkeit in seiner ursprünglichen Funktion nicht mehr denkbar ist.
Dennoch ist er offensichtlich nicht völlig aus dem Umfeld der Stücke verbannt worden. Zwar möchten die Stücke nicht ganz auf komische Elemente verzichten – es werden sogar, wie erwähnt, weiterhin auffallend viele Witze verwendet – , es scheint aber, dass sie sich angesichts der „Lage" auch nicht vollständig zu ihnen bekennen möchten.
Denkt man an die Ausgangsschilderung von Carl Zuckmayer und sein Bild von der Person des Autors, stellt sich deshalb die Frage, ob es – auch unter Berücksichtigung des Realismuskonzepts, der Einschätzung „der Lage" und der daraus gezogenen künstlerischen Konsequenzen[218] – nicht vielleicht doch noch einen Ort gibt, an dem gelacht werden kann? Vielleicht weniger herzhaft, doch dafür feinsinnig und, wie angedeutet, auch ein wenig versnobt: sind dies die Voraussetzungen, trotzdem weiterhin Witze machen und das Dargestellte vielleicht sogar doch noch lustig finden zu können?
Dieser Frage möchte ich im dritten Teil dieser Arbeit nachgehen.

Der naheliegende (und auch am häufigsten genannte) Ansatz hierzu war es, dieses Spannungsfeld interpretatorisch auszuhebeln. Nach dieser Logik, die sich auf den vom Autor reklamierten rezeptionsästhetischen Ansatz berufen konnte, wurden die Witze vor allem als Kontrastmittel eingesetzt. Demnach werden sie ganz gezielt verwendet, um durch den Akt des Misslingens ihre eigene Unmöglichkeit zu unterstreichen. Sie erschließen sich nur einem primär intellektuellen Zugang, der den Witz als ein Stilmittel begreift. Die Überlegung, die dahinter steckt, ist recht simpel: Mittels dieser Technik machen die Witze klar, wie die Leute „wirklich" (das heißt hinter ihrer Maske) sind und es eröffnet sich gleichermaßen ein Interpretationsspielraum, der die Gründe hierfür fassbar macht. Es wird zwar gezeigt, dass sie zum Beispiel böse sind; der Rezipient wird mit dieser Erkenntnis aber nicht allein gelassen, da er die Ursachen der Abgründe und der evozierten „Unheimlichkeit" – in Allianz mit dem Autor – zu durchschauen vermag. Gleichzeitig aber vollzieht sich dieser Akt des Zeigens in genau dem Moment, in dem das Lachen gefriert.
Zumindest vom Ansatz her ist auch das noch Aufklärung (und Satire) pur, denn sowohl Standpunkt als auch Stoßrichtung sind zweifelsfrei

---

[218] Vgl. Klotz, Dramaturgie des Publikums, a.a.O., 199/200, wonach die gegenwärtige Wirklichkeit mit herkömmlicher Dramaturgie verfehlt wird.

definierbar. Und damit wäre dieses neue Lachen interpretatorisch zu erklären und „aufzulösen"; ganz im Sinne des Produzierens von Erkenntnis und im Rekurs auf einen Standpunkt, den der Autor vorgibt oder der sich aus der Rezeption der Stücke entwickelt.

Problematisch dabei ist allerdings, dass diese Lesart eine extrem trockene und unterkühlte Haltung unterstellt. Es würde sich demnach um einen Humor handeln, dem alle Wärme verlorengegangen ist und der jeden affektiven Bezug zu seinem Gegenstand verloren zu haben scheint. Und selbst wenn man sich von einer positiven Gelassenheit, wie Zuckmayer sie reklamiert hatte, verabschieden muss, so ist selbst so etwas wie eine morbide Lust am Grotesken in diesem sterilen mechanistischen Ansatz, der den Witz allenfalls als „Anti-Witz" – im gleichen Sinne wie das Volksstück zum Anti-Volksstück mutiert sei – durchgehen lässt, kaum mehr denkbar.
Ohne nun die Anmerkungen Zuckmayers überstrapazieren zu wollen, erscheint es mir noch aus einem zweiten Grund äußerst unwahrscheinlich, dass der Humor hier lediglich als Beweis seiner eigenen Unmöglichkeit, quasi als Kontrast, fungiert. Der gewünschte Denkprozess, in dessen Dienst er vollständig stehe und in dem er sich aufhebe, ließe sich nämlich auch und gerade bei totaler Düsterkeit ohne den „Einsatz" von Humor auslösen. Nicht nur, dass dieses Verständnis des Witzes als reines Stilmittel sehr „unsinnlich" gedacht ist: die zu vermittelnde Erkenntnis wäre mit einem „Mehr" an Brutalität sehr viel stringenter und plastischer zu kommunizieren gewesen. Eine affektive Bindung, Reste einer gewissen Wärme und Verbundenheit, scheinen also noch vorhanden.
Und drittens schließlich erscheint mir der Witz zu zentral in Horváths Werk als das man ihn nur derart ex negativo und in dermaßen steriler Absicht begreifen könnte.

Um zu entscheiden, ob es sich hier einfach um „schwarzen Humor" handelt (eine Klassifizierung, mit der der Tonfall des Horváthschen Humors bisweilen einzufangen versucht wurde)[219], ob hier eine – zumindest für damalige Verhältnisse – neue, angesichts „der Lage" noch einzig mögliche Form von Humor entsteht, die sich weniger durch Ausgelassenheit als vielmehr durch ein feinsinniges, verständiges und bisweilen auch zynisches Lachen auszeichnet, um generell den Horváthschen Humor angesichts dieser Ausgangssituation ein wenig genauer

219 Z.B. bei von Matt, Liebesverrat, a.a.O. Es waren aber meist eben nur Klassifizierungen, keine Beschreibungen. Eine Steigerung von „schwarzer Humor" wäre Galgenhumor, der im Tonfall noch eine Spur freudloser ist.

bestimmen zu können, möchte ich im Folgenden das bisherige Schema, das in den Kategorien von Aufklärung und Satire denkt, nochmals genauer hinterfragen und auf seine Implikationen hin untersuchen. Wie stimmig ist diese Argumentation? Und sind Standpunkt und Stoßrichtung tatsächlich so zweifelsfrei definierbar, wie es bei „schwarzem" oder „neuem" Humor in oben genanntem Sinne zwingend Voraussetzung wäre? Und ließe sich stattdessen vielleicht anderswo ein Standpunkt ausmachen? Und wie verhält sich dieser zu dem des Autors?

Zum Ersten interessieren dabei das „Wissen" und die Einschätzung des Autors, die für seine Gestaltung der Wirklichkeit konstitutiv waren. Insbesondere in I.1 konnte gezeigt werden, dass die Veränderungen, die der Autor im Sinne einer Zerstörung und Erneuerung des Volksstückes vornimmt, ein höchst bewusster und gewollter Vorgang waren, der eng mit seiner Analyse und Einschätzung der gesellschaftlichen Wirklichkeit zusammenhing. Dementsprechend zielt der skizzierte wirkungsästhetische Ansatz auch primär auf den Intellekt. Ich möchte deshalb zunächst die Rolle dieses intellektualistischen Ansatzes für das Verständnis der Stükke im Allgemeinen und für die Funktion des Witzes im Besonderen untersuchen (III.1), ausgehend von der simplen Frage: wer macht die Witze und mit welcher Berechtigung? Diese Frage ist natürlich identisch mit der nach der Perspektive (und zwar auch der Perspektive, die in die Stücke hineingetragen wird).

Des Weiteren soll die Problematik, dass das Lachen immer ein Zeichen des Einverständnisses ist, das sich zwischen den Stücken und den Rezipienten einstellt, wieder aufgegriffen und vertieft werden. Dabei soll gezeigt werden, in wie weit dieses Lachen nicht nur der Analyse des Autors verpflichtet ist, sondern bereits davor eines nicht unerheblichen Grundkonsenses bedarf, um überhaupt möglich zu werden. Dies ist die Frage, wer – ebenfalls mit welcher Berechtigung – (mit-)lacht – und damit die nach der Übereinstimmung der Perspektiven.

Das Lachen, das aus dieser Übereinstimmung resultiert, ist zugleich die Probe aufs Exempel, ob der eingeschriebene Anspruch (und seine Perspektive) tatsächlich eingelöst werden und in wie weit die eigentliche „Rettung" des Humors unter den gegebenen Umständen noch gelingen kann. Eine Beschreibung des Tonfalls unter dem Blickwinkel seiner Hervorbringung soll helfen, diese Frage zu beantworten (III.2).

Dass diese Rettung letztlich misslingt, hat, wie dann zu zeigen sein wird, einen weiteren Grund, der entscheidend über die Dissonanz zwischen künstlerischem Anspruch, Gattungstradition und der „Lage" hinausgeht. Eine genaue Analyse der Figurenkonzeption und der dramatischen Form (III.3) eröffnet, dass die behauptete aufklärerische und satirische Perspektive zwar gewollt war, entgegen dieser Intention aber aus den

Stücken heraus, die sich ihr (ungewollt) verweigern, bestritten werden muss. Das Lachen bewegt sich fortan zwischen einem Lachen, wie es der Autor reklamiert haben mag und einem dramatischen Konzept, das die hierfür nötigen Freiräume kassiert. Die Krampfhaftigkeit des Lachens ist die Krampfhaftigkeit des Versuches, angesichts einer formalen Totalität noch einen Freiraum zu beanspruchen, der über das dramatische Konzept sich als unmöglich erweist und sich damit faktisch längst verabschiedet hat.

Dieser Abschnitt bestreitet damit nicht nur die souveräne Perspektive, sondern zeigt auch den *formalen* Urgrund der Düsterkeit, indem gezeigt wird, wie sie auch jenseits der inhaltlichen Ebene über die Konstruktion der Stücke eingeschrieben ist, dass sie keinen Ausweg lässt; dass sie eben total ist. Sie ist der wichtigste Grund, weshalb die Heiterkeit nicht gelingt, nicht gelingen kann, auch wenn sie an der einen oder anderen Stelle noch so krampfhaft bemüht und eingeklagt wird. Aus dieser Diskrepanz zum dramatischen Konzept resultiert der schrille Ton.
Letztlich hierdurch eröffnet sich eine neue, eigenständige Perspektive, die in ihrer Originalität deutlich über den bloß zeitkritischen Gehalt des Werks hinausgeht. Auch von ihr wird die Rede sein.

III. WER ZULETZT LACHT – UND WARUM HORVÁTHS HUMOR IM ZEICHEN VON KRITIK UND KRISE

1. Geschlossene Gesellschaft: Ödön von Horváths Fröhliche Wissenschaft

„Als ob man von Kunst etwas verstehen könnte, ohne etwas von der Wirklichkeit zu verstehen."
Bertolt Brecht,

„... und so kommen wir aus der Freude gar nicht raus."
Otto Reutter

1.1. Besser: Wissen! Gulliver im Abnormitätenkabinett

In Horváth den „Kritiker seiner Zeit" zu sehen und sich dabei explizit an seinen Anspruch an sein Schreiben anzulehnen, heißt, in diesem Anspruch einen entscheidenden Einfluss auf die Stoßrichtung der Stücke zu sehen. So verstanden war die Analyse ein wichtiger Impuls des Schaffens und damit vermochte sie letztlich auch die düstere Atmosphäre zu erklären: angesichts der Ergebnisse seiner Bestandsaufnahme – der Faschismus konnte als direkte Folge der dargestellten Vorgänge und der Disposition des Bühnenpersonals begriffen werden[220] – verstand sich die hierin zum Ausdruck kommende Wertung gleichsam von selbst.
Damit entspricht die Düsterkeit einem veränderten Verhältnis zur Wirklichkeit, dessen Pessimismus weniger einer allgemeinen Befindlichkeit als vielmehr einer rationalen Erkenntnis geschuldet ist. Hier war definitiv keine heile Welt mehr auszumachen. Und dieser Erkenntnis entspricht die Atmosphäre in den Stücken, die bei allen aufklärerischen Impulsen und bei aller Nähe und Verwandtschaft zur zeitgenössischen Satire und zu literarischen Vorläufern in Horváths Stücken vorherrscht. Die Aufklärung versinkt im Sumpf der Gegenwart und verliert dabei das Positive.

[220] Streng genommen bedeutet diese Lesart allerdings, die Haltung zur Wirklichkeit von einem Ergebnis her zu erklären, dass der Autor zum damaligen Zeitpunkt so noch nicht kennen konnte. Ein Indiz für seine Hellsichtigkeit jedoch ist die Tatsache, dass er ab 1933 – und damit bereits mit den Anfängen der Naziherrschaft – seine Art zu schreiben vollständig änderte; ein weiterer Beleg dafür, dass seine Einstellung und Haltung gegenüber der Wirklichkeit für sein Schreiben konstitutiv ist.

Vor diesem Hintergrund stellt sich nun die Frage, ob der Humor bei Horváth damit tatsächlich „am Ende“ ist oder ob von ihm nicht mehr als eine Erinnerung an Zeiten, in denen Humor noch möglich war, gleichsam als Mahnung im Hintergrund stehenbleibt? Ist er vielleicht in einer anderen Form weiterhin möglich? Oder kann aus dem hier formulierten Pessimismus vielleicht noch ein anderer Aspekt abgeleitet werden, der die Düsterkeit relativiert und ein Biotop zu schaffen vermag, in dem die humoristische Grundhaltung in veränderter Form weiterhin überleben kann?

Auch diese Frage ist letztlich wieder eine nach der Perspektive, so dass die Standpunktfrage mit Blick auf die skizzierten Voraussetzungen weitergedacht werden soll. Weshalb kommen weiter Witze vor, welche Art des Witzes ist nach der bisherigen Logik noch denkbar? Und wie waren sie dementsprechend „gemeint“? Gibt es einen archimedischen (Stand-) Punkt, von dem aus die Welt humoristisch ausgehebelt werden kann – und wie verhält sich die konkrete Ausgestaltung des Humors, sein Tonfall, zu diesem „Meinen“?

Der zentrale Gedanke des Analytischen gibt hier den ersten Hinweis. In seiner Konsequenz impliziert er nämlich auch, dass der Autor sich selbst eine Deutungshoheit vorbehält, über die er sich qua seiner Stilmittel mit dem Publikum verständigt, die es beiden erlaubt, eine ausreichende Distanz einzunehmen, von der aus Lachen vielleicht noch möglich ist.

Jürgen Schröder hat diese Haltung vor allem für die vier „großen“ Volksstücke beobachtet und die Formulierung „Gullivergefühl“[221] verwendet, um zu illustrieren, wo der Autor sich selbst in diesem Prozess verortet – eine Haltung, die sich durch den Prozess der Demaskierung auch auf die Stücke übertragen hat und sich deutlich aus ihnen ablesen lässt. Zum Ausdruck gebracht werden sollen mit dieser Formulierung eine Überlegenheit und ein Über-den-Dingen-stehen. Auch der Aspekt der „Größe“ soll von Schröder hiermit wahrscheinlich ins Spiel gebracht werden – nicht allein im Sinne von Bedeutung, sondern zuallererst als Ausdruck der Perspektive. „Größe“ ist hiernach vor allem ein Qualitätsmerkmal, das sich aus der Substanz der Analyse herleitet. Ein Weg, mit der Erkenntnis von der schrecklichen Gegenwart umzugehen, ist demnach, sie restlos zu durchschauen und auf diesem Wege das Gefühl zu erlangen, Macht über sie zu haben oder sie doch zumindest in dieser Erkenntnis bannen zu können. Wenn die „Lage“ selbst auch nicht wirklich witzig ist, so gibt die Einschätzung, sie zu durchschauen und sie dadurch im Griff zu haben, ein Gefühl der Überlegenheit und des unverwundbar Klugseins. Und sie ist die Voraussetzung dafür, sie überhaupt angemessen „zeigen“ zu können.

---

[221] Jürgen Schröder, Das Spätwerk Ödön von Horváths, in: stmÖvH, 135-155, 147.

Von dieser Warte aus vollzieht sich auch Lachen immer aus solcher konstitutiven Überlegenheit heraus[222] und ist nicht zuletzt immer das Auslachen dessen, der einen Vorsprung hat und etwas besser weiß. Erst dem Weitblick dessen, der über den Dingen steht und sie vollständig überschaut, eröffnet sich das ganze Ausmaß.
Der Blick verschafft aber nicht allein Klarheit, er verzerrt bisweilen auch. Nicht vom ungefähr wird in diesem Umfeld – mit Rücksicht auf die auf dem Oktoberfest in „Kasimir und Karoline" dargebotenen Schaustellungen – immer wieder der Vergleich mit Abnormitäten gezogen, die in Horváths Stücken zur Schau gestellt werden.[223] Sie sind in ihrem Wesen mit den Grotesken verwandt, denen man das gleiche Lachen zukommen lässt, wie man es aus dem Mund des Besuchers im Abnormitätenkabinett hört.[224] Diesem Blick gerät schließlich alles zum Liliputaner (deren Auftreten Jürgen Schröder vielleicht zum Wort vom „Gullivergefühl" inspiriert haben mag), angesichts dessen man sich halb belustigt und amüsiert, zur anderen Hälfte vielleicht aber auch mitleidvoll, irritiert und leicht angewidert zu der Bemerkung hinreißen lässt „Sind´s nicht tierisch?"[225] Auch hier spielen Perspektive und Distanz für den genauen Unterton eine entscheidende Rolle.[226] Aus ausreichender Entfernung erscheinen die Dinge lächerlich klein und nichtig. Dies ist der Preis, der für die Distanz zu zahlen ist und den man angesichts der Unverwundbarkeit, die sie verleiht, gerne bezahlt – vielleicht sogar bezahlen muss, wenn man sich dabei auf „die Wahrheit" beruft.
Damit trägt der Witz aber auch Züge eben jener Bosheit, die zu kritisieren er vorgibt: mit moralischen Mitteln allein ist er nicht zu rechtfertigen. Das Lachen gerät zum Lachen über die Vorgänge und die Charaktere, das im Grunde ein Auslachen ist. Angesichts der Tragik ist dieses allerdings nur situationsbezogen und punktuell denkbar und es benötigt eben eine ausreichende Entfernung, die die Dinge nicht zu nahe kommen lässt. Dies ist Satire im klassischen Sinne, die jedoch durch ihren

---

222 Bereits bei Hobbes ist diese Überlegenheit ein wesentliches Merkmal des Lachens, vgl. Berger, Erlösendes Lachen, a.a.O., 40. Sie korrespondiert natürlich mit der Distanz, bzw. meint etwas Ähnliches.

223 Z.B. Ingrid Haag, Fassaden-Dramaturgie, a.a.O.

224 Vgl. Walter Dimter, Die ausgestellte Gesellschaft. Zum Volksstück Horváths, der Fleißer und ihrer Nachfolger, in: Theater und Gesellschaft. Das Volksstück im 19.und 20.Jahrhundert, hg. v. Jürgen Hein, Düsseldorf 1973, 219-245, 230.

225 Vgl. Jürgen Schröder, Ödön von Horváths „Stunde der Liebe , in: Sprachkunst 19, 1988, 2, 123-135, 127. Horváth soll diese Äußerungen im Anblick vorbeimarschierender Nationalsozialisten gebraucht haben.

226 Vgl. Kim, Das Groteske in den Stücken Ödön von Horváths, a.a.O., 199, wonach Groteskes Distanz bewirkt und dem Autor die Möglichkeit gibt, sich auktorial zu verhalten.

Gegenstand gezwungen wird, sich selbst auf einer eisigen Höhe anzusiedeln. Später wird sich zeigen, wie kalt es dort ist.
Auch mit dem im ursprünglichen Sinne aufklärerischen und dialogischen Charakter verträgt sich diese Haltung nur sehr bedingt. Wenn Horváth explizit etwas zeigen wollte und sich dabei des Stilmittels des Witzes bedient, um einen Erkenntnisprozess beim Zuschauer in Gang zu setzen, so ist dieser Prozess zumindest ein sehr starrer und dogmatischer. Er vollzieht sich nach feststehenden Regeln, da ein Großteil des „Gehalts" seiner Stücke bereits im Vorfeld über seinen Anspruch, etwas zu „zeigen" und sein Selbstverständnis, etwas zu „wissen", definiert sind. Eine Darstellung, die dergestalt dem Überlegenheitsanspruch und der Deutungshoheit verpflichtet ist, ist von vornherein ziemlich apodiktisch und keineswegs auf Überzeugung angelegt, zumindest aber nicht zwingend auf sie angewiesen. Die Perspektive, die zeigt, was die Welt im Innersten zusammenhält, ist sich qua ihres Anspruches zunächst selbst genug und gleichsam die Voraussetzung für den gesamten folgenden Prozess, die nicht in Frage gestellt werden kann. Das zeigt sich deutlich an der Rezeption, die zu einem „richtigen" Verständnis (das heißt einem im Sinne der eingeschriebenen Perspektive) zwingend auf einen Konsens zwischen Autor und Rezipienten angewiesen ist. Dieser muss immer bereits vorher da sein, damit die Witze überhaupt zur Entfaltung kommen und die Stücke ihrer vermeintlichen Intention nachkommen können. Andernfalls nämlich, so wird man sehen, „misslingen" die Stücke einfach. Das vermeintliche Wechselspiel zwischen Autor und Rezipient erweist sich als Einbahnstrasse.

1.2. Komik für Insider. Methoden und Lektüren 2

Wenn man nach dem „Gelingen" der Stücke fragt, so geht es dabei um ein Pendant, um die Haltung, die der Rezipient in Anlehnung an die satirische Perspektive einnimmt. Auch hier spielt der intellektuelle Ansatz eine entscheidende Rolle, der es in der Interpretation erlaubt, einen vergleichbaren Blickwinkel einzunehmen. Von dort aus gesehen wird die Interpretation gleichsam zum Gegengift gegen die vorgestellte Spießerideologie – sie schafft die Distanz, von der aus (ab-)geurteilt werden kann. Um die Stücke derart „angemessen" zu verstehen (und an einem Lachen teilhaben zu können), muss der Rezipient sich auf die gleiche Augenhöhe begeben und ähnlich wissend und überlegen sein, wie die Stücke es ihm vormachen.

Damit geht es um sowohl ausgesprochene als auch „unausgesprochene Übereinkünfte“[227] und die Frage, in wie weit zwischen dem Autor und dem Rezipienten ein Grundkonsens und eine gewisse Verständigung bezüglich der „Analyse der Zeit“ herrschen (müssen) – einmal hinsichtlich der „nackten Fakten“, vor allem aber in Bezug auf die Einschätzung und das jeweilige Verhältnis, das zu diesen Fakten eingenommen wird.
Diese Übereinkunft findet auf drei Ebenen statt:
Zum Ersten wurde es gemeinhin als essentiell für das Verständnis der Stücke angesehen, dem Autor gedanklich zu folgen und detailliert nachzuvollziehen, über welchen Kenntnisstand er exakt verfügte, um sich so der Genauigkeit und des Detaillierungsgrades seiner Analyse zu versichern. Dieses Nachvollziehen lässt sich als ersten Versuch werten, eine Übereinstimmung mit seiner Analyse der Zeit herzustellen und so ein objektives Bild zu zeichnen. Wenn man auch glaubte, dass dieses Verständnis dem schriftstellerischen Selbstverständnis des Autors geschuldet und seine praktisch zwangsläufige Ergänzung sei, so war es doch zugleich einer bestimmten Phase der deutschen Literaturwissenschaft verpflichtet. Auf diese soll deshalb ein kurzer Seitenblick geworfen werden.
Zweites wird daraufhin zu fragen sein, in welcher Sprache der Rezipient seine Erkenntnisse formuliert und in welchem Verhältnis dieses Sprechen zur Haltung des Autors und seinem erwähnten „Gullivergefühl“ steht. Dabei soll gezeigt werden, dass ein angemessenes Sprechen über das Bühnengeschehen sich immer über die Adäquatheit zur Analyse der Zeit definierte. Der ursprünglich kritische Ansatz sollte auf diese Weise manifestiert, verifiziert und in gewissem Sinne auch veredelt werden. Da Entlehnungen aus dem Jargon der Soziologie hierzu nicht nur üblich, sondern nach dieser Logik beinahe zwingend erforderlich waren, brachte die Horváth-Forschung nicht nur eine Reihe kurioser Formulierungen, sondern auch einen bisweilen merkwürdigen Referenzrahmen hervor.
Drittens schließlich geht es um eine eher simple Fragestellung, nämlich die, welche Voraussetzungen erfüllt sein müssen, damit die Zuschauer die Witze auch lustig finden. Über das Beispiel einer inadäquaten Rezeptionssituation soll anhand des praktischen Gelingens gezeigt werden, dass sowohl das Erkennen „der Lage“ als auch ihre Beurteilung und die Haltung, die man zu ihr einnimmt, immer der Verständigung und dem Verstehensprozess ein Stück weit vorgelagert sind und zumindest nicht *allein* aus der jeweils verwendeten Technik und gleichsam zwangsläufig

[227] Klotz, Dramaturgie, des Publikums, a.a.O., 19, spricht von „unausgesprochenen Übereinkünften“ als einer wichtigen Voraussetzung, die für das Gelingen der Stücke unabdingbar ist.

automatisch entstehen. Hieraus ergeben sich letztlich auch entscheidende Aufschlüsse über die Augenhöhe und den Platz, den sowohl Autor als auch Rezipient zu den Vorgängen einnehmen.
Im Nachvollziehen dieser dreifachen Übereinkunft wird sich zeigen, dass die „Argumentation" des Autors – und in ihrem Gefolge die der „adäquaten Rezeption", die sich auf seine Logik beruft – tautologisch sind. Diese Tautologie wird entscheidende Folgen für den Tonfall des Humors haben, der auch Ausdruck dessen ist, dass Witze nur noch mit sehr begrenzter und steriler Wirkung möglich sind.

1.2.1. Mitgedacht: Auf Augenhöhe mit dem „Kritiker seiner Zeit"

In seiner „Kritik der zynischen Vernunft" merkt Peter Sloterdijk an, dass Wissenschaft und Aufklärung ein gleichermaßen „detektivisches Verhältnis zur Realität"[228] haben. Die Wissenschaft begreift sich hiernach als natürlicher Zwillingsbruder, die in Fortführung der Aufklärung vollendet, was diese lediglich begonnen hat.
Im Sinne dieser Logik liegt es geradezu nahe, den aufklärerischen Ansatz des Autors als Matrix zu begreifen und nach Korrelationen zu suchen: Korrelationen zwischen dem Ergebnis der Aufklärung und Ergebnissen der Wissenschaft. Horváths „Ergebnisse" müssten sich demnach mit Hilfe eines wissenschaftlichen Instrumentariums gleichsam verifizieren lassen.
Erste Voraussetzung hierfür war es nun, das Wissen des Autors um die konkrete gesellschaftliche Wirklichkeit in der literaturwissenschaftliche Betrachtungsweise genaustens zu belegen und nachzuvollziehen. Folglich wurde er zum Gegenstand zahlreicher Untersuchungen, in denen gefragt wurde, wie der historische Kontext insbesondere auf der Inhaltsebene der Stücke und in ihrer Thematik seinen Niederschlag gefunden habe. Mit Rücksicht auf den Willen des Autors und unter dem Einfluss eines literaturwissenschaftlichen Trends, der zur Zeit der (Wieder-)Entdeckung der Werke Horváths vorherrschte, waren es besonders Fragen der Mentalitätsgeschichte, die an sein Werk herangetragen wurden.
Die literaturwissenschaftliche Erforschung des Werks Ödön von Horváths, die sich in ihren Anfängen im Fahrwasser der Theaterrezeption bewegte, wurde zunächst durch zwei nicht immer klar voneinander zu trennenden Faktoren entscheidend vorangetrieben.
Zum Einen kristallisierte sich zu Beginn der sechziger Jahre „ein immer stärker werdendes Verlangen nach (...) Praxisbezug" und eines nach

[228] Sloterdijk, Kritik der zynischen Vernunft, a.a.O., 118.

„größerer gesellschaftlicher Relevanz" heraus,[229] zum Anderen stand sie ganz im Zeichen der Vergangenheitsbewältigung.
Diese beiden Hauptimpulse der „Umbruchswelle"[230] zogen ihrerseits eine Infragestellung des bisherigen Literaturkanons und die Herausbildung eines den neuen Forderungen angemessenen Theoriebewusstseins nach sich. Letzteres stand ganz im Zeichen der kritischen Theorie, deren Haltung der Suche nach einem neuen, eben kritischen Literaturverständnis als vorbildlich galt.[231] Diese Verbindung von neuem Kanon und verändertem Methodenbewusstsein kam letztlich einer völligen Neubestimmung des Gegenstandes gleich.
Ödön von Horváth, bislang fast ausschließlich über das Theater bekannt[232], reihte sich dabei perfekt in den Katalog dieser Forderungen ein und so wurden seine Stücke auch rezipiert. Die „Horváth-Renaissance" begann als die der vier Volksstücke „Italienische Nacht", „Geschichten aus dem Wiener Wald", „Kasimir und Karoline" und „Glaube Liebe Hoffnung"[233]. An ihnen ließ sich ein neues Literaturverständnis exemplifizieren, das sich in vielerlei Hinsicht der kritischen Theorie verpflichtet fühlte – und Ödön von Horváth war fortan der Dichter jener „kritischen"

---

229 Hermand, Geschichte der Germanistik, a.a.O., 156.

230 Als die wichtigsten Forderungen und Leistungen der Umbruchswelle nach dem West-Berliner Germanistentag führt Hermand, Geschichte der Germanistik, a.a.O., 155ff. an: 1. die verstärkte Auseinandersetzung mit dem Faschismus, 2. ein kritisches Abstandnehmen von der Klassikzentriertheit der bisherigen Germanistik, 3. eine engagierte Aufarbeitung der demokratisch-revolutionären Traditionen innerhalb der deutschen Literatur, 4. eine kritische Auseinandersetzung mit der Avantgarde, 5. eine Ausweitung zu den als niedrig verschrienen Ausdrucksformen und 6. eine kritische Auseinandersetzung mit manipulierenden Tendenzen innerhalb der gegenwärtigen Massenmedien.

231 Hermand, Geschichte der Germanistik, a.a.O., 149.

232 Auch hier spielte die Forderung nach einer neuen Form der gesellschaftlichen Relevanz eine wichtige Rolle. Im Umfeld aktueller Autoren wie Peter Weiss, Heiner Kipphardt oder Rolf Hochhuth interessierte bei Horváth ebenfalls das zeitbezogene Moment. Wie auch bei der späteren literaturwissenschaftlichen Rezeption war hier die Abgrenzung zu Brecht besonders wichtig, da sich ein neues Verständnis von politischer Relevanz an ihnen exemplarisch darstellen ließ. Und schließlich tat die Gattung des *Volks*stücks ihr Übriges, da dieses sowohl mit seinem Träger als auch mit seinem Adressaten die eigentlichen Träger der „Politik", bzw. ihre Handlungsfelder und Protagonisten, in den Mittelpunkt stellte. Zur Theater-Rezeption Horváths s. u.a. Birgit Schulte, Ödön von Horváth. Verschwiegen, gefeiert, glatt gelobt. Analyse eines ungewöhnlichen Rezeptionsverlaufs, Bonn 1980.

233 Auch die deutsche Exilliteratur fand im Zuge des „Umbruchs" immer stärkere Beachtung, s. Hermand, Geschichte der Germanistik, a.a.O., 147f. Die im Exil entstandenen Werke Ödön von Horváths dagegen fanden dann erst deutlich später wieder eine größere Beachtung, die zudem – zumindest was die Dramen betrifft – unter gänzlich anderen Vorzeichen stand.

Volksstücke, die (bewusst oder unbewusst) dieser Theorie gemäß geformt schienen.[234]
Im Zuge dieses „Paradigmenwechsels" ließen sich problemlos die „richtigen" Thesen an die Horváthschen Stücke anhängen, an deren Realitätssubstrat sie sich verifizieren ließen. In einer vom Zeitgeist geleiteten Betrachtung erwiesen sich vor allem die Volksstücke Horváths als „Volltreffer" und in diesem Sinne lesen sich auch die Fragestellungen, die an sein Werk herangetragen wurden: Man erwartete von Horváth – als dem Zeitzeugen der nun in den Mittelpunkt des Interesses gerückten Epoche – Beiträge vor allem zur Faschismusanalyse[235] und zur Soziolinguistik[236]; allesamt Fragestellungen, die aus dem Umfeld der kritischen Theorie und dem Verlangen nach einem gesellschaftsrelevanten Literaturverständnis gewonnen waren. Hiermit setzte der vielzitierte „Horváth-Boom"[237] ein. Innerhalb kürzester Zeit entstanden eine Gesamtausgabe der Werke Horváths[238], zahlreiche Dissertationen[239] und Aufsätze[240] an

---

[234] Schulte, Ödön von Horváth, a.a.O., 72.

[235] Schulte, Ödön von Horváth, a.a.O., 80.

[236] Schulte, Ödön von Horváth, a.a.O., 66.

[237] Wolfgang Heinz Schober, Die Jugendproblematik in Horváths Romanen, in: Horváth-Diskussion, 124-137, spricht als erster von einem solchen Boom. Bei Birgit Schulte, Ödön von Horváth, a.a.O., ist der Boom bereits ein fester Bestandteil in der Phaseneinteilung der Rezeptionsgeschichte.

[238] Ödön von Horváth, Gesammelte Werke in acht Bänden, herausgegeben von Traugott Krischke und Dieter Hildebrandt, Ffm 1972. Diese Ausgabe umfasste erstmals auch Skizzen und Varianten, die somit in breitem Maße zugänglich wurden. Allerdings waren sie in zwei gesonderten Bänden zusammengefasst und nicht im Anschluss an die jeweiligen Werke abgedruckt, was mit dem intendierten Charakter einer Leseausgabe zusammenhängt, vgl. Traugott Krischke, Materialien zur Horváth-Forschung. Aspekte und Möglichkeiten, in: stmÖvH, 202-218, 206. Bei den Gesammelten Werken, herausgegeben von Traugott Krischke, die dann von 1985 ab erschienen, fiel der Anhang zwar wesentlich ausführlicher aus. Der letzte Band, der die Skizzen und Fragmente – die Varianten zu den einzelnen Werken sind dem jeweiligen Band zugeordnet – beinhalten sollte, fiel jedoch dem Ende des „Booms" und dem damit verbundenen Erlahmen des wissenschaftlichen und kommerziellen Interesses an Ödön von Horváth zum Opfer: er ist nie erschienen.

[239] Als Beispiele seien hier angeführt: Wolfgang Boelke, Die entlarvende Sprachkunst Ödön von Horváths. Studien zu seiner dramaturgischen Psychologie, Ffm Diss. 1969; Reinhard Hummel, Die Volksstücke Ödön von Horváths, Baden Baden 1970 (zugleich Diss. FU Berlin; 1970; Paul Lensing, Die Rolle der Frau im Werk Horváths, Münster Diss. 1971 und Arnd Heyne, Der Dramatiker Ödön von Horváth. Zur Demaskierung des Bewußtseins, Freiburg i.Br.Diss. 1969. Auch im Ausland entstanden zahlreiche Dissertationen zum Werk Ödön von Horváths, teilweise in Zusammenhang mit der Errichtung der Schwesterninstitute, beispielsweise Dolly Elisabeth Ballin, Irony in the dramatic work of Ödön von Horváth, Univ.of Wisconsin Diss.1969; Robert Alexander Herschbach, The Volksstück of Ödön von Horváth. Text and con-

deren Ende das Bild vom „kritischen" Horváth stand, das im Grunde bis heute beibehalten und nur noch punktuell ergänzt und erweitert wurde. Auch die thematische Ausweitung der Fragestellung und der verstärkte Blick auf das Gesamtwerk konnten daran nichts ändern.[241]
Der Verbreitung Horváths besonders zuträglich war, dass seine Stücke eine neue, politisch besonders relevante und moderne Kategorie auf die Bühne brachten, die besonders in Abgrenzung von Brecht zu lesen war und die in ihm primär den „Kulturkritiker" sah. Was hierunter genau verstanden werden muss, wird klar, wenn man die Argumentation betrachtet, nach der das Horváthsche Werk einen wichtigen Beitrag zur Einsicht in die praefaschistische Epoche leistet. Fortan interessierte nämlich weniger die explizit politische Orientierung, die in Stücken wie „Die Bergbahn" oder im „Sladek" zu finden gewesen war, sondern das Augenmerk richtete sich vielmehr auf Phänomene des Alltags, des Zwischenmenschlichen und nicht zuletzt auf die spezifisch kleinbürgerliche „Kultur", die – wenn auch auf eine andere Weise – , als nicht minder politisch relevant entdeckt wurden. Insofern konnte Horváth ob seiner Thematik noch immer als ein politischer Autor gelesen werden, nur hatte sich eher der Begriff des Politischen gewandelt, beziehungsweise erweitert. An die Stelle von explizit politischen „Aussagen" trat nunmehr eine Verschiebung nach „zwischen die Zeilen"[242]. Dort war fortan der Ort, der für diesen neuen Begriff des Politischen wesentlich relevanter war und deutlich bedeutendere Einblicke in das Wesen der Gesellschaftsstruktur erlaube. Horváth selbst schien diese Lesart zu bestätigen, wenn er etwa in seinem Romanfragment „Der Mittelstand" den engen Zusammenhang von Mittelstand und Familienkultur hervorhebt.[243] Gerade im Vernachlässigen des tagespolitischen Geschäftes, im Ausklammern einer explizit politischen Thematik, habe Horváth in seinen Stükken den Blick auf die in Wahrheit politisch relevanten Komplexe, auf die eigentlichen „Triebfedern der Gesellschaft"[244] gerichtet und sie durch-

---

text. Univ.of Massachusetts Diss. 1973 und Maria Eugenia Leoni, Ödön von Horváth – „Spießertum" e „Demaskierung des Bewußtseins", Bologna Diss.1966.

240 Einen Überblick über die ersten Aufsätze bieten die Sammelbände MatGWW, MatKuK, MatGLH und ÜberÖvH.

241 Neben der Ausweitung auf weniger bekannte (und auch weniger gute) Stücke wären hier zum Beispiel Eva Kun, „Die Komödie des Menschen" oder Horváth und Ungarn, in: stmHS, 9-36 oder auch Susanna Foral-Krischke, Wettersteingebirge. Ödön von Horváths Bergtouren, in: Horváth-Blätter 2, 1984, 103-114 zu nennen. Gleichzeitig ist diese Entwicklung ein Symptom dafür, dass die „entscheidenden" Fragen zu Horváth beantwortet schienen und die Nischen- und Spezialforschung begann – und der Autor damit zugleich auch gewissermaßen erledigt war.

242 So Schröder, stmEM, 75.

243 S. Schröder, stmEM, 86.

244 Schröder, stmEM, 177.

leuchtet. Obwohl – oder vielmehr gerade weil – immer weniger politische Überzeugungstäter auf die Bühne gebracht wurden, konnte für Ödön von Horváth eine kritische Haltung zu seiner Zeit[245] in Anspruch genommen werden, auf die auch der Titel der Biographie Traugott Krischkes[246] verweist, der, gleichsam als Bestätigung dieser Akzentuierung, mit Rücksicht auf des Dichters Romantitel „Ein Kind unserer Zeit" formuliert ist.
Vor diesem Hintergrund eröffnete sich der literaturwissenschaftlichen Auseinandersetzung mit dem Autor eine wahre Fülle von Betätigungsfeldern. Der Rezeptionshintergrund des „neuen Volksstücks" erlaubte eine Betrachtung auf sprachkritische Potenziale – dies der als am wichtigsten betrachtete Aspekt der Horváthschen Volksstücke – sowie auch eine Untersuchung auf Ursprünge und Vorläufer.[247] Vor allem der reklamierte sprachkritische Aspekt seines Werkes war dafür verantwortlich, dass der „Kulturkritiker" Horváth in entscheidende Nähe zu den Aspekten der Faschismusanalyse gebracht wurde, die die Entstehung des Nationalsozialismus und seinen Ursprung im alltäglichen kleinbürgerlichen Leben von der sozialpsychologischen Seite her zu beleuchten suchte.[248] Sein Werk galt fortan als gleichsam literarische Ergänzung zu den Studien Siegfried Kracauers – insbesondere von „Die Angestellten" – , zu Adornos Texten, die sich mit dem Komplex der Kulturindustrie befassen[249] und auch zu Thalheimers Faschismusanalyse[250]. Faschismus

---

245 Dieser Bezug ging bis in tagespolitische Ereignisse, vgl. die Erläuterungen der Werksausgabe, die „versuchen, den zeitgeschichtlichen Hintergrund und Anspielungen Horváths auf aktuelle Ereignisse, bzw. tatsächliche Begebenheiten darzustellen"(6,158) und nicht zuletzt den zu zwei Dritteln aus solchen Materialien bestehenden, von Jürgen Schröder herausgegebenen Band zur „Lehrerin von Regensburg" (stmEM).

246 Traugott Krischke, Ödön von Horváth. Kind seiner Zeit, München 1980.

247 Als der wichtigste Vorläufer Horváths wurde wie erwähnt natürlich Nestroy genannt. Auch die Schriften Karl Kraus´ werden im Zusammenhang mit dem Horváthschen Werk des Öfteren zum Vergleich herangezogen. So gut wie nie wird allerdings Sternheim erwähnt, der meiner Ansicht nach – sofern man diese Kategorie überhaupt gelten lässt – als der wichtigste Vorläufer Horváths zu betrachten wäre. Über eine eventuelle Kenntnis Horváths des Sternheimschen Werkes ist allerdings nichts bekannt.

248 Vgl. dazu besonders Fritz, Ödön von Horváth als Kritiker seiner Zeit, 1973, a.a.O., 119ff. u.174ff., der einzelne Figuren der Volksstücke in den historischen Kontext der Weimarer Republik einreiht und sich davon einen Erkenntnisgewinn im Hinblick auf die Faschismusanalyse verspricht.

249 So z.B. Erwin Rotermund, Zur Erneuerung des Volksstücks, a.a.O., Meinrad Pichler, Von Aufsteigern und Deklassierten, a.a.O., und Martin Hell, Kleinbürgerlicher Kunstgenuß: Kino und Trivialliteratur im Werk Ödön von Horváths, in: stmHS, 181-193. Auch andere, vorwiegend sozialwissenschaftliche Texte werden immer wieder herangezogen und zitiert, um im Zusammenhang mit Horváth die Ähnlich-

geriet weniger als politisches Phänomen als vielmehr als ein Teil der Alltagskultur und des persönlichen Verhaltens in den Blickpunkt. Auch hier lag die Affinität zu Adorno durchaus auf der Hand, der die Faschismusanfälligkeit des Mittelstandes vor allem in seiner Kultur begründet sieht.[251]

Dass man sich dabei auf die poetologischen Aussagen Horváths und den Kontext der Neuen Sachlichkeit stützen konnte, war durch die Poetologie des Autors nachgerade gedeckt. Er selbst war der Kronzeuge für die Verankerung in einer letztlich thematischen Aktualität. So wie Adorno und Kracauer verstärkt rezipiert wurden, so lag auch Horváths Bedeutung für die Literaturwissenschaft primär in dieser Aktualität seiner Themen.[252] In den Mittelpunkt des Interesses rückte fortan die „Spießerideologie"[253]. Der in den genannten Studien untersuchten Kultur, die einen wichtigen Teil zur Faschisierung beigetragen habe, wurde als der des Kleinbürgertums, beziehungsweise des Mittelstandes, der als der eigentliche Träger der NSDAP betrachtet wurde, eine besondere Bedeu-

---

keit der behandelten Phänomene zu belegen, so zum Beispiel die Studie Annette Leppert-Fögens, Die deklassierte Klasse. Studien zur Geschichte und Ideologie des Kleinbürgertums, Ffm 1974. Ein weiteres Beispiel in dieser beinahe beliebig fortzusetzenden Reihe wäre der Aufsatz Uwe Baurs, Sport und Literatur in den zwanziger Jahren. Horváths „Sportmärchen" und die Münchner Nonsense-Dichtung, in: Horváth-Diskussion, 138-156, der sich mit dem zeitgenössischen Phänomen des Sports als einem Teil der heraufziehenden Kulturindustrie beschäftigt, vgl. a. Bartsch, Ödön von Horváth, a.a.O.

250 Diese Ähnlichkeit betont Franz Kadrnoska, Sozialkritik und Transparenz faschistischer Ideologeme in „Jugend ohne Gott", in: stmJoG, 69-91, 84.

251 Theodor W. Adorno, Studien zum autoritären Charakter. Übersetzt von Milli Weinbrenner. Vorrede von Ludwig von Friedeburg, Ffm 1995, 47. Grundsätzlich stellten Adorno und die kritische Theorie einen Großteil des theoretischen Rüstzeugs und bildeten den Hintergrund für die Aufnahme und die Fragestellungen an das Horváthsche Werk.

252 Fritz, Ödön von Horváth als Kritiker seiner Zeit, 1973, a.a.O., 130, vgl. a. Urs Jenny, Ödön von Horváths Größe und Grenzen, a.a.O., 71 und Franz Xaver Kroetz, Horváth von heute für heute, in: ÜberÖvH, 83-90.

253 Mit Rücksicht auf Hermann Glaser, Spießer-Ideologie. Von der Zerstörung des deutschen Geistes im 19.und 20.Jahrhundert, Freiburg i.Br. 1964, das im Zusammenhang mit Horváth des Öfteren zitiert wird. In der Tat lassen sich gerade im Hinblick auf die Faschisierung des Spießers bei Horváth viele Phänomene entdecken, die der Theorie Glasers zu entsprechen scheinen. Die Intention der beiden Werke scheint schon insofern vergleichbar als Horváth in der Vorrede zu dem Roman anmerkt, er wolle damit „in Form eines Romans einige Beiträge zur Biologie dieses werdenden Spießers (...) liefern"(12,129). Besonders brisant wird der Zusammenhang zwischen dieser Ideologie und dem Faschismus durch die Tatsache, dass der Held dieses Romans, Alfons Kobler, bereits davon spricht „Jeder Franzose und jede Französin gehören vergast!"(12,230).

tung zugemessen.[254] In diesem Sinne vermochte auch das Werk Horváths wertvolle Hinweise zu geben auf die Frage, „wie war es möglich?“[255]
So fragt beispielsweise Meinrad Pichler nach „Ödön von Horváths literarische[r] Analyse des Kleinbürgertums und ihr[em] Verhältnis zu den Aussagen der historischen Sozialwissenschaft“[256] und Axel Fritz untersucht das Werk im Hinblick auf dessen „Verhältnis zum politischen, sozialen und kulturellen Zeitgeschehen“[257]. Vor allem im Blick auf die Fragen des Faschismus werden die Figuren dabei immer wieder in den geschichtlichen Kontext der Weimarer Republik eingeordnet, beispielsweise bei Erwin Rotermund, der noch – gleichsam mit dem positiven Urteil des neugierigen Entdeckers – in dem Roman „Der ewige Spießer“ eine „Fundgrube literarischer Exempla für die personelle Basis des Nationalsozialismus“[258] zu erblicken glaubt.
Um die Frage, „wie es möglich war“ mit Horváth aber letztlich beantworten zu können, musste sein Verhältnis zur gesellschaftlichen Wirklichkeit genau ausgelotet werden, wobei keineswegs immer zwischen dem des Autors und dem der Werke unterschieden wurde. Ein solches Vorgehen scheint durch Horváths Selbstverständnis als „Chronist seiner Zeit“, dessen Chronik mit der Wiederentdeckung und dem neu eröffneten Interessenfeld zum Gebrauch freigegeben waren, legitimiert. Hiernach habe Ödön von Horváth besonders in seinen Volksstücken „mit einer geradezu manischen Ausschließlichkeit diesen Mittelstand in allen Facetten beschrieben“[259] und „Typen“ vorgeführt[260], die faschismusanfällig seien.[261] Als deren „Chronist“[262] ließen sich aus seinem Werk Ein-

---

[254] Vgl. besonders Hermann Glaser, Ab mit ihr, a.a.O., 78/9: „Das Personenarsenal der `Geschichten aus dem Wiener Wald´ illustriert sozusagen die `Vorhölle´ des `Reichs der niederen Dämonen´; mit Ausnahme von Erich, (...), ist die Unmenschlichkeit oder lädierte Menschlichkeit noch auf den privaten Bereich beschränkt.“ Bezeichnenderweise sind im Anhang zu stmGWW mehrere Auszüge aus sozialgeschichtlichen Texten abgedruckt, die sich mit der Rolle des Mittelstandes auseinandersetzen.

[255] Jean-Claude Francois, Horváth und die Geschichte – Horváth in der Geschichte, in: Sprachkunst 19, 1988, 149-157, 156.

[256] Pichler, Von Aufsteigern und Deklassierten, a.a.O.

[257] Fritz, Ödön von Horváth als Kritiker seiner Zeit, 1973, a.a.O.

[258] Rotermund, Zur Erneuerung des Volksstücks, a.a.O., 41.

[259] Pichler, Von Aufsteigern und Deklassierten, a.a.O., 69. Von der neuen Bedeutung des Mittelstandes, der anstelle des früheren Volkes der eigentliche Träger des „*Volksstückes*“ geworden sei, war bereits die Rede.

[260] Hansjörg Schneider, Der Kampf zwischen Individuum und Gesellschaft, a.a.O., 67.

[261] Schneider, Der Kampf zwischen Individuum und Gesellschaft, a.a.O., 66. Birgit Schulte, Ödön von Horváth, a.a.O., 80, geht sogar so weit zu sagen, Horváths Figuren ließen sich mit den Variablen der Adornoschen F-Skala erfassen! (Gemeint ist hier

blicke in „das Wesen der modernen Massengesellschaft“[263] gewinnen. Sein kritischer Ansatz als Schriftsteller sei es dabei, Einsichten in das komplexe Funktionieren des Bewusstseinsapparates seiner Helden zu vermitteln.[264] Dies geschehe vor allem über seine spezifische Darstellung des Sprechens seiner Figuren, in dem sich jene „verschollene Bürgerlichkeit“ manifestiere, mit der der Mittelstand – im Sinne Kracauers – sein Sozialprestige zu verteidigen suche.[265] „Die soziale Weltorientierung der Figuren [werde] in der Sprache dingfest“ gemacht[266], in der sich die Manipulation des Bewusstseins, die schließlich die Faschismusanfälligkeit zur Folge habe, unmittelbar niederschlage.

Diese Sprache – als „Bildungsjargon“ griffig und dankbar etikettiert – zeichnete sich vor allem dadurch aus, dass in ihm als einer bestimmten Form des Sprachgebrauchs (nicht des Vokabulars) wesentliche Momente der „Lingua Tertia Imperii“[267] vorweggenommen worden seien. Auch hier kam Horváths Werk als Gegenstand gesellschaftskritisch orientierter Sprachreflexion den Forderungen der Literaturwissenschaft entgegen.[268] In diesem Sinne konnte der Sprachkritiker Horváth als aufklärerischer Schriftsteller betrachtet werden, der im Faschismus – analog Karl Kraus – eine zweite „Katastrophe der Phrasen“, deren Ursachen und Folgen durchleuchtet werden, heraufziehen sah.

Zusammenfassend lässt sich sagen, dass gesellschaftliche Missstände im Horváthschen Werk nicht nur in gesellschaftlichen Strukturen, sondern vor allem im einzelnen Menschen und dessen verweigerter Selbstreflexi-

---

die Skala aus den Studien zum autoritären Charakter, a.a.O. Sie misst die psychische Disposition der Testpersonen und versucht auf diesem Wege, ihre Anfälligkeit für faschistische Theoreme und faschistische Agitation zu ermitteln, J.G.)

262 Unter anderem Hans Weigel, Horváth, Wien und die Wiener, in: ÜberÖvH, 7-15, 12 oder auch Schneider, Der Kampf zwischen Individuum und Gesellschaft, a.a.O., 64, verwenden diese Formel Horváths vom Chronisten seiner Zeit, die ihrerseits in engem Zusammenhang mit der vom „Kritiker seiner Zeit“ steht. Nicht zuletzt in der Gleichartigkeit dieser Formulierungen offenbart sich der angenommene enge Zusammenhang von Chronik und Kritik.

263 Horst Jarka, Ödön von Horváth und das Kitschige, in: ZDP 91, 1972, 558-585, 581.

264 Martin Walder, Die Uneigentlichkeit des Bewußtseins, a.a.O., 39.

265 Hartmut Scheible, Verschollene Bürgerlichkeit, a.a.O.

266 Rotermund, Zur Erneuerung des Volksstücks, a.a.O., 31.

267 Etwa im Sinne Victor Klemperers, LTI. Notizbuch eines Philologen, Leipzig 1996, der in der Sprache des Nazismus den eigentlichen Nährboden für die nazistische Gesinnung sieht und dies weniger an einem bestimmten Vokabular als vielmehr an einem speziellen Sprachgebrauch festmacht.

268 Vgl. Klaus-Michael Bogdal, Einleitung: Von der Methode zur Theorie. Zum Stand der Dinge in den Literaturwissenschaften, in: K.-M. Bogdal (Hg.), Neue Literaturtheorien. Eine Einführung, Opladen 1990, 9-30, 17

on[269] erblickt werden. Dabei führe er diese Unfähigkeit, sich selbst zu erkennen, auf individual- wie sozialpsychologisch zu benennende Faktoren zurück.[270] Von dieser Seite erhält auch das Horváthsche Theater seine – im eigentlichen Sinne pädagogische – Aufgabe als moralische Anstalt zugewiesen.[271] Dabei ist der Unterschied zu Brecht allerdings offenbar: zwar wird auch in den Horváthschen Volksstücken auf Erkenntnis statt auf „Einfühlung" gesetzt[272], wird auch hier ein klares Muster in dem Sinne erblickt, dass „die Leute sehend werden"[273] und ebenso wollen auch Horváths Stücke auf Veränderung hinaus. Ihr poetisches Verfahren sei jedoch mehr das einer „moralischen Provokation"[274], das zur Folge habe, dass man den „Spießer in sich" erkenne.[275] Der Impetus ist somit zwar noch ein aufklärerischer, doch so wie er die Ursache für die gesellschaftlichen Missstände primär im Individuum – und darin liege eben der große Unterschied zum „Marxisten" Horváth der ersten Phase[276] – verankert sieht, so sollen auch diesbezügliche Erkenntnisse gewonnen werden. Horváths „freudianischer Ansatz" ziele im Gegensatz zu Brecht auf eine Erkenntnis der Triebstruktur.[277] Wo die Sprache als ideologisch vorgefertigte auch das Verhalten der Menschen präge und die eigentliche Ursache der Unmenschlichkeit in der Triebnatur zu suchen sei, haben sich die Horváthschen Volksstücke eine „Bewusstseinssensibilisierung"[278] zur Aufgabe gemacht, die wesentlich ideologiekritische Züge aufweise. Des Autors Wort von der „Demaskierung des Bewußtseins" wurde als *die* Intention seiner Stücke in diesem Kontext häufig bemüht und als Beweis für diese Lesart angeführt. Als kritische ver-

---

[269] Alfred Doppler, Bemerkungen zum dramatischen Verfahren der Volksstücke Horváths, in: Horváth-Diskussion, 11-21, 20.

[270] Glaser, Ab mit ihr, a.a.O., 70.

[271] Traugott Krischke, Einführung zu: Ödön von Horváth. Stücke, herausgegeben von Traugott Krischke. Mit einem Nachwort von Ulrich Becher, Reinbek 1961, 7-10, 7. Die Formulierung von der pädagogischen Aufgabe geht auf Horváth selbst zurück, 11,217.

[272] Diese Formulierung Rotermunds, Zur Erneuerung des Volksstücks, a.a.O., 30, ist allerdings insofern ungenau als sie zwar auf Brecht zurückgehen soll, das eigentliche Gegenstück zur Einfühlung dort aber vielmehr die distanzierte, kritische Haltung ist, vgl. z.B. Bertolt Brecht, Über experimentelles Theater, Ffm 1970, 99.

[273] Peter von Matt, Liebesverrat, a.a.O., 375.

[274] Reinhardt, „Demaskierung" als moralische Provokation, a.a.O.

[275] Pichler, Von Aufsteigern und Deklassierten, a.a.O., 73. Diese Formulierung Pichlers geht ihrerseits auf Horváths bereits zitierte „Randbemerkung" zu „Glaube Liebe Hoffnung" zurück: „Erkenne dich bitte selbst!"(6, 13)

[276] Spricht Horváth bezüglich „Bergbahn" noch vom „Kampf zwischen Kapital und „Arbeitskraft"(11,200) so tritt an diese Stelle jetzt, s.u., der „Kampf zwischen Individuum und Gesellschaft"(6,12).

[277] Rotermund, Zur Erneuerung des Volksstücks, a.a.O., 30.

[278] Walder, Die Uneigentlichkeit des Bewußtseins, a.a.O., 82.

wirklicht sich diese Intention dadurch, dass sie den Zuschauer zu der gewünschten Kritik herausfordere.
Die Formulierung eines „freudianischen" Ansatzes geht zwar indirekt auf Horváth selbst zurück, doch muss sie als in höchstem Maße problematisch betrachtet werden. Horváth spricht von dem „Kampf des Bewußtseins mit dem Unterbewußtsein"(11,220)[sic!] und an anderer Stelle von dem „Kampf zwischen Individuum und Gesellschaft"(6,12), der in seinen Stücken dargestellt sei und oben zitierte Demaskierung dadurch bewirken solle, dass der Zuschauer sich über sich selbst empöre (11,205).
Diese Formulierungen wurden (wie alle poetologischen Äußerungen Horváths) von der Forschung begierig aufgegriffen und ausgewertet. Da nun „die Aburteilung des defizitären Sprechens noch nichts über seine Bedeutung"[279] aussage, haben Ingrid Haag, Alan Bance und Herbert Gamper Horváths Werk auf psychoanalytische Aspekte hin untersucht.[280] Eine „erwiesene Freudkenntnis"[281] daraus abzuleiten, geht allerdings entschieden zu weit, nicht nur weil Horváth der – wenn auch populäre – Fehler unterläuft, vom „Unterbewußtsein" (11,220), beziehungsweise „Unterbewußten"(ebd.) zu schreiben. Der einzige ernsthafte Versuch – unternommen von Ian Huish – , den bewussten Gebrauch Freudscher Erkenntnisse auch in den Werken Horváths nachzuweisen, bleibt in jedem Falle dürftig.[282]

---

279 Ingrid Haag, Horváth und Freud. Vom „Unbehagen in der Kultur" zur Dramaturgie des Unheimlichen, in: stmHS, 66-83, 68.

280 Ingrid Haag, Horváth und Freud, a.a.O., Alan Bance, Ödön von Horváth. Sex, politics and sexual politics, in: GLL 38, 1985/5, 249-259, Herbert Gamper, Todesbilder in Horváths Werk, a.a.O.

281 Ingrid Haag, Horváth und Freud, a.a.O., 67.

282 Ian Huish, „Was gehen mich deine Perversitäten an, du Sau." Freud´s place in Horváths work, or: „Psychoanalytisch hochinteressant", in: Sprachkunst 19, 1988, 71-80. Als einziger „wirklicher" Beleg wird angeführt, Horváth habe im Cronauer-Interview und in der „Randbemerkung" zu „Glaube Liebe Hoffnung" mit „Triebe" und „Befriedigung asozialer Triebe" die Freudsche Terminologie aus „Trieb und Triebschicksal" von 1915 benutzt, 74. Ansonsten stützt sich Huish lediglich auf eine gewisse Analogie zu Gedanken, die Freud in „Das Unbehagen in der Kultur" vermittle, 78, sowie auf drei signifikante Träume in Horváths Werk, 74, die jedoch allesamt nicht mehr als ein gewisses populäres Wissen, das der Autor über Freud gehabt haben mag, verraten. Als „Hauptbeweis" muss für Huish denn auch letztlich die Wahrscheinlichkeit herhalten: „Already in 1912 Freud´s ideas formed an established part of the cultural consciousness of the German-speaking world, and so it would indeed be surprising if we could not say of a writer with Horváths social, political and sexual concerns, `Gedanken an Freud natürlich´, and `psychoanalytisch hochinteressant.´", 80. Abgesehen davon, dass es methodisch an sich äußerst fragwürdig scheint, literarische Figuren auf ihr Unbewusstes zu untersuchen (selbst wenn der Autor in solchen Kategorien gedacht haben mag), lag diesem Vorgehen vor allem die Motivation zugrunde, das defizitäre Sprechen möglichst restlos aufzulösen und zu

Gerade wegen dieser fehlenden Verifizierbarkeit ist der „Fall" Sigmund Freud jedoch ein exzellentes Beispiel für die Logik der Horváth-Rezeption: Einmal im Besitz der „Wahrheit" und des richtigen methodischen Werkzeugs, um diese ans Licht zu bringen, erlangten das Gedankengebäude des Interpreten und seine Terminologie letztlich die Oberhand über den Text – mitunter bis hin zu objektiven Falschaussagen über die Horváthschen Werke. Diese wurden immer mit Rücksicht auf eine als Referenzrahmen herangezogene Theorie formuliert, der zur damaligen Zeit für viele Literaturwissenschaftler Gültigkeit hatte. Wo die Stükke „dem Geiste nach" diesem Referenzrahmen entsprechen, wurden bisweilen Beispiele konstruiert, die so in den Stücken gar nicht zu finden waren. Wie stark der theoretische Hintergrund, vor dem Horváth rezipiert wurde, war, belegt zum Beispiel die Tatsache, dass Wilhelm Martin Baumgartner ohne Widerspruch zu ernten behaupten konnte, Horváth verwende beliebte Schlager seiner Zeit, um die solcherart produzierte Stumpfheit zu demonstrieren.[283] Dieser Behauptung aber (für die er auch nur ein einziges, nicht sonderlich überzeugendes Beispiel anzuführen vermag) ist mit ausdrücklicher Rücksicht auf Adornos Einleitung in die Musiksoziologie formuliert, so dass sie im Grunde nur dazu dient, die Thesen Adornos zu belegen. Ähnliche Fälle gleichsam konstruierter Beispiele, die eine Affinität zu den Theorien Kracauers und Adornos belegen sollen, im Werk Horváths aber kaum eine Entsprechung finden, sind nicht selten. Die Werke werden – mitunter auf Kosten der Texttreue – der Theorie angepasst, die immer zu Beginn der Interpretation schon als Erklärungshintergrund fungiert. Ihr wird jeweils die bestehende Definition eines Sachverhalts entnommen und an den Anfang der Untersuchung zum Horváthschen Werk gestellt. Dass dies oftmals nicht einmal bemerkt wurde, spricht zum Einen für ihre Plausibilität, zum Anderen aber auch dafür, dass die Stücke damit zu bloßen Illustrationen herabgewürdigt wurden, deren Rang sich vor allem aus ihrem Charakter des zeitgeschichtlichen Zeugnisses herleitet.

Mit dieser Verwissenschaftlichung nun hält ein klirrender Schematismus Einzug in die Horváth-Forschung, der aber nicht nur der wissenschaftlichen Methode verdankt ist. Vielmehr hat er seinen Ursprung auch im aufklärerischen Ansatz des Autors selbst, denn die Mühe, die auffallend oft darauf verwendet wurde, ein in diesem Kontext relevantes Wissen des Autors nachzuweisen, schien durch diesen selbst sanktioniert.

---

durchleuchten, indem man mit exakter wissenschaftlicher Methodik ein genau definiertes und verifiziertes Maß an hinter der Fassade verborgener „Eigentlichkeit" zu Tage fördert.

283 Wilhelm Martin Baumgartner, Lied und Musik in den Volksstücken Ödön von Horváths , a.a.O., 178.

So verwendet Jürgen Schröder etwa einen außerordentlichen Fleiß darauf zu belegen, wie genau Horváths Kenntnisse bezüglich des Falles der „Lehrerin von Regensburg", Elly Maldaque, gewesen seien. Erst diese Sicherheit scheint die Aktualität Horváths zu verbürgen, der in ihnen gefasste Informationsgehalt das Interesse an seinen Stücken zu rechtfertigen. Im Grunde wurde so geltend gemacht, dass sich die Zeitgebundenheit der Horváthschen Stücke vor allem in der Thematik ausdrücke, die Horváth mitsamt ihren (bekannten und als wichtig erachteten) Problemen auf die Bühne bringe.

Im Versuch also, den genauen Wissensstand des Autors nachzuweisen und ihn mit einer genaueren Erforschung des Kontexts der Weimarer Republik (als zum Verständnis notwendige Ergänzung) abzugleichen, wurde weiterhin versucht, die jeweilige Interessenlage – die des Autors wie die der Stücke und des Rezipienten – zur Deckung zu bringen: Gleichsam in Ergänzung zu den „Studien" des Autors werden diese durch den Interpreten fortgeführt, verbessert und letztlich perfektioniert. Was der Autor vielleicht nur erahnt und zum Teil – gemäß der Formulierung in Anlehnung an Nestroy – „definiert" haben mag, wird jetzt endgültig fixiert.[284]

Die möglichst vollständige (wissenschaftliche) Erfassung aller historischer Implikationen in den Stücken und ihre Weiterführung und Einordnung im Lichte der späteren Ereignisse gerät damit zum Einen zum Beweis für die Qualität des Autors, zum Anderen aber auch zum Beweis für sein hohes Reflexionsniveau, das durch die bewiesene Lektüre etwa der „Weltbühne" – oder der Werke Sigmund Freuds – vermeintlich belegt werden konnte.[285]

---

[284] Dass dies, wie im nächsten Abschnitt zu zeigen sein wird, unter immer stärkerer Verwendung nichtliterarischer Studien geschieht, hat vor allem zur Folge, dass hiermit das Kriterium der Beweiskraft und die Kategorisierung in „richtig" und „falsch" ins Spiel kommt. Fixieren meint in diesem Sinne auch „fest-stellen" und damit handhab- und verwertbar zu machen.

[285] S. Schröders Anerkennung der Notwendigkeit, den Fall zu rekonstruieren, stmEM. Nur so könne man quasi die Qualität des Horváthschen Stückes überprüfen! Einen ähnlichen Ansatz verfolgten die bereits erwähnten, sehr ausführlichen Anmerkungen in der Werksausgabe, die bisweilen über das Gebot wissenschaftlicher Redlichkeit hinaus versuchen, einen Kontext zu erschließen, der ein adäquates Verständnis der Stücke erst ermöglicht. Auf diesem Wege aber droht sich der Wert der Stücke im ihnen so zugewiesenen Aussagegehalt letztlich zu verlieren. Tatsächlich bestand bei dieser Lesart von Anfang an die Gefahr, dass das Werk schließlich von diesen gleichsam „eingeholt" werde. Zunächst zwar war das Interesse auf die zu erwartenden Erkenntnisse – gewissermaßen als Informationswert – noch groß genug, so dass die jeweiligen Lektüren gewissermaßen parallel liefen und einander zu ergänzen schienen, doch ergab sich schließlich die für die Aufnahme der Werke fatale Situation, dass wir mittlerweile – gerade über die vermeintliche „Ergänzung" Sozialwis-

Eine wichtige Voraussetzung, wie ein Lachen als Reaktion auf die dargestellten Vorgänge gedacht werden kann, ist damit definiert. Es ist untrennbar verbunden mit dem Einverständnis, das zum Einen die Sicherheit des Standpunkts verbürgt und zielt zum Anderen primär auf den Intellekt.[286] Der Rezipient weiß sich mit dem Autor und seinen Stücken einig und feiert diese Übereinstimmung im kollektiven Gelächter derer, die es besser wissen.[287] Des Autors analytische Klarheit nachzuvollziehen und zu zementieren, hieß damit auch, sich zu versichern, dass man die gleiche Perspektive einnimmt.

Dieses Verständnis des Rezipienten, das sich dem Kritikbegriff des Autors verpflichtet und es gleichsam fortzuschreiben versucht, setzt also zwei Dinge voraus: erstens, dass der Autor in seinen Stücken Erkenntnisse zur Sprache bringt (und dies auch explizit bringen wollte) und zweitens, dass diese Erkenntnisse durch uns nachvollzieh- und formulierbar sind.

Von der Formulierbarkeit dieser Erkenntnisse und der Redeweise, deren sie sich, unter Berufung auf den Autor selbst, bedient, soll im Folgenden die Rede sein.

---

senschaften – besser über die von Horváth dargestellte Zeit informiert sind als er selbst. Darauf weist u.a. Stefan Kaszynski, Horváths Poetik des Destruktiven, a.a.O., 324, hin.

[286] Vgl. Berger, Erlösendes Lachen, a.a.O., 36 und 159, wonach das intellektuelle Moment immer eine grundsätzliche Rolle bei der komischen Erfahrung spielt. Zugleich spiegelt sich hierin Bergsons Erfahrung von der „Anästhesie des Herzens": die Empfindungslosigkeit gegenüber den Ausgelachten scheint in der Tat total. Auch von der dabei evozierten Kälte wird die Rede sein.

[287] Zum sozio-positiven Moment des Lachens vgl. erneut Berger, Erlösendes Lachen, a.a.O., 26 und die in der Einleitung formulierte Rücksicht auf Bergson, wonach Lachen immer eine soziale Geste ist, die den Verlachten ausgrenzt oder umgekehrt den Ausgegrenzten verlacht.

1.2.2. Kritische Terminologie: Vom richtigen Reden übers falsche

Der Versuch, die Interpretation der Horváthschen Volksstücke auf eine der Autoren- und Werksintention angemessene Aussage abzustimmen, führte letztlich immer dazu, dass in ihnen ein Gehalt festgestellt wurde, der sich am besten in einer sozialwissenschaftlich inspirierten Begrifflichkeit fassen und beschreiben ließ.

Nach Meinrad Pichler[288] kann und muss der Interpret sogar die gewonnene Erkenntnis auf eine andere Weise als der Autor und anders als in den Stücken wiedergegeben artikulieren, um sie adäquat zu begreifen.[289] Er wirft dabei sowohl seinen Erfahrungsvorsprung als auch die fortgeschrittene Entwicklung in der wissenschaftlichen Methodik in die Waagschale, indem er sich einer Begrifflichkeit zu bedienen vermag, in der die Erkenntnisse über die Ursprünge des defizitären Redens vorgetragen und gleichsam systematisiert und auf ein theoretisch angemesseneres Niveau gehoben werden. So verweisen die Arbeiten Gerhard Melzers, Hartmut Scheibles und anderer[290] nicht nur permanent auf historische Studien, die sich dem genannten Kontext auf sozial-, geschichts- oder

---

[288] Der Name Meinrad Pichlers steht in diesem Zusammenhang nur exemplarisch für eine weit verbreitete und beinahe an allen Horváth-Studien abzulesende Haltung. Dass gerade der Name Pichlers in diesem Zusammenhang des Öfteren fällt, hängt vor allem damit zusammen, dass er gerade den Zusammenhang von den Dramen Ödön von Horváths mit den „Aussagen der historischen Sozialwissenschaften", a.a.O., zum Gegenstand seiner Untersuchung macht.

[289] Selbst wenn ich zugestehe, der Autor habe es nicht bewusst gewusst, so muss ich zumindest davon ausgehen, er habe es intuitiv richtig erfasst, wie das durch die analytischen Belege fundierte Ergebnis ja beweist.

[290] So z.B. Gerhard Melzer, Das Phänomen des Tragikomischen, a.a.O., Johanna Bossinade, Eros Thanatos, a.a.O. (auch in: Vom Kleinbürger zum Menschen, a.a.O.) und Hartmut Scheible, Verschollene Bürgerlichkeit, a.a.O., vgl. a. Nolting, Der totale Jargon, a.a.O., 125, wonach nicht die Phrase selbst kritisiert werden könne, sondern nur der Mechanismus ihrer individualität-raubenden Veröffentlichung. Sie alle beanspruchen für ihre Arbeiten, die Fixierung auf den historischen Hintergrund als Erklärungsmodell für die Stücke gerade zu vermeiden, indem sie den sprachlichen Versatzstücken nicht inhaltlich begegnen. Beim Versuch, nach den *Ursachen* und Bedingungen des Sprechens zu forschen, rufen sie jedoch – entgegen ihrem ausdrücklichen Wollen – zuerst den Kontext „Weimar" auf, um eine „Stimmigkeit" der Horváthschen Volksstücke zu beweisen. Damit verfallen sie immer wieder auf eben diesen Hintergrund, der ihrer Darstellung als Vorlage dienen muss. Auch bleibt die Intention eine wichtige Kategorie dieser Lesart, da sie, ob als die des Autors oder die der Stücke, den Standpunkt markiert, von dem aus die Wirklichkeit adäquat erfasst werden soll.

kulturwissenschaftliche Weise nähern, sie adaptieren dabei auch deren Vokabular.[291]
Aus demselben Grund zieht auch Horst Jarka bezüglich des Kitscherlebens der Horváthschen Figuren immer wieder die Arbeit von Ludwig Giesz[292] heran, die des Dichters Einsichten bestätigten und ergänzten[293] und diese angemessen zu formulieren und damit zu fassen halfen. Auch Martin Hell fasst seine Thesen mit Rücksicht auf Siegfried Kracauers „Kult der Zerstreuung"[294] und folgt ihm dabei auch stilistisch.
Dies sei nun nicht nur nötig, sondern überdies gar im Sinne Horváths[295], wodurch dieses Verfahren nicht nur seine Berechtigung, sondern eine Legitimation von „höchster Stelle" erfährt: hatte doch der Autor selbst diese Vorgehensweise mit seiner Poetologie nahegelegt und gestattet. Konsequent zu Ende gedacht allerdings ist nach dieser Logik Adorno der bessere Horváth.

Ausgehend von der ursprünglichen Fragestellung ist mit dieser Verständigung aber vor allem eines geschafft: der Autor und seine Rezipienten befinden sich fortan auf gleicher Augenhöhe. Die im Hinblick auf Horváths Intention benutzte Terminologie dient als Rückversicherung dafür, dass beide jeweils den gleichen Abstand zu den vorgeführten Phänomenen einnehmen und sie aus der gleichen Perspektive betrachten.
Zusätzlich – und das ist vielleicht noch wichtiger – erlangt die Lektüre Horváths hierdurch den Nimbus der Unbestechlichkeit, indem sie auf diesem Wege die Kategorien „richtig" und „falsch" mit ins Spiel bringt, die fortan den Interpretationsspielraum streng eingrenzen.
Explizit Jürgen Schröder macht die Adäquatheit der Horváthschen Stükke (als Resultat der Recherche des Autors) zum Qualitätsmerkmal der „Lehrerin von Regensburg"[296], womit im Übrigen auch die Kräftever-

---

[291] Diese „Notwendigkeit" manifestiert sich in der Praxis darin, zur Interpretation der Stücke vorwiegend solche Werke zu zitieren. Am deutlichsten wird auch dies wiederum bei Axel Fritz, Ödön von Horváth als Kritiker seiner Zeit, 1973, a.a.O., dessen Anmerkungen sich zu beinahe zwei Dritteln auf sozialwissenschaftliche Untersuchungen beziehen, vgl. a. erneut die Anmerkung bezüglich des Anhangs zu stmGWW. Auch wo sich die Autoren nicht explizit auf solche Studien beziehen, verweist doch ihre Terminologie auf ein ähnliches Verständnis.

[292] Ludwig Giesz, Phänomenologie des Kitsches. Ein Beitrag zur anthropologischen Ästhetik, Heidelberg 1960.

[293] Horst Jarka, Ödön von Horváth und das Kitschige, a.a.O.

[294] Hell, Kleinbürgerlicher Kunstgenuß, a.a.O., 187.

[295] So explizit z.B. Pichler, Von Aufsteigern und Deklassierten, a.a.O., 76.

[296] Was schon für die – belegte – Lektüre der „Weltbühne" galt, gilt im Grunde für alle von Horváth gestalteten Phänomene des Zeitgeschehens. Da sich die Adäquatheit aber eben nur mittels „außerliterarischen" Materials verifizieren lässt, widmet

hältnisse im Verständigungsprozess zwischen Autor und Rezipient angezeigt werden: „Richtig" ist fortan ein Stück, dessen Motive und Inhalte sich im Rückblick historisch verifizieren lassen (und nicht etwa umgekehrt). Die Lektüre wird also über die Interpretation definiert und die Stücke sind dann am besten, wenn sie dieser am nächsten kommen. Die Beweislast liegt also bei den Werken, die ihre Stimmigkeit gegenüber der Analyse beweisen müssen.
Grundsätzlich aber wird vor allem eine Deutungshoheit eingesetzt, die sich auf ihre Komplizenschaft sowohl mit dem Autor als auch mit den Stücken berufen kann. Sie verpflichten sich jeweils auf eine Haltung, die ihnen die nötige Distanz und Urteilssicherheit verschafft, das Bühnengeschehen auf seine Bedingungen hin zu reflektieren und seinen jeweiligen Gehalt als historische Implikation sichtbar zu machen. Dieser Gehalt ist aufs Engste mit dem historischen Kontext der Stücke verknüpft, dessen Kenntnis noch immer zur Lektüre der Stücke parallel verläuft, beziehungsweise als deren Voraussetzung er betrachtet werden muss.

Im Folgenden soll nun soll gezeigt werden, dass die Sprach- und Interpretationsfähigkeit, in der sich Autor und Rezipient beispielsweise vom Bühnenpersonal unterscheiden, neben dem gleichen Wissensstand und dem gleichen Vokabular drittens auf einem „common sense" beruhen, der mit den Stücken selbst zunächst wenig zu tun hat und in ihnen nur noch seinen Vollzug feiert.

1.2.3. Voraus gesetzt: Das Konsensproblem

Die Komplizenschaft mit dem Autor, deren sich der Rezipient versicherte, konnte zunächst dabei helfen, eine denkbar einfache Frage zu beantworten, nämlich: Warum sollen ausgerechnet die Leser der Horváthschen Stücke „klüger" sein als die dort dargestellten Figuren? Anders als die im Stück vorgeführten Figuren scheint das Publikum in der Lage, sich über diese Bedingungen hinwegzusetzen und sie in Begriffe bannen zu können. Diese Überlegenheit, in der sich der Rezipient als gleichsam „klüger" – als Gegenbegriff zu der von Horváth selbst angeführten „Dummheit"[297] – begreift, resultiert aus der Erkenntnis, die der Rezipient mit dem Autor teilt und einer Meta-Diskurs-Ebene, die die Bedingungen des defizitären Sprechens reflektiert, ohne ihnen selbst zu unterliegen.

Jürgen Schröder eben der Recherche zum Fall der Elly Maldaque einen ganzen Band, um hier den Wissensstand Horváths zu ermitteln, ihn an den Stücken zu überprüfen und vor allem seine Wichtigkeit für die Bearbeitung zu beweisen.

[297] Vgl. erneut das Motto in den „Geschichten aus dem Wiener Wald": „Nichts gibt so sehr das Gefühl der Unendlichkeit als wie die Dummheit"(4,9).

Mit diesem Reflexionsniveau ist ein Ort der höheren Erkenntnis geschaffen, mit dem sich der Leser klar von den Figuren abhebt, die selbst Bildungsjargon sprechen, seinen Sprachmustern unterliegen und nicht in der Lage sind, seine Mechanismen zu durchbrechen.[298]
Das so etablierte Abheben ist damit zugleich immer auch eine Abgrenzung, die sich aus dem gegenseitigen Einverständnis ergibt und sich bewusst wissenschaftlich und unbestechlich gibt, um so diesen Freiraum und den Abstand zu bewahren, von dem aus sich urteilen lässt.
Das Urteil selbst, das von diesem Standpunkt aus dann gefällt wird, ist jedoch nicht so unbestechlich objektiv und wissenschaftlich fundiert, wie behauptet, sondern durch Wertungen geprägt, die selbst nicht unmittelbar aus der scheinbar neutralen Diagnose abgeleitet werden können.
Ein deutliches Indiz hierfür findet sich in dem bereits angesprochenen „Fehlschlagen" von Rezeptionssituationen, wie es etwa bei den von Horst Jarka beschriebenen mitschunkelnden Zuschauern zu beobachten ist, die das „Grauen" hinter der Idylle eben nicht wahrnehmen und sich weiterhin – ganz traditionell – mit den Vorgängen auf der Bühne identifizieren, sich „einfühlen" und die dargestellte „Gemütlichkeit" für bare Münze nehmen.
Die einfachste Begründung für ein solches Misslingen war häufig, es als ein Missverstehen zu deuten.
In der Logik der Komplizenschaft, die sich explizit auf die Begriffspaare „richtig" und „falsch" (die wie gesehen auf eine Alternative von „wahr" und „unwahr" hinauslief) stützte, waren die Fronten bereits so weit geklärt, dass dieses „Fehlverhalten" relativ problemlos als „dumm" abqualifiziert werden konnte. Wer nicht in der Lage war, die gestalteten Vorgänge auf ihre Bedingungen hin zu durchschauen, war eben einfach zu dumm (oder unwissend), die Stücke angemessen wahrzunehmen und die Ursachen des defizitären Sprechens hinreichend zu erfassen. Diese Argumentation freilich unterstreicht die Exklusivität der „richtigen" Lesart, die sich über ihre Richtigkeit als Adäquatheit definiert. Sie bleibt einem recht elitären Kreis vorbehalten, der selbst die (sehr strengen) Spielregeln definiert: in Abgrenzung von „den Anderen", die „die Dummen" sind, offenbart sich auch hier ein gewisses Aggressionspotenzial.
Wenn nun angesichts des „Fehlverhaltens" einiger Zuschauer nicht der aufklärerische Impuls an sich in Frage gestellt werden muss, so enthält die Abqualifizierung von „dummen" Rezipienten doch zumindest eine Relativierung der Entfaltung des kognitiven Gehalts. In jedem Fall zeigt

---

298 Die in diesem Zusammenhang spannende Frage, ob dementsprechend die Figuren, einmal in Besitz eines vergleichbaren Wissens gelangt, aufhören würden, ihren Bildungsjargon zu sprechen, wird in Abschnitt III.3 diskutiert.

sich, dass er sich (auch bei – mit Rücksicht auf die objektive Lage – „richtiger" Verwendung der Stilmittel) nicht automatisch einstellt und es – wenn man von intellektuellem Unvermögen als Ursache einmal absieht – noch einen anderen Punkt jenseits des „reinen" Verstehens geben muss, an dem eine Übereinkunft zwingend Voraussetzung ist.
Diese Übereinkunft hängt zusammen mit der vermeintlichen Objektivität der Diagnose, die, wie im Zusammenhang mit der Tendenz der Fragestellung bereits feststellbar war, keineswegs völlig interesselos ist und immer auch eine einvernehmliche Bewertung der „Sachlage" beinhaltete. Mit diesen Wertungen war auch der Rekurs auf die Objektivität immer durchsetzt.
Bereits bei Jürgen Schröder war zu sehen, dass die Interpretation der Stücke immer einer Theorie verpflichtet war, an der diese sich messen lassen müssen. Die Unterscheidung von „dumm" und „klug" war damit immer gleichsam automatisch den Alternativen von „richtig" und „falsch" und „wahr" und „unwahr" verpflichtet. Letztlich aber konnte diese Gegenüberstellung – entgegen ihrem eigenen Anspruch – nicht allein durch die Objektivität, die Autor und Rezipient anstrebten, begründet werden. Es flossen immer auch Wertungen und Urteile bereits von vornherein mit ein, beispielsweise die Denunzierung von Verhaltensweisen als feig, unaufrichtig oder gar verlogen oder die Behauptung, dass die Gemütlichkeit und scheinbare Idylle per se eine Keimzelle von Brutalität, Gewalt und Faschismus seien.[299]
Werden diese Grundeinstellungen, die nur bedingt objektiv messbar sind, nun nicht geteilt, entsteht ebenfalls eine „misslungene" Rezeptionssituation, in der zwar der Zuschauer nicht zwangsläufig unfähig (sprich: zu dumm oder zu unwissend) ist, die Ursachen der Vorgänge zu reflektieren. Seine Reaktion wäre dann (wenn auch im obigen Sinne nicht weniger „falsch") nicht von Unverständnis und Ignoranz geprägt, sondern er würde – unter klarem Erkennen der Tendenz – den Autor als „Nestbeschmutzer" und Nihilisten denunzieren.[300]

---

299 Diese Bewertung stand natürlich ganz im Zeichen der gesellschaftspolitisch inspirierten Rezeptionssituation und der ihr zugrundeliegenden Fragestellung. Die vermeintlich vollständige Objektivität der Analyse ist damit jedoch ihrerseits bereits mit Wertungen durchsetzt und durch einen bestimmten Wertekanon geprägt. Dementsprechend wurden die Angriffe des Autors von den Zeitgenossen, die sich ihm nicht anschließen mochten, als Angriff auf ein bestehendes Wertesystem begriffen; ein Wertesystem, das der Autor selbst für überkommen, marode und verlogen erachtete. Teilt man diese Ansicht nicht, so misslingt die Rezeption und es regt sich Widerstand, vgl. etwa Jarka, Zur Horváth-Rezeption 1929-1938, a.a.O., 168.

300 In ironisierender Form gibt es diese Denunziation einmal innerhalb des Stückes „Rund um den Kongreß" als der „Mann aus dem Publikum" gegen den tragischen Ausgang protestiert und „seine" Posse einfordert. Im Zusammenhang mit der Frage nach einer möglichen Gegenrede werde ich in Abschnitt III.3 nochmals auf diese

Mit dieser Relativierung soll keine Lanze für die völlige Beliebigkeit der Interpretation gebrochen werden, aber es wird zumindest deutlich, dass sich die reine Abqualifizierung nach dem Muster von richtig und falsch nicht in dem Maße auf objektive Erkenntnisse stützen kann, wie sie es gerne möchte.
Sie setzt vielmehr immer ein gewisses Maß an „common sense" voraus.[301] Dieser „common sense" bezieht sich nicht nur auf die Wertung, er entfaltet sich bereits auf lebensweltlicher Ebene. Neben einem gemeinsamen Wertekanon ist besonders letztere die Voraussetzung dafür, dass eine Textintention als solche überhaupt wahrgenommen werden kann. Oder, negativ formuliert: ohne jedweden Bezug zur im Text vorgestellten Lebenswelt und ihren Bezug zur Textintention, ist es schlechterdings unmöglich, nachzuvollziehen, ob es sich um einen ernstgemeinten Text oder eine Parodie handelt. Vielleicht liegt hierin auch ein Grund für die schwierige Übersetzbarkeit der Horváthschen Stücke, die bislang immer in den Zwischentönen und der idiomatischen Färbung gesehen wurde.[302]
Natürlich stimmt das, was über das defizitäre Reden und den Zusammenhang mit dem Faschismus gesagt wurde und es konnte sich ja auch auf Wissenschaft stützen und somit – so weit das auf diesem Wege möglich ist – bewiesen werden. Aber es waren eben immer auch ein Stück Haltung, Urteil und Bewertung vonnöten, um sich überhaupt auf eine solche Auseinandersetzung ernsthaft einzulassen und danach zu einer Übereinstimmung zu gelangen.

Frage zurückkommen. Von deutschnationaler und später natürlich nationalsozialistischer Seite wurden diese Vorwürfe des Nihilisten und Nestbeschmutzers ganz real erhoben – und in der „kämpferischen" Auseinandersetzung vom Autor auch gerne entgegengenommen.

301 Bezogen auf die lebensweltliche Verankerung des Witzes vgl. auch Berger, Erlösendes Lachen, a.a.O., 186, hier formuliert mit Rücksicht auf Joachim Ritter, wonach man nicht über Witze lachen kann, deren Lebenswelt man nicht teilt. Berger glaubt zwar weiterhin an die erzieherische Wirkung der Satire, da eine gleiche Meinung im Vorfeld nicht nötig sei; eine ähnliche Lebenswelt und ein vergleichbarer sozialer Kontext zwischen Autor und Publikum seien jedoch zwingend Voraussetzung, um überhaupt zu einer Verständigung zu kommen.

302 Möglicherweise ist es gerade der fehlende Referenzrahmen, der es beispielsweise einem Amerikaner unmöglich macht zu verstehen, was denn nun an den Stücken ironisch, parodistisch oder satirisch sein soll. Zum Problem der Übersetzbarkeit vgl. Johanna Bossinade, Das Dilemma des „wertvollen Weibes". Zu einer Text- und Übersetzungsschwierigkeit in Horváths „Kasimir und Karoline", in: Ars & Ingenium. Studien zum Übersetzen. Festgabe für Frans Stokc zum 60.Geburtstag, hg. v. H. Ester u.a., Amsterdam 1983, 277-306 und Hubert Orlowski, Ödön von Horváths Sprachgestus als Übersetzungsproblem, in: Horváth-Diskussion, 111-123.

Der Horváthsche Humor kann sich also nur entfalten, wenn zwei Prämissen erfüllt sind: zwischen dem Autor und seiner Leserschaft musste zunächst ein vergleichbares Niveau der Einsicht angenommen (und gegebenenfalls sogar konstruiert) werden, das sich über eine identische (kritische) Intention und über das gemeinsame Interesse an der gleichen Thematik bestätigen ließ. Neben dieser gemeinsamen Zielsetzung war aber auch eine vergleichbare Tendenz in der Bewertung der Diagnose zwingend Voraussetzung.[303] In der gelungenen Rezeption, die sowohl ein richtiges Verstehen als auch ein richtiges Beurteilen war, konnte man sich nun gegenseitig der Überlegenheit versichern, die in dieser Lesart impliziert war. Man befand sich auf gleicher Augenhöhe und konnte sich auf diesem Niveau verständigen.

Damit ist auch die Frage beantwortet, wie Wissen und Haltung sich gemeinsam zu einem Standpunkt verdichten, den der Autor ursprünglich für sich beansprucht, den er in seinen Stücken geltend macht und der von den Interpreten nachvollzogen und – im Lichte der Geschichte – „verbessert" wurde. Deutlich ist damit auch, wer – im Sinne der Ausgangsfrage – die Witze macht und wer mit welcher Berechtigung zu lachen glaubt. Sowohl die „Technik" der Hervorbringung als auch der Standpunkt, der noch zu scherzen erlaubt, sind aus dieser Perspektive zu verstehen, aus der sich auch erschließt, warum überhaupt noch Witze verwendet werden und wie sie zu verstehen sind, oder besser: verstanden werden sollen.

Wenn damit auch noch nicht ihr Stocken erklärt ist, so sind zumindest die Voraussetzungen des Tonfalls bestimmt. Im Folgenden wird es deshalb zunächst darum gehen, diesen Tonfall zu beschreiben und zu hinterfragen, wie die Stücke „gemeint" sind und wie sie sich zu diesem „Meinen" verhalten. Was bedeuten die Verpflichtung auf Sachlichkeit, Exklusivität des Standpunkts und die vermeintlich aufklärerische Tendenz für das Lachen? Ist es tatsächlich ein kollektives (Aus-)lachen, auf das man sich einlassen muss? Trägt es damit auch Spuren von Spott und Hohn? Und wie verhält es sich zur Satire?

Über den letztlich schrillen Ton, der auf ein Misslingen hinweist, müssen auch hier noch Zweifel angemeldet werden, die zum Einen auf einen Grundwiderspruch der Satire an sich zurückzuführen sind, zum Anderen aber auch einen der intentionalen Logik inhärenten Widerspruch

---

303 Diese Bewertung ändert sich natürlich im Lichte der Geschichte und war deshalb für den Autor im Vergleich zur Entstehungszeit der Volksstücke nach 1933 eine andere und auch die Einschätzung der Literaturwissenschaft erfolgt vor einem anderen Erfahrungshintergrund. Dies wird zum Einen hinsichtlich des Reaktionsverhaltens, d.h. des Lachens und der Frage, in wie weit alles noch zum Lachen sei, eine Rolle spielen, zum Anderen aber auch für den Autor selbst und seine veränderte Poetologie nach 1933.

austragen, der daraus resultiert, dass sich das Einverständnis zwischen Autor und Rezipient auf einer Ebene abspielt, die nicht wirklich dialogisch ist. Der Einklang beruht auf Prämissen, die jenseits einer vermeintlichen Objektivität anzusiedeln sind. Wenn der reklamierte Standpunkt dazu führt, dass ich in den Stücken doch nur etwas vorfinde, was von vornherein schon da war und eine Übereinstimmung nicht erzeugt, sondern eine solche stattdessen im Vorfeld voraussetzt, lässt sich bereits jetzt ermessen, wie wenig aussagekräftig er letztlich ist. Dem hieraus resultierenden Verdacht der Tautologie, die ihrerseits nur noch sterile Witze entstehen lässt, soll deshalb nachgegangen werden.
Dabei sind es erneut die Zwischentöne, die darauf hinweisen, dass es neben dem inhaltlichen („die Lage“) noch einen formalen Grund geben wird, der das Lachen zum Stocken bringt und eine satirische Lesart bestreitet. Und anders als des Autors Rekurs auf die zeitgeschichtliche Aktualität vollzieht sich dieser Einspruch von ihm unbemerkt.
Zunächst jedoch sollen die komischen Effekte als Resultat der kritischen „Gulliverperspektive“ beschrieben und eingeordnet werden.

2. Trotz alledem? Die Lage ist hoffnungslos aber nicht ernst: Humor beginnt zwei Meter vom Körper entfernt

„Ein gewisser Zynismus erhält aufrecht"
Oskar Maria Graf

Der Stil Horváths war geprägt von Sachlichkeit, dem Streben nach Objektivität und einer (hieraus abgeleiteten) Souveränität.
Die reklamierte Überlegenheit resultierte aus einem Wissens- und Kenntnisvorsprung, der per se eine gewisse Distanzierung gegenüber seinem Gegenstand zur Voraussetzung hatte. Diese Distanziertheit war im Gefolge des Hangs zur Sachlichkeit immer vor allem eine intellektuelle Distanz, die es ermöglichte, sich die beobachteten Vorgänge (konkret die „heutigen Menschen"), die als Hauptgegenstand der Dichtung anzusehen waren, ein Stück weit vom Leibe zu halten.
Dabei war sie aber nicht nur eine diesem Ursprung verpflichtete Folgeerscheinung, sie wurde durch die Form der Darstellung zugleich verschärft und perpetuiert. Nicht nur „die Lage" selbst, auch die Werke selbst verloren im Zuge dessen ihre Unmittelbarkeit; auch sie bewegten sich, in Abwandlung eines Wortes Walter Benjamins, künftig „zwei Meter vom Körper entfernt". Diese Polarisierung und die „Gulliver-Perspektive" erzeugen eine so extreme Distanz zu den Vorgängen, dass sie die Darstellung zu einem permanenten Gang auf des Messers Schneide geraten lassen. Dieser Abstand hat Auswirkungen auf den Humor und seine Zielrichtung und ist wesentlich für den Tonfall des Dramas verantwortlich.

So wie das aufklärerische Denken im Allgemeinen und das objektive Wissen im Besonderen ihrem Ursprung nach „Waffencharakter" besitzen[304], so konnte auch der Witz bei Horváth als Waffe im Dienst der Aufklärung begriffen werden.
Freilich war hier – insbesondere im Vergleich zu Nestroy – in der Darstellung ein größeres Maß an Drastik gefordert, das sich aus der des Gegenstandes selbst herleitet. Hier ging es nicht mehr um allgemein Menschliches, liebenswerte Schwächen oder um Situationskomik; ihm ging es vielmehr um das große gesellschaftliche Ganze, angesichts dessen Zustandes Neutralität nicht mehr möglich ist. Horváth polarisiert deshalb in seiner Darstellung und zwar derart, dass es sich verbietet, keine Stellung zu den Vorgängen zu beziehen und fordert zu einem Urteil heraus, wobei er selbst vermeintlich keinen Zweifel lässt, auf welcher

[304] Vgl. Sloterdijk, Kritik der zynischen Vernunft, a.a.O., 641.

Seite er (und seine Stücke) stehen. Eine so verstandene Aufklärung duldet ihrem Wesen nach keine halben Positionen und keine Neutralität. Wichtigste Voraussetzung dafür war der „kalte Blick" des Neugierigen, der es erst ermöglichte, nicht selbst von den Vorgängen betroffen zu sein. Dies bedeutete bei Horváth immer auch ein (exklusives) Sich-Abschotten, in dem sowohl der Autor als auch der Leser in der Rolle des interesselosen Beobachters blieben. Diese Distanz zum Beobachtungsgegenstand war aus der Intellektualität geboren, die unverwundbar machte.

Dass der „Objektivitätsfimmel" zugleich eine konsequente Verdinglichung der Subjekte bedeutet, verschärft den Kampf nur noch und lässt ihn zur offenen Schlacht geraten, in der final gerichtet und abgeurteilt wird. Ihr Gestus der Überlegenheit ist dabei kalt und teilnahmslos, interesselos, bestimmend und beherrschend.[305] Und so ist auch ihr Lachen: kalt, weil es kein Mitleid kennt; ein Lachen der „schwarzen Sachlichkeit"[306].

Ein wesentliches Merkmal der Satire wäre damit erfüllt, freilich unter stärkster Betonung ihres kämpferischen und aggressiven Charakters und ihrer Boshaftigkeit, die fortan in den Mittelpunkt rücken.[307] Ihr Lachen ist dann das Auslachen, das nichts weniger herzhaft sein könnte und für das es in der Literatur ja auch zahlreiche Beispiele gibt.

Unter den skizzierten Voraussetzungen schafft der Autor sich und seinen Stücken eine Insel, wo man glaubt, noch lachen zu können, lachen über das „abgenutzte Typenarsenal"[308], spießige Kleinbürger und verkrachte Existenzen, die sich in ihrem Dasein abstrampeln und denen der Erfolg verwehrt bleibt, da sie – anders als der Autor und das Publikum, das sich auf seine Seite geschlagen hat – nicht in der Lage sind, die Voraussetzungen ihrer eigenen Existenz zu reflektieren.

Betrachtet man etwa das Gehabe eines Stadtrats Ammetsberger in „Italienische Nacht", das kriecherische Verhalten eines Schürzinger in „Kasimir und Karoline" oder die Blasiertheit einer Frau Amtsgerichtsrat in

---

305 Vgl. Max Horkheimer und Theodor W. Adorno, Dialektik der Aufklärung, in: Max Horkheimer, Gesammelte Schriften Band 5: „Dialektik der Aufklärung" und Schriften 1940-1950, herausgegeben von Alfred Schmidt und Gunzelin Schmid Noerr, Ffm 1987. „Aufgeklärt" beschreibt hier eine Haltung, die durch die Objektivierung den Dingen notwendigerweise Gewalt antut. Peter Sloterdijk bezieht sich auf einen ganz ähnlichen Aufklärungsbegriff, wenn er anmerkt, dass der Aufklärung der Gegner zum Fall wird, über den man reden muss wenn mit ihm reden nicht mehr möglich ist, Sloterdijk, Kritik der zynischen Vernunft, a.a.O., 53.

306 Grimm, Neuer Humor, a.a.O., 119.

307 Vgl. Berger, Erlösendes Lachen, a.a.O., 185, wonach Satire per se boshaft und eine gütige Satire per definitionem nicht denkbar sei.

308 Hansjörg Schneider, Der Kampf zwischen Individuum und Gesellschaft, a.a.O., 60.

„Glaube Liebe Hoffnung" – die Reihe der schlechten Eigenschaften, die mit der Technik des Witzes entlarvt werden, ließe sich beliebig fortsetzen –, so können die Witze durchaus als solche wahrgenommen und es kann gelacht werden, ähnlich gelacht, wie das Publikum Nestroys lacht. Hier folgte Horváth formal noch seinem Vorgänger, doch ist der Unterton deutlich aggressiver geworden. Denn was sich diesem Lachen offenbart, ist allemal krasser, bis hin zu an manchen Stellen regelrecht widerlicher als das, was man bei Nestroy sieht; es ist gefährlicher und geschieht aus schlechteren Gründen, weshalb der Augenschein bisweilen überzeichnet und verzerrt werden musste, um die Sachlage überhaupt angemessen einfangen zu können. Wo Nestroy – bei allen „Spitzen" – noch im Einklang mit und für sein Publikum schrieb, schreibt Horváth im Zweifelsfalle auch dagegen, wenn die Verhärtung der Fronten es erfordert. Schließlich geht es um die Sache, oder, in seinen Worten, „die Wahrheit"(11,218).

Dies hat zur Folge, dass – mit Rücksicht auf den bisweilen etwas bizarren Humor und die Neigung zum Grotesken, die dem Autor persönlich zugeschrieben wurden (und Spuren der Grotesken fanden sich wie gesehen ja zuhauf in seinem Werk) – es durchaus vorstellbar ist, dass man unter diesem Blickwinkel seinen Spaß an den dargestellten Vorgängen hat: ein Spaß, der sich entfaltet beim Blick ins Abnormitätenkabinett, geworfen aus der Gewissheit, auf Nummer Sicher zu gehen und einen gebührenden Sicherheitsabstand zu wahren.

Dieser Abstand korrespondierte wie gesehen immer mit einem Gefühl der Macht und der daraus resultierenden intellektuellen Überlegenheit, die die Dinge beherrschbar macht. Im Stadium dieser „reinen" Intellektualität geht tatsächlich keinerlei Bedrohung von einzelnen Faschisten, wie dem in „Italienische Nacht" oder Erich in den „Geschichten aus dem Wiener Wald" aus und man kann sich über sie lustig machen, weil weder persönlich noch gesamtgesellschaftlich eine Gefahr von ihnen ausgeht – solange es noch Nischen gibt, in denen sich so schreiben lässt. Von hier aus konnte man sie sich buchstäblich vom Leib schreiben. Gelacht wird über etwas, das im Grunde bereits im Vorfeld bekannt ist und jetzt „lediglich" in Szene gesetzt und visualisiert wird. Die Freude, die dabei aufkommt, kann denn auch kaum anders denn als Schadenfreude bezeichnet werden.

Aber noch eine andere Form der Freude lässt diese Perspektive zu: die, die konstitutive Überlegenheit auszunutzen und auszuspielen, indem man entweder das Publikum auf die falsche Fährte führt und damit „reinlegt" oder die Figuren in Situationen bringt, denen sie nicht gewachsen sind. Eine gewisse Lust an der Erkenntnis (die Freude des Besserwissens) und der Irreführung sind also durchaus vorstellbar, jedoch erneut nur unter der Voraussetzung (und um den Preis), selbst von den Vorgängen nicht betroffen zu sein.

Dass von dieser „Lust", von dieser „Freude" allerdings keine wirklich befreiende Wirkung mehr ausgeht, liegt nun nicht zuletzt daran, dass sich durch die vermeintliche Demaskierung und den reklamierten Erkenntnisgewinn nichts ändert, ein solcher Anspruch aber immer noch formal eingeschrieben ist.

Neben dem traditionellen Anspruch auf Besserung[309], der sich aus der Gattungsvorgabe herleitet, ist auch der aufklärerische Gedanke im Kern ein Prozess des Fortschritts als Verbesserung. Insofern waren beide, der Anspruch auf Veränderung wie auch der Wille aufzuklären, klar zu dokumentieren; beide waren ursprünglich auch bei Horváth untrennbar miteinander verbunden. Zwar konnte einer der wenigen konkreten Hinweise zum Läuterungsprozess, der Hinweis, es solle eine „Störung der Mordgefühle" (11,218) bewirkt werden, letztlich nicht genauer spezifiziert werden, doch war zumindest klar, dass der aufklärerische Ansatz kein Selbstzweck war, sondern sich vor allem auf individualpsychologischer Seite entfalten sollte. Wo nun dieser Anspruch formal durch die vielfache Verwendung der entsprechenden „Technik" immer wieder erhoben wird, so wird er doch letztlich nicht eingelöst.

Bereits innerhalb der Stücke wird er durch eine Handlungsführung unterlaufen, die eine Besserung nicht nur sich nicht ereignen lässt, sondern ihr Scheitern geradezu demonstriert. Insofern handelt es sich von Anfang an um einen Kampf, der nicht gewonnen werden kann. Der Fatalismus, wie er aus der Enge und der kreisförmigen Struktur zum Beispiel resultiert, ist ein Eingeständnis der Resignation und in jedem Fall der faktisch sich vollziehende Abschied vom Willen zur Veränderung.

Auch ein rezeptionsästhetischer Ansatz vermochte die vermeintliche Perspektivlosigkeit nicht schlüssig zu retten, denn die mutmaßliche „Lösung", die dem Zuschauer – etwa wie im „Guten Mensch von Sezuan"[310] – zu suchen blieb, stand im Grunde bereits vorher fest. Der Meta-Diskurs, mit dem der Zuschauer sich über die Vorgänge erhebt und (mehr und besser) versteht, war nämlich keineswegs objektiv und vorurteilsfrei, da er einen wesentlichen Konsens bereits voraussetzte, um sich überhaupt entfalten zu können. Mit einer freien Entfaltung, einer objektiven Freisetzung von Erkenntnis hat dies letztlich wenig zu tun. Der kommunikative Charakter blieb auf eine fest definierte Gruppe begrenzt, weshalb auch der aufklärerische Anspruch in der Praxis relati-

---

309 Vgl. Kap. II.3, wonach die Besserung im Volksstück sich in der Regel als Läuterung vollzieht.

310 „Verehrtes Publikum, los, such dir selbst den Schluß!
Es muß ein guter da sein, muß, muß, muß!"
Bertolt Brecht, Der gute Mensch von Sezuan, Ffm 1964, 144.

viert werden muss. Dass eine satirische Perspektive zu Einsichten führen kann, muss auch von hier aus zumindest für Horváth bezweifelt werden. Das Misslingen einer Auflösung offenbart den Grundwiderspruch zwischen dem Anspruch, aufklären und damit verändern zu wollen und der „Einbahnstrasse" und dem Geltungsanspruch der eigenen Perspektive, der nur noch Zirkelschlüsse zulässt. Und genau diese Diskrepanz zwischen einem formalen Anspruch auf Veränderung und dieser stückimmanenten Einschränkung[311] führt dazu, dass das Lachen seinen befreienden Charakter verliert.

Die Akzente haben sich fortan insofern verschoben, als der Humor auch und gerade dann, wenn er pointiert und dadurch scheinbar überzeugen will, eher zur Stärkung und Zementierung der eigenen Position eingesetzt wird denn zur Überzeugung vermeintlicher weltanschaulicher Gegner. Er ist nur noch formal kämpferisch (und muss gerade deshalb die kämpferische Attitüde umso nachdrücklicher demonstrieren), hat dabei aber seinen „Gegner" in Wirklichkeit längst aus dem Blickfeld verloren. Statt zu verändern geht es nur mehr darum, die eigene Haltung und Einsicht zu feiern, zu richten, Urteile zu vollstrecken und andere auszulachen (und damit auszugrenzen), anstatt sie zu überzeugen. Diese Form der Ideologiekritik hat sich zurückgezogen auf eine eisige Höhe, die sich vom Dialog verabschiedet hat und nurmehr spotten will. Wo man hier noch von Freude sprechen kann, handelt es sich um ein Sicherfreuen am eigenen Standpunkt. Diese Freude aber ist statisch und steril, indem sie einen Grundwiderspruch des Satirischen – überzeugen zu wollen, dabei aber einen gewissen Konsens unausgesprochen vorauszusetzen – offenlegt und ihn durch ein Mehr an Wissen zu sichern versucht, das unangreifbar macht. Dieses wird nun zur einzig möglichen Voraussetzungen des Lachens, das ob seiner Sterilität aber letztlich einen schrillen Beiklang hat. Ihm fehlt die Resonanz des Gegenstandes, von dem es sich längst entkoppelt hat. Es ist nicht nur die Verpflichtung auf die Sachlichkeit, die dieses Lachen eisig macht; auch die Tatsache, dass man nur unter bestimmten Voraussetzungen an ihm teilhaben kann, verlagert es an einen einsamen Ort. Von dort aus versucht es, die Erkenntnis zu übertönen, dass es nichts zu lachen gibt. Der Glaube, sich ein Lachen leisten zu können, musste quasi extra laut herbeigelacht werden. Diese Form von sich selbst erfüllender Prophezeiung ist eine reine Kopfgeburt.

Dass den Stücken mit der eingeschriebenen (künstlichen) Distanz auch die Wärme verlorengeht, hat umgekehrt zur Folge, dass durch die be-

311 Es gibt noch weitere Einschränkungen, die nicht aus der Logik der Darstellung, sondern aus der dramatischen Form selbst herzuleiten sind, letztlich aber den gleichen Effekt haben und die Sprachfähigkeit und Deutungshoheit des Rezipienten einschränken, s. dazu III.3.

wusste Kälte in der Inszenierung die Moral als relevantes Kriterium zum Verständnis verlorengeht. Wenn Peter Sloterdijk davon spricht, dass die Kälte des Zynikers der (eigenen) Betäubung angesichts der Amoralität der Welt diene[312], so bedeutet dies auch, sich von ihr zu befreien, indem man sie für überflüssig erklärt. Überflüssig, weil sie kein hinreichendes Kriterium zur Erfassung der Wirklichkeit war – sie stand vielmehr im Verruf der Sentimentalität[313] – und sei damit auch gar nicht nötig. Als Folie für eine satirische Betrachtung kann *sie* deshalb nicht mehr dienen[314], so dass man allenfalls von einer Form der Satire sprechen kann, der das Positive fehlt. Die – nicht näher bestimmte – „Wahrheit" war Fixpunkt genug; darüber hinaus Stellung zu beziehen, erübrigt sich. Solcherart schreiben die Stücke vorwiegend *gegen* etwas und es erübrigt sich ebenfalls, *für* etwas zu schreiben. Die „reine" Diagnose selbst war zielführend genug und gleichsam das höchste Gut, das durch einen moralischen Standpunkt nicht verwässert werden brauchte oder gar durfte, sondern die vielmehr selbst in den Rang eines moralischen Maßstabs erhoben wurde. Gemäß dem eigenen Selbstverständnis ist der Autor Nichts und Niemandem als der Wahrheit verpflichtet, was ihm selbst immer als Zeichen der Unbestechlichkeit galt. Diese wird schonungslos offengelegt – sei sie nun verkitscht, brutal, faschistoid oder gar letztlich tödlich – ohne dass ihr ein wie auch immer gestalteter Gegenentwurf angehängt wäre, der sich als Alternative anböte.

Der wahre Wert einer „reinen" Diagnose, beziehungsweise ihre Konsistenz wird sich später zeigen, wenn sie den selbst geschaffenen Luxus der künstlichen Distanz verliert und sich die Frage stellt, ob das Lachen auch einer ungeschminkten, unmittelbaren Wirklichkeitserfahrung noch standhält. Dass die Diagnose – entgegen ihrer souveränen Attitüde – sich nicht immer selbst genug ist, klang schon durch die Schrillheit des Gelächters an, das nicht alle krisenhaften Symptome zu überdecken vermag und wird durch einen ironischen Unterton noch unterstrichen. Die viel

---

312 Sloterdijk, Kritik der zynischen Vernunft, a.a.O., 740.

313 Vgl. hierzu erneut die Aussage Horváths in „Fiume, Belgrad, Budapest, Preßburg, Wien, München" von 1929: „Ich habe keine Heimat und leide natürlich nicht darunter, sondern freue mich meiner Heimatlosigkeit, denn sie befreit mich von einer unnötigen Sentimentalität" (11,184).

314 Vgl. den Hinweis Kims, Das Groteske in den Stücken Ödön von Horváths, a.a.O., 15f., wonach mit Rücksicht auf Schiller, für den durch Satire die `Wirklichkeit als Mangel dem Ideal, als der höchste Realität gegenübergestellt´ wird, die Groteske einen Zustand bezeichnet, der die Wirklichkeit nicht mehr als mangelhaft, sondern als restlos pervertiert vorstellt und dem deshalb mit Satire nicht mehr beizukommen ist. Unabhängig davon, ob man die Einschätzung einer restlosen Pervertierung teilt, so ist Kim in jedem Fall darin zuzustimmen, dass hier kein Ideal mehr vorgehalten wird und dementsprechend der Kontrast der klassischen Satire nicht mehr vorliegt.

beschworene „Synthese aus Ernst und Ironie"(11,215 u.ö.) gebraucht diesen Ton zwar weiterhin im Dienste der Entlarvung, Demaskierung und Herabsetzung, relativiert aber zugleich das Gesagte, indem er sich durch den Redemodus ein Stück weit von ihm distanziert.[315] Die Ironie bleibt eine Waffe, aber eine ausschließlich negative; sie greift an, attackiert, aber sie gibt keinen eigenen Standpunkt preis. Insofern ist sie Inbegriff des Kampfes ohne Standpunkt, denn sie ist Ausdruck einer im Grunde hohlen Souveränität, ist „jene hinterhältige Denkfigur"[316], die sich zwar durch Aggressivität auszeichnet[317], sich selbst aber jeder Stellungnahme entzieht und zugleich immer einen Ausweg, ein Hintertürchen offen lässt. Die vermeintliche Unverbindlichkeit des Scherzes dient zugleich als eine Art Deckmantel, quasi als (Pseudo-)Schutzbehauptung: „ist ja gar nicht so (ernst) gemeint." Insofern ist Winfried Nolting zuzustimmen, wenn er anmerkt, Horváth mache „mit der Standpunktlosigkeit moderner Satire ernst"[318].

Wenn in scheinbarem Widerspruch hierzu häufig behauptet wird, Horváth habe sein Schreiben einer strengen Moralität unterworfen, so verkennt dies, dass seine diesbezüglichen Äußerungen zu diesem Thema zu einem deutlich späteren Zeitpunkt entstanden. Die Feststellung etwa, dass „es (...) nur eine wahrhafte Zensur (gibt): das Gewissen! Und das dürfen wir nie verlassen"(11,225), stammt aus dem Jahr 1936 oder 1937. Und auch die Anmerkung von 1935, wonach es „in Berlin immer Sitte (ist) zu fragen: `Gegen wen richtet sich das?´ Man hat nie gefragt `Für wen tritt es ein?´ Das `gegen´ war und ist dort immer wichtiger als das `für´" (11,222) stammt aus einer Zeit, in der das Schreiben und die Stücke Horváths nur noch wenig mit den vier „großen" Volksstücken gemein hatte. Der Widerspruch rührt deshalb nicht aus vermeintlich entgegengesetzten Anschauungen her; angesichts eines vollständig veränderten dramatischen Entwurfs werden hier zwei Konzepte verglichen, die sich nicht vergleichen lassen.[319]

---

315 Vgl. Berger, Erlösendes Lachen, a.a.O., 180, der im Kontext der Ironie Entlarvung, Demaskierung, Herabsetzung verortet. Am Beispiel der ironischen Brechungen konnte in I.1. bereits gezeigt werden, dass dieses Stilmittel zentral bei Horváth ist; auch dort im Zusammenhang mit Distanzierung und Relativierung. In Abschnitt IV wird dieses Thema nochmals aufgegriffen werden.

316 Umberto Eco, Der Name der Rose, München [19]1995, 192.

317 Vgl. Wolf-Dieter Stempel, Ironie als Sprechhandlung, in: Wolfgang Preisendanz u. Rainer Warning (Hg.), Das Komische, München 1976, 205-237, 219.

318 Nolting, Drama des Tonfalls, a.a.O., 126.

319 Auf die Schwierigkeit, einen einheitlichen Moralitätsbegriff über das gesamte Werk anzuwenden, wie es z.B. Jenny oder Bossinade tun, wurde bereits hingewiesen. Wenn sich angesichts unmoralischer Zustände auf der Bühne ein hinterlegter Moralbegriff auch aufzudrängen scheint (hierfür spricht zunächst vor allem die Plausibi-

Zusammenfassend offenbaren sich im Gelächter verschiedene Symptome einer Krise. Seine Schrillheit ist Ausdruck davon, dass das Scheitern der Aufklärung vielleicht erahnt, nicht aber akzeptiert wird und damit übertönt werden muss. Und angesichts der Tatsache, dass der formal weiterhin eingeklagte Erfolg einer Wirkung letztlich ausbleibt, gerät das Lachen zum Lachen des Zynikers[320], der sich von dieser Welt verabschiedet, beziehungsweise an ihr teilzunehmen sich weigert und nurmehr interesselos zu beobachten vorgibt. Der entscheidende Schritt zu einer dem Zynismus ebenfalls innewohnende Lust an der Zerstörung, ihrer Bejahung aber wird nicht gegangen. Hier stehen die Stücke noch buchstäblich auf der Kippe, markieren die Standpunkte eine Grenzsituation.

Ein Humor, der trotzig behauptet, niemanden überzeugen, sondern bloß etwas zeigen zu wollen, zieht sich auf den Standpunkt zurück, anstatt aufzuklären nur noch die Welt lediglich so zu schildern, „wie sie halt leider ist". Für den Autor bedeutet das, dass er seine Bühne in eine Kunstwelt verwandelt, in ein Laboratorium, in dem er seine Experimente quasi unter Echtzeitbedingungen, jedoch jederzeit kontrolliert und risikofrei ablaufen lässt. Hier werden Personen nach festgelegten Regeln im doppelten Wortsinne vorgeführt, werden ihre Reaktionen überprüft und wird ihr Verhalten der Probe aufs Exempel unterzogen – freilich mit der Gewissheit, dass es ohne Folgen bleibt. Und als Spielleiter hat er einerseits wenig damit zu tun, kann aber die Regeln und die Versuchsanordnung vollständig bestimmen. Er zieht sich (und seine Stücke) so weit zurück, dass er sagen kann: macht damit, was ihr wollt, ich bin bloß für die Versuchsanordnung zuständig. Darin bin ich mir selbst genug. Und aus dieser Perspektive ziehe ich meinen Lustgewinn; wer mit mir lachen will, muss mir dorthin folgen.

Angesichts dieser Versuchsanordnung aber beginnen die Stücke, sich unter der Hand zu verselbständigen, läuft das Experiment aus dem Ruder. Betrachtet man die Witze und die Dialoge im Rahmen des dramatischen Konzepts, so wird sich zeigen, dass auch sie sich einer Festlegung entziehen und sich jeder Verpflichtung auf einen – wie krampfhaft auch immer konstituierten – Standpunkt verweigern. Indem sie sich hiervon abkoppeln, geht ein weiteres Stück Resonanzboden verloren, das zu Misstönen führt und das Lachen nicht mehr rund laufen lässt. Die Perspektive, die ein Lachen noch erlauben könnte, wird aus den Stücken

---

lität: ein Autor mit dem Hintergrund Horváths *kann* seine Kritik gar nicht anders als moralisch begründet haben), so ist zumindest auffällig, dass die dramatische Darstellung in ihrer totalen Verweigerung allenfalls einem negativen Moralbegriff noch Raum ließe, vgl. III.3.

320 Zur Mischung aus Aufklärungswillen und Desillusionierung vgl. Sloterdijk, Kritik der zynischen Vernunft, a.a.O., 24.

heraus bestritten und unbemerkt verabschiedet. Im Kontext des dramatischen Entwurfs verändert das gesprochene Wort seine Zuverlässigkeit in Bezug auf die Standpunkt- und Perspektivfrage.

Dass es sich hierbei um einen Prozess handelt, der sich jenseits einer Autoren- oder Werksintention vollzieht und ihr geradezu zuwiderläuft, sorgt ebenfalls dafür, dass der Klang des Gelächters hohl und zugleich krampfhaft wird.

Noch bevor die künstlerische Distanz von den realen Verhältnissen einkassiert wird, geht er bereits seiner Rolle als Spielleiter verlustig. Stattdessen entfaltet sich ein Bühnengeschehen, das sich seinem Souveränitätsanspruch (und dem seiner Gefolgschaft) entzieht, indem es ein neues dramatisches Subjekt in den Mittelpunkt der Darstellung rückt: der sich entfaltende Jargon wird zum eigentlichen Handlungsträger und gibt einen neuen Referenzrahmen ab, der sich einem kritischen Zugriff entzieht. Die künstliche Distanz und die Misstöne des Gelächters sind damit nicht nur Ausdruck einer Krisensituation, sondern auch ein entscheidender Impuls mit direkten Auswirkungen auf die Entfaltung des dramatischen Konzepts, von dem im nächsten Abschnitt die Rede sein soll.

3. Die totale Präsenz: Das Verschwinden des Lachens im dramatischen Konzept

> „Wahrlich, ihr könntet gar keine bessere Maske tragen, ihr Gegenwärtigen, als euer eigenes Gesicht ist! Wer könnte euch – erkennen! Vollgeschrieben mit den Zeichen der Vergangenheit, und auch diese Zeichen überpinselt mit neuen Zeichen: also habt ihr euch gut versteckt vor allen Zeichendeutern. Und wenn man auch Nierenprüfer ist: wer glaubt wohl noch, daß ihr Nieren habt? Aus Farben scheint ihr gebacken und aus geleimten Zetteln."
>
> Friedrich Nietzsche

> „Es ist aber in der Welt so eingerichtet, daß die dämlichsten Sprichworte recht behalten."
>
> Alfred Döblin

Die Reflexion auf die Bedingungen des Bildungsjargons konnte bislang von zwei Seiten her als problematisch betrachtet werden. Zum Einen war da das notwendig bereits formulierte Wissen um den Gegenstand der Stücke, das zur Lektüre parat liegen muss und damit zusammenhängend auch der Konsens bezüglich der Wertung des Vorgeführten. Erst dieses Wissen konnte über die Qualität der Stücke entscheiden, indem es ihre „Adäquatheit" zu ihrer höchsten Eigenschaft erklärte. Damit einher ging zweitens eine für Literatur wenn nicht untaugliche, so doch zumindest höchst problematische Terminologie, da diese sich im Wesentlichen aus diesem Vorabwissen herleitete und nicht aus der Struktur der Stücke gewonnen war. Mit dieser Begrifflichkeit wurde der Anspruch, den „Gehalt" der Stücke hauptsächlich an den vorgeführten Inhalten festzumachen, gleichsam unbemerkt auch in die Formbetrachtung überführt.

Neben diesen vorwiegend methodischen Einwänden jedoch scheint es mir möglich, das bessere Wissen und die (nicht nur terminologisch abgeleitete) Kompetenz dessen, der über die Stücke Ödön von Horváths spricht, zuallererst aus den Stücken selbst heraus zu bestreiten: Das bessere Wissen, durch das sich der Rezipient der Stücke gegenüber den Figuren auszeichnet, ist nicht nur unangemessen zur Betrachtung der Dramen, sondern letztlich unmöglich. Diese Unmöglichkeit lässt sich weniger auf einen Unterschied in Wissen, Vokabular oder gar „Gesinnung" zurückführen, sondern vielmehr auf eine Gleichheit des Redemodus, der sich in wesentlichen Teilen in nichts von dem des Bühnenper-

sonals unterscheidet und den ich vorläufig den des „Behauptens" nennen möchte. Aus diesem Grunde soll es darum gehen zu zeigen, dass es – nun wirklich unter Absehung auch aller „Meta-Inhalte" – genau dieser Modus ist, von dem die Gewalt ausgeht und dass sich ein Reden über die Stücke von diesem bedeutungsvermittelnden Reden, auf das bei aller Nivellierung, die in den Stücken realisiert ist, doch umso heftiger insistiert wird, zu unterscheiden hätte. Der „defizitäre" Charakter des Jargons lässt sich auch aus den Stücken heraus nicht einfach in die Alternative von „richtig" oder „falsch" auflösen, die sich beide als unbrauchbare Kriterien zur Erfassung der Bühnensprache erweisen. Andernfalls könnte man nämlich auch die sinnvollste Erklärung über den Bildungsjargon problemlos in die Stücke überführen, etwa in die Rede des Reporters Schminke, in dessen Mund dann aber noch die „richtigste" Rede falsch klingt und einen schalen Beigeschmack bekommt. Und vor allem verlöre dann der Jargon das, was ihm doch vor allem bei Winfried Nolting immer wieder zugeschrieben wird: seine Totalität. Einmal eines „Besseren" belehrt, könnten die Figuren einfach damit aufhören, und jetzt, gleichsam sprachanalytisch geläutert, „besser" reden.
Mit dieser Betrachtung, die die Totalität des Jargons am speziell entwikkelten Redemodus, den er selbst entfaltet, festzumachen sucht, werden schließlich auch das Wissen (und seine Sprache) um die Ursachen des Bildungsjargons, das in eine Interpretation mit einfließt, fragwürdig. Der zur Anwendung solchen Wissens und solcher Sprachfähigkeit notwendige Standpunkt scheint mir innerhalb dieser Entfaltung einkassiert. Von daher erscheint dann auch die vieldiskutierte Frage nach dem satirischen Charakter der Volksstücke Ödön von Horváths in einem neuen Licht.
Aus alledem wird sich weiterhin ergeben, dass, sofern man überhaupt von Kritik noch sprechen kann, es eben dieser Modus des Behauptens ist, der in den Stücken kritisiert wird. Diese Kritik freilich ist ob ihrer Adaptierbarkeit innerhalb der Stücke nicht mehr direkt zu artikulieren. Der Totalität des Jargons, die noch die ehrlich gemeinteste Sequenz betrifft, wäre sich in einer Sprache zu entziehen, die nicht durch einen ebensolchen Redemodus einholbar wäre. Das bisherige Verständnis von Kritik erweist sich dahingehend als inkonsistent. Kritik recht verstanden dürfte deshalb weniger etwas anderes meinen, als sich vor allem anders artikulieren.
Die hier behauptete Totalität des Jargons[321] manifestiert sich am deutlichsten an einem bestimmten Punkt: die im Allbezug der Rede verlo-

321 Insofern im Unterschied zum Titel Noltings, Der totale Jargon, a.a.O., als sie sich hier vor allem auf die Darstellungsart bezieht. Bei Nolting dagegen ist diese Totalität in der Rückführung auf das Phänomen der „Zeitung" – auch gegen dessen eigene Absicht – mehr als die Totalität des allgegenwärtigen Geredes, ohne Berücksichtigung der Rede als dramatische, gefasst.

rengegangene Individualität der Figuren lässt mit ihrer Subjektivität auch die Voraussetzung des dramatischen Dialoges verlorengehen. Diesen Verlust spielen die Stücke konsequent bis zum Ende durch, weshalb zu fragen sein wird, ob sich jenseits der aufgeführten Dissonanzen tatsächlich noch so etwas wie eine Zentralperspektive orten ließe, von der aus die einzelnen Sequenzen, die sich je für sich in Bedeutungslosigkeit verlieren, auf sinnvolle Weise anordnen.
Angedeutet war bereits, dass es einen den Stücken eingeschriebenen überlegenen Standpunkt geben muss, der ein Reflektieren auf die Bedingungen des Jargons und seine Kritik erst ermöglicht. Deshalb soll auch nach dieser Instanz gefragt werden, von der aus sich – im Unterschied zur Intention des Autors mit all ihrer Begrifflichkeit – Kritik formulieren ließe und ihrer Rolle *innerhalb* der Stücke nachgegangen werden. Gibt es tatsächlich innerhalb ihrer einen (wenn auch durch die „Technik" erst konstituierten) Standpunkt, der gleichsam über den gezeigten Phänomenen steht und so jenen Blick auf die Dinge wirft, der sie zum Tanzen bringt? Verbirgt sich hinter dem in Szene gesetzten Redefluss so etwas wie eine ordnende Hand, das auch über die des Autors, der durch bewusstes Arrangement, durch Verfahren oder eine bestimmte „Technik" etwas zeigen will, das er vielleicht anders nicht sagen kann, hinausgeht? Liegt in der Rücksicht auf eine „Intention *der Stücke*" ein entscheidender Fortschritt gegenüber der Problematik, der sich die Frage nach der Intention des Autors ausgesetzt sieht? Bleibt ein Raum für ein anderes Sprechen als das, das die Figuren sprechen? Und wenn nicht, wie ließe sich dann angemessen über die Stücke reden?
Schließlich ist in den Dramen die Möglichkeit zu einem Standpunkt des Besserwissens (und damit auch der eines klügeren Redens) nicht mehr festzumachen. Was der Rezipient für sich beansprucht, einen gleichsam „höheren" Grad an Bewusstheit gegenüber den vorgestellten Phänomenen, verweigern die Dramen selbst. Hier sind nicht nur die Figuren nicht mehr sprachbewusst – wie sie es bei Nestroy zum Beispiel in weiten Teilen noch waren –, sondern nicht einmal mehr der Autor oder der Zuschauer. Nicht nur der Raum für die Sprachmächtigkeit der Figuren und auch der Zuschauer, sondern selbst die zentrale Perspektive einer wie auch immer zu erfassenden Intention, die auf eine dezidierte Kritik zielt, scheint damit durch die Stücke selbst ausgehebelt. Eine solche (Sprach-) bewusstheit aber, die einen gewissen Abstand zu den auf der Bühne vorgestellten Phänomenen entwickelt, war ja gerade die Voraussetzung für die Reflexion auf die Bedingungen des Bildungsjargons, die selbst seinen Gesetzen nicht zu unterliegen beansprucht und damit eine Überhebung im Auslachen erst ermöglichte.
Im Gegensatz dazu aber sind die erwähnten Merkmale des Bildungsjargons nicht nur eine gleichsam exotische und – trotz aller (politischer)

Konsequenzen – zu belächelnde Eigenschaft des Sprachgebrauchs der Figuren, sondern darüber hinaus für den Dramenaufbau als Ganzen konstitutiv. So gesehen aber werden die einzelnen Redesequenzen in ein völlig neues Licht gerückt, das, unabhängig von jedem Versuch, sie in Sinngehalten aufzulösen, ermöglicht, sie explizit als dramatische Dialoge zu betrachten, anstatt sie mit tatsächlich Gesprochenem zu verwechseln. In diesem Rahmen erst entfaltet die oftmals beschworene Totalität dieses Jargons ihren wahren Umfang, sie entwickelt sich aus dem Drama selbst heraus, das nicht mehr totalitäre Strukturen oder Züge der Epoche einfach nur widerspiegelte, sondern die genannten Formalisierungstendenzen bis an ihr Ende führt. Die so evozierte Kälte und Starre, die sich auf der Bühne ausbreitet, ist darum auch mehr als eine bloße Metapher für ein historisch fixierbares Phänomen und damit auch mehr als nur Ausdruck einer kalten, teilnahmslosen und damit letztlich zynischen Perspektive. Sie entstammt der Struktur.

Insgesamt scheint es mir also notwendig, sich bei einer Sprachanalyse den dramatischen Charakter der einzelnen Sequenzen sehr genau zu vergegenwärtigen. Dann nämlich wird sich zeigen, dass der Zuschauer nicht glauben darf, er sei klüger als die Figuren, wenn er behauptend über das Sprechen (auch über die Bedingungen des Sprechens) sich auslässt. Auch für ihn gilt, was schon den Figuren zum Problem wurde: „dumm“ oder „klug“, „richtig“ oder „falsch“ erweisen sich als nicht mehr hinreichend zur Erfassung des auf der Bühne Gezeigten, das jedweden Einspruch absorbiert und zu einem Nichts verpuffen lässt. Als solche, die Totalität lediglich vorstellende, bloß zeigende[322], sind diese Dramen total negativ und mit begrifflichen Mitteln nicht mehr einzuholen, geschweige denn zu kritisieren. Dabei zeugt das Lachen gerade dort, wo es verlorengegangen ist oder zumindest problematisch wird, davon, dass es einen überlegenen Standpunkt, von dem aus zu urteilen wäre, nicht mehr gibt.

Eine genaue Lektüre der Dialoge soll darum, Schritt für Schritt, den Punkt aufzuzeigen versuchen, wo die intellektuelle Überhebung und die ideologiekritisch orientierte Reflexion auf die Bedingungen des Jargons aus den Stücken heraus bestritten werden kann.

Die Frage muss also lauten: wie kann der Leser, respektive der Zuschauer, sich angemessen zu dieser Totalität verhalten? Und wie verhält sich der Witz innerhalb ihrer?

322 Dieses Zeigen hat sich vom Zeigenwollen des Autors, dem Anspruch, die Welt schildern zu wollen, wie sie halt leider sei, gelöst hat und beschreibt ein völlig anderes Vorgehen.

Wenn man davon ausgeht, dass sich die „Demaskierung des Bewußtseins“ vorwiegend über das spezielle poetische Verfahren im Allgemeinen und die komische Entlarvung im Besonderen vollzieht, so lässt sich hieraus dennoch nicht zwingend eine im Kern ideologiekritische Haltung ableiten. Diese denkt noch ein Dramensubjekt im traditionellen Sinne, das sich in dieser Form hier nicht mehr vorfinden lässt. Deutlich wird dieser Verlust des Dramensubjektes vor allem an dem Verhältnis der Figuren zu dem von ihnen gesprochenen Wort.[323] Als solcher weist dieser Verlust an Subjektivität deutlich über die Folgen, die er für „gewöhnliches“ Sprechen hat, hinaus, gleichsam als ein „Mehr“ als das von Tucholsky geforderte „Man sollte mal...“. Auf diesem Wege erst scheint mir, ließe sich die Kategorie des Subjekts, die im Kontext des Erfahrungsverlustes bereits aufgerufen wurde, als für den Dramenaufbau konstitutiv geltend machen. Insofern weist der dort formulierte Ansatz bereits den richtigen Weg, freilich ohne als spezifisch dramatisch geltend gemacht worden zu sein.

In diesem Zusammenhang sei noch einmal auf die oben zitierte „Unterhaltung“ zwischen Elisabeth und dem Schupo erinnert. In ihr offenbart sich ein vermeintlicher Widerspruch zur kommunikationsstiftenden Funktion des Jargons (der Redefluss ist permanent, s.u.): die Figuren reden scheinbar völlig aneinander vorbei, so dass die Dialoge teilweise schon grotesk anmuten.

> SCHUPO Ohne Glaube Liebe Hoffnung gibt es logischerweise kein Leben. Das resultiert alles voneinander.
> ELISABETH Sie haben leicht reden als Staatsbeamter in gesicherter Position.
> SCHUPO Wir müssen doch alle mal sterben.
> ELISABETH Hörens mir auf mit der Liebe.
> *Stille*(6,40)

Wie so oft endet auch diese Stelle mit der von Horváth extrem häufig verwendeten Regieanweisung „Stille“, in der mehr als eine bloße Unterbrechung zu sehen ist. Auch hierzu hat sich der Dichter in seiner „Gebrauchsanweisung“ von 1932 explizit geäußert:

---

323 Kurzenberger, Horváths Volksstücke, a.a.O., 12, sieht hierin ein entscheidendes Merkmal des modernen Dramas schlechthin und greift in diesem Zusammenhang auch auf das Beispiel Sternheim zurück; ein weiterer Beleg für die Verwandtschaft der beiden Autoren. Mit Rücksicht auf die dramatische Form wird dieses gewandelte Verhältnis erhebliche Folgen zeitigen.

> „Bitte achten sie genau auf die Pausen im Dialog, die ich mit `Stille´ bezeichne -- hier kämpft das Bewußtsein oder Unterbewußtsein miteinander, und das muß sichtbar werden." (11,220)

Diese „Stille" ist Ausdruck eines dramatischen Konflikts, zumal sie auch zu einer anderen Äußerung Horváths zu passen scheint, in der er sein Verständnis von Dramaturgie als „Zusammenstoß zweier Temperamente"(11,216) bezeichnet. Die nach Aussage des Dichters daraus resultierende „Wandlung einer Person"(ebd.) erscheint dagegen dahingehend problematisch, als die Personen diese Kollision zum Einen nicht angemessen formulieren können und, als Folge davon, diese Wandlung völlig folgenlos für den weiteren Handlungsverlauf bleibt.[324] Das Stocken ist demnach weniger als psychologischer Kunstgriff denn als Resultat einer formalen Kollision zu begreifen, die eine neue Perspektive eröffnet. Die Unterbrechung des Rede- und Handlungsflusses ist darum auch nur eine vorübergehende, die allenfalls dem Zuschauer als Reflexionspause dienen kann. Wo das Sprechen der Figuren versagt, muss das des Zuschauers einsetzen, der das Vorgeführte kommentiert und analysiert. Diese Analyse ist zwar sowohl möglich als auch – in ihrer eigenen Logik – stimmig, vermag jedoch einen Rest von Unheimlichkeit nicht aufzuheben, da er auf die „Divergenz zwischen den sich aufdrängenden, nicht mehr kontrollierten sprachlichen Mustern und der psychischen Wirklichkeit der Personen"[325] zurückzuführen ist. Dieweil diese Divergenz aber nicht angemessen formuliert und auch nicht produktiv in den Handlungsverlauf eingegliedert wird, verweist dieses Element des „Bildungsjargons" an solchen Stellen über ein inhaltliches Verständnis eines vermeintlichen „Hintersinnes", den die Figuren nur nicht aussprechen wollen und der vom Rezipienten quasi überboten werden kann, hinaus. Vielmehr sind die Figuren gar nicht dazu in der Lage, den eigentlichen Antrieb ihres Sprechens zu erkennen und folgen nur den vorgefertigten Mustern, deren sie nicht Herr, sondern Opfer sind. Dieser „Opferstatus" der Figuren manifestiert sich besonders an solchen Stellen, in denen die Personen sich bemühen, einem bestimmten auf den Plan gerufenen Klischee, das dann ihr Denken und Handeln vollständig bestimmt, zu entsprechen.
Eine Szene aus den „Geschichten aus dem Wiener Wald" mag hierfür als Beleg dienen:

---

324 Eine Wandlung vollzieht sich allenfalls negativ in der „Auslöschung" der Personen, etwa in Mariannes langsamem „Tod in der Ehe" oder im Sterben Elisabeths. Besonders in dieser Abschaffung des „positiven Menschen", der sich durch ein unmittelbares Sprechen auszeichnet, wird Horváth die Totalität seiner Stücke und seine eigene Intention entscheidend überbieten.
325 Kurzenberger, Horváths Volksstücke, a.a.O., 27.

ALFRED Weil das meine primitivste Pflicht ist! Noch nie in meinem Leben hab ich eine Verlobung zerstört und zwar prinzipiell! Lieben ja, aber dadurch zwei Menschen auseinanderbringen -- nein! Dazu fehlt mir das moralische Recht! Prinzipiell!(4,39)

Alfred insistiert hier auf ein Prinzip (bezeichnenderweise nicht auf dessen Inhalt, etwa einen Ehrbegriff, der ihm ein bestimmtes Handeln verböte, sondern auf den formalen Charakter eines Prinzips), um sich aus der Verantwortung für sein Handeln zu stehlen. Einen besonderen Akzent als verräterische gewinnt diese Rede nun durch den weiteren Handlungsverlauf, der erkennen lässt, dass er hier ein Prinzip nur vorschiebt, das nicht sein eigenes ist. Dennoch kann sich Alfred auf einen gesellschaftlich sanktionierten Ehrbegriff herausreden, der ihn scheinbar ins Recht setzt, zugleich aber so sinnentleert ist, dass sein Postulat sich im Scheincharakter erschöpft. So wird für den Zuschauer sichtbar: Alfred ist „eigentlich" feige. Deutlich wird dies vor allem über die Handlung, die im Widerspruch zum Gesagten steht. Neu an diesem – für die traditionelle Komödie eigentlich typischen – „Kunstgriff" ist aber, dass Alfred darüber hinaus hier eigentlich eher als ein Opfer denn als vorsätzlich täuschender Täter zu begreifen ist, dem man kein gewolltes Taktieren mehr unterstellen kann, sondern der vielmehr dem Klischee, das sich ihm gleichsam aufdrängt, selbst erliegt.[326] Einen ähnlichen Sachverhalt findet man erneut wenig später im selben Stück, als Marianne die Verlobung mit Oskar löst. Hier ist es kein feststehendes, allgemeingültiges „Prinzip" – wie im Falle Alfreds das von der Ehrenhaftigkeit, die es ihm verbietet, zwei Verlobte auseinanderzubringen – , sondern ein scheinbar spontaner Ausbruch, mit dem sich Marianne aus den Fesseln der patriarchalischen Gesellschaft löst und der den Eindruck einer neugewonnenen Unmittelbarkeit erweckt. Diese jedoch wird durch die Geste des „Verlobungsring-ins-Gesicht-werfens"(4,40) – gleichsam *das* Klischee schlechthin – als vollständig vermittelt entlarvt.[327] Die Gesten aber sind nicht allein abgedroschen, das heißt bloß abgenutzt, sondern diese Abgenutztheit geht soweit, dass ihnen schließlich jedwede Substanz abzusprechen ist. Sie erschöpfen sich in vollständig leerem Pathos. Gleichwohl aber verfehlen sie nicht ihre Wirkung auf die Gesprächspartner. Die Sinnentleertheit dieser „Trümmer" wird nur selten erkannt, so dass ihnen zumindest insofern eine kommunikative Funktion zukommt, als sie das Reden in Gang halten. Als standardisierte und

---

326 Insofern ist es auch nicht mehr sinnvoll, von einem „aufgerufenen" Klischee zu sprechen, da dies die freie Entscheidung des Subjekts voraussetzt, was bei Horváth problematisch ist.

327 Vgl. Nolting, Der totale Jargon, a.a.O., 23.

formelhafte Rede (zu der auch das Gestische zu zählen ist) legt sie den Sprechenden Antworten zurecht und nötigt sie so regelrecht zu einem bestimmten sprachlichen Verhalten. Die Dialoge vollziehen sich quasi reflexhaft-automatisch. Dieter Hildebrandt spricht in diesem Kontext von der „Blitzgescheitheit des Flipperautomaten“[328]. Darum ist diese Rede auch flüssig, sie funktioniert als System perfekt, selbst wenn die Figuren bezüglich des vermeintlichen Gesprächsgegenstandes permanent aneinander vorbeireden.[329] Diese Flüssigkeit aber ist nicht das Verdienst der Figuren, kein Resultat ihres Wollens, sie leiten die Dialoge nicht, sondern sie werden von der Sprache gesprochen, die nicht mehr die ihre ist. Da dieser Automatismus des Redens bisweilen zu grotesken Resultaten führt, wird den Figuren diese „Unechtheit“ der Aussagen (die wie gesagt schon problematisch ist, da sich kein wirklich Gewolltes mehr von ihr abziehen lässt) zwar zum Teil bewusst, weshalb es zu den mit „Stille“ gekennzeichneten Unterbrechungen kommt[330], doch ist die Unproduktivität dieser Unterbrechungen für den weiteren Handlungsverlauf ein deutliches Indiz für die Sprachohnmacht der einzelnen Charaktere. Damit erfährt das Stilmittel der Kontrastierung noch eine zweite Dimension, indem deutlich wird, worin die „Defekte“ der Personen begründet liegen: im Gebrauch ihrer oben skizzierten formelhaften Rede, die als Defekt die bezeichnete Sprachbewegung hervorbringt. Sie selbst haben keine eigene Sprache. Die Sprache hat vielmehr sie und das Drama macht die Folgen davon sichtbar, indem sie sie bis an die Grenze führt, wo dieses Sprechen im Grotesken mündet. Ein Beispiel für diese Grotesken, die aus diesem Sprechen entstehen können, sei hier aufgeführt:

> ELISABETH Du hast dich etwas verändert, Alfons. Früher warst du trauriger.
> SCHUPO Wie das?

---

328 Hildebrandt, Der Jargon der Uneigentlichkeit, a.a.O., 117. Helmut Arntzen, Ödön von Horváth. „Geschichten aus dem Wiener Wald“, a.a.O., 261, gebraucht in diesem Zusammenhang (bezüglich der „Widerstandslosigkeit der Rede“, 256) einen ähnlichen Vergleich, wenn er von „sprechenden Computern“ spricht.

329 Dieses Sprechen als Aneinandervorbeireden zu begreifen, wie zum Beispiel Goltschnigg, Pauschalisierungen, a.a.O., 65, noch behauptet, geht nach bisher Gesehenem an wichtigen Aspekten dieser Rede vorbei.

330 Helmut Arntzen, Ödön von Horváth. „Geschichten aus dem Wiener Wald“, a.a.O., 254, geht sogar noch weiter und führt die Stille darauf zurück, dass hier unterschiedliche Redemuster kollidieren, weshalb der Dialog scheitert. Das hieße dann, dass die Figuren praktisch überhaupt nichts merkten, sondern allenfalls irritiert wären und sich neu sammeln müssten. Die aufgerufene Unheimlichkeit jedoch weist auf eine tatsächlich evozierte Irritation, die umso vehementer kaschiert werden muss.

ELISABETH Halt melancholischer.
SCHUPO O das bin ich jetzt auch noch! Das wäre ja gelacht!(6,47)

Auch in „Geschichten aus dem Wiener Wald" findet sich ein ähnliches Beispiel, als der Zauberkönig die Empörung über die „Untreue" seiner Tochter mit einer im Verhältnis zur Sache geradezu läppischen Redewendung kommentiert:

ZAUBERKÖNIG Das einzige Kind! Das werd ich mir merken.(4,40)

Die Suggestivkraft der Denk- und Handlungsmuster sind für die Figuren Horváths von so enormer Kraft, dass sie weniger Herr ihrer Sprache, als vielmehr ihre Opfer sind. Die formelhafte Rede ist ihnen immer schon da, noch bevor sie ein eigenes Gefühl überhaupt artikulieren und damit auch erleben könnten.[331] So spielt „ihre" Sprache ihnen oft Streiche, sie werden von ihr regelrecht überrascht und überrumpelt.
Am deutlichsten ablesen lässt sich das an verräterischen Assoziationen, in denen die Figuren den Automatismen erliegen. Solche Assoziationen können als Grundmerkmal sowohl der Dialoge als auch der Monologe der Figuren betrachtet werden. Als etwa Elisabeth in „Glaube Liebe Hoffnung" dem Präparator ihren Vornamen nennt, „antwortet" dieser:

PRÄPARATOR Die Kaiserin Elisabeth, das war auch ein gutes braves Weiberl - aber trotzdem ist sie halt einem ruchlosen Attentat zum Opfer gefallen. In Genf. Überhaupt der Völkerbund -- alles ruchlos! Jetzt hab ich halt noch meine Schmetterlingssammlung und den Kanari und gestern ist mir eine Katz zugelaufen. - Interessiert ihnen ein Aquarium?(6,21)

In einer der stärksten Szenen aus „Italienische Nacht", in der nahezu sämtliche Besonderheiten der Horváthschen Sprachverwendung zu finden sind, liest sich das wie folgt:

ADELE Alfons. Warum hast du gesagt, daß ich die Öffentlichkeit nicht liebe? Ich ging doch gern öfters mit. – Warum hast du das gesagt?
STADTRAT Darum.

[331] Vgl. Elias Canetti, Die Provinz des Menschen. Aufzeichnungen 1942-1972, München 1973, 226: „Zuviel Straßen in der Sprache, alles vorgebahnt."

Pause

ADELE Ich weiß ja, daß du im öffentlichen Leben stehst, eine öffentliche Persönlichkeit -

STADTRAT Still, Frau Stadtrat!

ADELE Du stellst einen immer in ein falsches Licht. Du sagst, daß ich mit dir nicht mitkomm -

STADTRAT *unterbricht sie*: Siehst du!

ADELE *gehässig*: Was denn?

STADTRAT Daß du mir nicht das Wasser reichen kannst.

Pause

ADELE Ich möcht am liebsten nirgends mehr hin.

STADTRAT Eine ausgezeichnete Idee! *Er läßt sie stehen; zu Betz:* Meine Frau, was? *Er grinst und droht ihr schelmisch mit dem Zeigefinger.* Wenn du zum Weibe gehst, vergiß die Peitsche nicht.

BETZ Das ist von Nietzsche.

STADTRAT Das ist mir wurscht! Sie folgt aufs Wort. Das ist doch ein herrlicher Platz hier! Diese uralten Stämme und die ozonreiche Luft - *Er atmet tief.*

BETZ Das sind halt die Wunder der Natur.

STADTRAT Die Wunder der Schöpfung – es gibt nichts Herrlicheres. Ich kann das besser beurteilen, weil ich ein Bauernkind bin. Wenn man so in den Himmel schaut, kommt man sich so winzig vor – diese ewigen Sterne! Was sind wir daneben?

BETZ Nichts.

STADTRAT Nichts. Gott hat doch einen feinen Geschmack.

BETZ Es ist halt alles relativ.

Stille (11,94/95)

Vergleichbar den anderen zitierten Fällen wird auch hier deutlich, dass das formelhafte Reden zum Einen völlig unpassend ist, so dass die Figuren vollständig aneinander vorbeizureden scheinen; zum Anderen aber ist das Reden reflexhaft, flüssig, es funktioniert. Selbst die häufig eintretende „Stille“ vermag hieran nichts zu ändern. Das durch ihr kurzzeitiges Eintreten herbeigeführte Stocken gereicht allenfalls zur Evozierung einer gewissen Unheimlichkeit, von der die Figuren wie die Zuschauer ergriffen werden, das jedoch seinerseits alsbald überredet wird und dadurch letztlich ohne (positive) Folgen bleibt. Die Handlung der Stücke erweist sich nämlich einer versuchten Einflussnahme der Figuren gegenüber als resistent, ja meist fehlt ihnen sogar die bloße Ahnung für das, was einst vielleicht möglich war.

Der eigentliche Handlungsträger ist damit nicht mehr – wie noch im „klassischen" Drama[332] – ein Subjekt, da der Subjektbegriff hinter dem Redeschwall verschwunden ist. Auch wo sich eine letzte Ahnung davon zu artikulieren sucht, was Sprache einmal gewesen sein mag[333], wird diese vom Redefluss hinweggeschwemmt. Es scheint, dass sich allein die Sprache in Szene setzt. Letztlich wird immer weitergeredet und die „Sprüche" behalten Recht, indem sie allein sich für die „Probe aufs Exempel" eines jeden Dramas, für dessen Schluss, verantwortlich zeichnen.[334] Sie allein setzen sich durch mit all ihren Folgen für die Figuren und sie allein machen die Schlüsse. Sie allein machen das Drama, sie *sind* das Drama. Und sie zeigen, was den Figuren im Laufe dieses Redeflusses angetan wird.
Wenn nun Martin Walder aufgrund der vielfältigen Vermittlungen und Fremdbestimmtheit im Sprechen der Figuren von einer „Außensprache"[335] spricht, so erweist sich dieser Begriff schon deswegen als unzureichend, weil er ein – wie auch immer entstelltes – „Innen" impliziert, das sich im Rahmen der Volksstücke nicht mehr lokalisieren lässt. Wird diese Sprache nicht mehr als individueller Ausdruck von Personen, sondern primär als eine erworbene[336] begriffen, die einem Begriff vom Individuum verpflichtet ist, den die Handlung des Stückes nicht mehr einzulösen vermag, so – und das ist die entscheidende Konsequenz – darf man auch keine verborgene Bewusstseinsdisposition der Figuren mehr annehmen, die sich in irgendeiner Form dem vorgeführten Diskurs eingliedern ließe. Gegenstand dieser Dramen ist einzig und allein eine Spra-

---

332 „Klassisch" meint hier – im Sinne von Peter Szondi, Theorie des modernen Dramas (1880-1950), Ffm 1963 – den Gegenbegriff zum modernen Drama, der durch eine sich neu entfaltende Problematik im Verhältnis von Form und Inhalt durch eben dieses moderne Drama abgelöst wird. In diesem Wandel liegt auch das von Kurzenberger konstatierte veränderte Verhältnis der dramatis personae zum von ihnen gesprochenen Wort begründet.

333 S. Arntzen, Ödön von Horváth.„Geschichten aus dem Wiener Wald", a.a.O., 261. Sprache muss aber über diese gleichsam „persönliche" Ausdrucksdimension hinaus vor allem im dramatischen Sinne als adäquate Artikulation begriffen werden, mit der die Person sich als identisch zeigt. Erst so nämlich vermag sie positiv in den weiteren Handlungsverlauf überführt zu werden. Solches Sprechen aber erweist sich für die Horváthschen Figuren gerade als unmöglich.

334 Mit der „klassischen" Voraussetzung für Handlung, dem mit seinen Worten identischen Charakter, geht auch die Handlung im traditionellen Sinne verloren. Die Schlüsse lösen nichts mehr auf. Daher auch die zitierte „Kreisstruktur", von der des Öfteren die Rede war.

335 Walder, Die Uneigentlichkeit des Bewußtseins, a.a.O., 46.

336 Hans Hollmann, Einige Grundsätze für künftige Horváth-Regisseure, in: ÜberÖvH, 96-101, 97.

che, in der „alles (...) schon vermittelt“ ist. „Was geschieht ist nur noch die Objektivierung der Redensarten.“[337]
Ein einleuchtender Beleg dafür wäre erneut eine Passage aus den „Geschichten aus dem Wiener Wald“, wiederum aus der Szene „An der schönen blauen Donau“:

> MARIANNE (...) --mein Gott, wie sie das alles aus einem herausziehen--
> ALFRED Ich will gar nichts aus ihnen herausziehen. Im Gegenteil. *Stille* (3,26/7)

Gerade hier wird klar, dass man nicht einmal unterstellen kann, Alfred mache absichtlich eine anzügliche Bemerkung. Der Zuschauer erkennt zwar den (unfreiwilligen) Doppelsinn und kann so Rückschlüsse auf Alfreds „wirkliches“, ihm selbst verborgenes Wollen ziehen. Da dieses aber als vollständig vermittelt erscheint – nur die (vom Standpunkt des Redenden unfreiwillig erzeugte) Pointe weist auf diese „Eigentlichkeit“ – ‚wird das Augenmerk des Zuschauers vor allem auf die Wirkmächtigkeit der formelhaften Antworten gelenkt. Es ist gewissermaßen der Witz, der den Zuschauer auf die richtige Spur bringt: hier wird nur noch in „Sprüchen“ geredet.[338]
Selbst an Stellen, wo die Figuren gegen ihr Schicksal aufzubegehren versuchen, etwa in der vielzitierten Szene Mariannes „Im Stephansdom“(4,42ff) in den „Geschichten aus dem Wiener Wald“, die als Beleg für eine der wenigen Stellen angeführt werde, in der laut Horváth ein Mensch „ganz (...) sichtbar“(11,221) wird, ist von Seiten der Figuren kein Widerspruch gegen den sich im Stück entfaltenden Sprachprozess mehr möglich.
Stattdessen verfolgen die Horváthschen Figuren denn auch eine andere Strategie, um der Unheimlichkeit, die sie bisweilen befällt, wenn sie ihrem Ausgeliefertsein an das „eigene“ Sprechen innewerden, zu begegnen und sich gegen diese Erfahrung zu behaupten. Offensichtlich ist, dass sämtliche „Pausen“ sofort wieder „über-redet“ werden müssen, wodurch die Figuren sich im Sprechen ihrer selbst versichern. Artikuliert sich in den Pausen das Grauen, das sie sich als ihrer Sprache und darum ihrer selbst nicht mehr mächtig erfahren, müssen sie die Stille sofort neu besprechen. Nicht zuletzt darum greifen sie immer wieder auf die genannten Bildungsbeweise zurück, um sich im Schatten ihrer Autorität zu sonnen. Der genannte Scheincharakter trägt wesentlich Merkmale der

---

[337] Arntzen, Ödön von Horváth. „Geschichten aus dem Wiener Wald“, a.a.O., 262.
[338] Die kognitive Funktion des Witzes entfaltet sich damit aber nicht mehr auf inhaltlicher Ebene, was wiederum entscheidende Auswirkungen auf die zugewiesene Reflexion auf die Sprachprozesse und die damit verbundene Deutungshoheit hat.

Kompensation. Dieser Wille, sich selbst im Sprechen, sich durch Sprechen zu behaupten, geht dabei aber entscheidend über das rein inhaltlich Aufgerufene, das durch den Besitz von scheinbarer Bildung eine gewisse Sicherheit versprechen soll, hinaus und ist damit mehr als nur ein psychologischer Ausgleich. Nahezu alle von den Horváthschen Figuren gesprochenen Sätze entwickeln über ihren speziellen Redemodus dieselbe Tendenz. Beinahe alles, was auf der Bühne gesprochen wird, trägt formal den Zug des Behauptens. Nahezu zwanghaft scheint ihre Neigung, alle vorliegenden Sachverhalte (und auch ihr Gegenüber) zu beurteilen, um auf diese Weise die von ihnen ausgehende Bedrohung zu bannen. In Aussagesätzen werden sie formal fixiert, wird Unbekanntes oder Bedrohliches fassbar zu machen versucht, indem man „fest-stellt“, wie etwas „ist“, das vielleicht meistgebrauchte Wort dieser „Ist“-Sätze. Aus diesem Grunde ist ihnen das Sprechen auch ein unverzichtbares Existenzial, das ihnen, als Reaktion auf eine starke Verunsicherung, zur Selbstversicherung dient. In zweifacher Hinsicht erweisen sie sich als das, was Martin Walser ein „Behauptungsmaul“[339] nennt: indem sie jeden einzelnen Satz auf eine Aussage verpflichten, behaupten sie nicht nur etwas, sondern darin zugleich sich selbst. Auch und gerade da, wo ihnen das misslingt, misslingen muss, da diese Sprache nicht die ihre ist, lässt ihr Scheitern die Bemühungen nur umso stärker und notwendiger werden.
Der in Kapitel II.2. gezeigte Zug ins Allgemeine, den dieses Sprechen vollzieht, findet auch auf formalem Wege seine konsequente Fortsetzung. Die Sätze sind immer kurz, ebenso wie die einzelnen Redepartien. Erstreckt sich ein Beitrag über mehrere Sätze, so sind diese meist ohne inneren Zusammenhang, wie an dem oben gezeigten Beispiel des Präparators (6,21) zu sehen war: sie zeigen allenfalls eine lockere assoziative Folge. Solche Folgen aber setzen sich hauptsächlich aus einzelnen „Kernaussagen“ zusammen, die, so sinnlos sie im Einzelnen auch sein mögen, immer auf eine bestimmte, immer allgemeine „Aussage“ zielen. Insofern sind diese Sätze von geradezu aphoristischer Struktur, auch an Stellen, wo sie einmal nicht aus Zitaten bestehen. Sie zielen auf Allgemeines und beanspruchen für sich eine normative Funktion.[340] Als Aus-

---

339 Martin Walser, Finks Krieg, Ffm 1996, 275.

340 Vgl. die Schlussbemerkung von Fritz Habeck zu Francois de La Rochefoucauld, Spiegel des Herzens. Seine sämtlichen Maximen, herausgegeben und mit einem Vorwort von Wolfgang Kraus, Zürich 1988, 112: „Jede Sprache ist ein Raster, den unser Denken über die chaotische Erscheinungswelt legt, um sie zu ordnen.(...) Bei der Umdichtung von Aphorismen soll, abgesehen von der richtigen Erfassung des Gedankens, auch eine besondere Form erreicht werden, die mit ihrer Kürze und Schlagkraft jeden Zweifel an der Allgemeingültigkeit des Inhalts erstickt.“ Vgl. dazu auch Helmut Lethen, Verhaltenslehren der Kälte, a.a.O., der den Schematismus des

sagesätze zielen diese „statements“[341] jeweils vom Besonderen des Sachverhaltes und auch des Gegenübers weg und üben damit einen fixierenden Zwang aus.[342] Dieser „fest-stellende“ Zwang nun erlaubt keinen Widerspruch, seine Tendenz ist die Erstarrung. Sowohl in der Sache als auch – und vor allem – hinsichtlich der eigenen Persönlichkeit, zielen diese Sätze auf Identität, weshalb sie nicht nur „psychologisch“, sondern besonders formal keinen Widerspruch dulden können. Der Nicht-Widerspruch wird ihnen zum Prinzip. Abstrakt Allgemeines und Individuelles werden auf diesem Wege gerade vertauscht.[343] Selbstgewinn und Selbstverlust nähern sich so auf gefährliche Weise einander an.
Die hieraus resultierende Starre, die nicht nur als atmosphärische die meisten Szenen durchzieht, sondern auch das Charakterprofil der einzelnen Figuren prägt, geht somit auf einen vor allem formalen Wesenszug des Jargons zurück. Seine zwingende Gewalt und Totalität deuten sich in diesem klirrenden Schematismus bereits durch die reine Struktur der Sätze an. Das behauptende Reden, das erst im Rekurs aufs aller Allgemeinste seine unumstößliche Gültigkeit zu sichern glaubt, macht es den Figuren dort, wo es zu eventuellen Widersprüchen kommt, auch unmöglich, sich zu streiten. Eine „vernünftige“ Diskussion ist nicht möglich, eventuelle Widerstände werden in Geschrei überbrüllt, da sie weniger die Sache betreffen, sondern als existenzieller Angriff begriffen werden.[344] Darum müssen sie das, was sie sagen, auf Endgültiges festlegen. Dies aber heißt zugleich auch, es auf eine problematische Weise zu „beenden“.
Ein ausgezeichnetes Beispiel hierfür ist der „Streit“ zwischen Alfred und der Großmutter in den „Geschichten aus dem Wiener Wald“; eine Passage, in der sich zugleich der „Überredungscharakter“ zeigt, den die Figurenrede in Konfliktfällen an den Tag legt:

Ausdrucks auf soziale Desorganisation zurückführt. Für die Horváthschen Figuren nun wäre dieses Raster wörtlich zu nehmen. Sie ersticken (sich) im Ende selbst.

341 Arntzen, Ödön von Horváth. „Geschichten aus dem Wiener Wald“, a.a.O., 259.

342 Zu dieser Unterdrückung des Konkreten vgl. auch hier Arntzen, Ödön von Horváth. „Geschichten aus dem Wiener Wald“, a.a.O., 261.

343 Vgl. Nolting, Drama des Tonfalls, a.a.O., 129/30: „Das abstrakt Allgemeine wird als das Individuelle eingeführt. Die Figuren versuchen nun gerade in ihren Individuationsbestrebungen sich auf jeweils Typisches zu berufen, also sich ständig über Abstraktion auf ihre urtümliche Individualität und private Geschichte zu beziehen. Daraus entstehen die dramatischen Konflikte und Krisen.“ Der „Berufungscharakter“ scheint jedoch insofern schwierig, als Klischee und Person auf nicht mehr unterscheidbare Weise ineinander verwoben sind.

344 Vgl. Arntzen, Ödön von Horváth. „Geschichten aus dem Wiener Wald“, a.a.O., 259.

DIE GROSSMUTTER Wer hat mir denn da was von meiner sauren Milch gestohlen?
DIE MUTTER Ich. Weil der liebe Alfred noch so einen starken Gusto gehabt hat.
Stille.
DIE GROSSMUTTER Hat er gehabt? Hat er gehabt? – Und da werd ich gar nicht gefragt? Als ob ich schon gar nicht mehr da wär – *Zur Mutter*. Tät dir so passen.
ALFRED Bäääh! *Er streckt ihr die Zunge heraus.*
Stille.
DIE GROSSMUTTER Bäääh! *Sie streckt ihm die Zunge heraus.*
Stille.
DIE GROSSMUTTER *kreischt*: Jetzt möchte ich überhaupt keine Milch mehr haben! Da! Sie schüttet die Schale aus. (4,105/6)

Wo eine reine Betrachtung der Worte auf ihre Bedeutung (auch ihre verborgene) zur Erfassung der Horváthschen Dialoge nicht ausreicht, so eröffnet der Blick auf den Prozess des Sprechens selbst und auf das, was dieses Sprechen den Figuren in ihrem gegenseitigen Verhalten antut, eine neue Perspektive.
Über die inhaltlich und unverhohlen zum Ausdruck gebrachte Aggressivität hinaus entfaltet der Jargon über seine Prozessualität eine Form von Gewalt, die sich zugleich als total wie auch als totalitär begreifen lässt. Dies mag eine bereits zitierte Szene aus den „Geschichten aus dem Wiener Wald“ erneut veranschaulichen:

OSKAR Dreht sichs um die Sau?
HAVLITSCHEK Es dreht sich schon um eine Sau, aber nicht um dieselbe Sau -- Her Oskar, bittschön nehmens ihnen das nicht so zu Herzen, das mit ihrer gewesenen Fräulein Braut, schauns, Weiber gibts wie Mist! Ein jeder Krüppel findt ein Weib und sogar die Geschlechtskranken auch! Und die Weiber sehn sich ja in den entscheidenden Punkten alle ähnlich, glaubens mir, ich meine es ehrlich mit ihnen! Die Weiber haben keine Seele, das ist nur äußerliches Fleisch! Und man soll so ein Weib auch nicht schonend behandeln, das ist ein Versäumnis, sondern man soll ihr nur gleich das Maul zerreißen oder so! (4,50)

Neben dem hier zum Vorschein kommenden Sadismus Oskars und Havlitscheks, der eine Lektüre unter psychoanalytischen Vorzeichen ge-

radezu aufzudrängen scheint (s.o.), offenbart sich an dieser Stelle das zentrale Element der Horváthschen Sprachverwendung. Was hier zunächst thematisch auf den Plan gerufen wird – die (in diesem Stück oftmals vorgenommene) Assoziation, die die Frau mit einer abzustechenden Sau in Verbindung bringt – ist zugleich auch ein formaler Wesenszug des Jargons. Seine Tendenz, etwas „fest-zustellen", sein Aussagemodus ist auch über die inhaltlichen Fixierungen hinaus als Form aggressiv. Das aggressive Sprechen (als Behauptung der eigenen „Persönlichkeit") ist weniger ein unmittelbar Gemeintes, sondern vielmehr der Struktur des Redens eingeschrieben. Gerade die standardisierten Sprüche machen dies am sinnfälligsten und lassen so die fixierende Gewalt, die von ihnen ausgeht, offenbar werden.
Ähnliches lässt sich auch an zwei weiteren Beispielen aus den „Geschichten aus dem Wiener Wald" ablesen:

> ALFRED Ich bitte dich, werde vernünftig.
> MATHILDE *plötzlich gehässig* Das würde dir so passen!(4,24)

> MATHILDE Du willst mir schon wieder weh tun?
> ERICH Ehrensache! (4,51)

Ein formelhaftes „Das würde dir so passen" oder ein solches „Ehrensache" lässt als Antwort nicht nur den (vom Autor oder Bühnenpersonal durchaus aggressiv gemeinten) „tieferen Sinn" der Figurenrede erkennen; es erhellt aber in gleichem Maße die Festlegung auf Endgültiges, die das Sprechen selbst vollzieht und die den Figuren die Luft zum Atmen nimmt und in einigen Fällen sogar tödlich endet.
Marianne stirbt den qualvollen Tod (in) der Ehe, weil ihr Versuch des Aufbegehrens scheitern musste, ebenso wie sich Elisabeths Tod auf der Polizeistation vollzieht: in völliger, auch sprachlicher Isolierung als der einzigen Form von Erlösung, die sich hier überhaupt noch denken ließe.[345] Auch insofern weist der Jargon *als Medium* über die nur thematisch/inhaltlich fixierte Brutalität heraus.[346] Der oben angeführte Zwang, den das sprachliche System auf den Sprecher ausübt, ist letztlich auch der, den die Figuren sich gegenseitig antun und der im Ende tödliche

---

[345] Dieses Sterben Elisabeths stellt auch die einzig mögliche Form des „Ausstiegs" aus diesen tödlichen Sprachprozessen innerhalb der Stücke dar.

[346] So wie die Figuren nach mentalitätsgeschichtlichen Fragestellung, die überwiegend nach der inhaltlichen Dimension des Gesagten fragt, keine „wirklichen" Faschisten, das heißt keine politischen Überzeugungstäter zu sein brauchen, so wenig müssen sie auch „wirklich" böse sein, um ihrem Gegenüber das anzutun, was ihnen im Laufe der Dramen wirklich geschieht.

Konsequenzen hat. Wenn auch mit einer bestimmten (gewussten oder ungewussten) Absicht von den Figuren verwendet, erweist sich dieses Sprechen insofern als „total" im Sinne von allumfassend, als es die Figuren lenkt und bestimmt, als „totalitär" aber, als es ihnen gerade dadurch keine Möglichkeit lässt, aus diesem Gerede auszusteigen. Ihr Status wird der einer Sache, die vom allgemeinen Gerede besessen und in ihm zerrieben wird, indem sie sich gegenseitig besprechen.[347] Von daher lässt sich der Formalisierungscharakter dieser Rede über die gezeigte Versachlichung des Gegenübers als genau die Gewalt begreifen, die die Figuren nicht nur den Dingen, sondern sich selbst und ihrem Gegenüber permanent antun.[348]

Als Beweis für die Möglichkeit der Gegenrede, wurde immer wieder die Szene Mariannes im Stephansdom angeführt. In ihr ereigne sich einer der seltenen Momente, in denen der Horváthsche Anspruch aufblitze, es werde eine Person „ganz plötzlich (...) sichtbar (...) ohne jede Lüge"(11,221). In solchen Szenen formuliere sich ein Aufbegehren gegen die amalgamierende Kraft des Jargons, der in seiner Totalität alle Sequenzen zur „Gleich-Gültigkeit" geraten lässt. Danach sei es den Figuren – durchaus im Sinne des Autors – möglich, einen Widerspruch gegen diese Macht zu artikulieren und damit aus dem allgemeinen Redefluss herauszutreten. Tatsächlich gibt es in den Volksstücken Horváths einige Szenen, in denen sich Figuren mehr oder minder offen gegen ihre (Sprach-)situation wenden und sich kritisch äußern. Keineswegs sind sie immer nur „blind" den sie beherrschenden Mächten ausgeliefert. Inwiefern dieses Aufbegehren und dieser Widerspruch aber tatsächlich ausreichen, den Anspruch, hier sei ein Mensch „ganz sichtbar", zu erfüllen, kann erst mit Beantwortung der Frage entschieden werden, ob sich hier tatsächlich eine „ganze" Person artikuliert, inwiefern sie als solche für ihren Widerspruch einzustehen und ihn zu artikulieren vermag.
Bereits hinsichtlich des geplatzten Verlöbnisses zwischen Marianne und Alfred konnte gezeigt werden, dass die Geste, mit der Marianne den

---

347 Ein Vergleich mit Peter Handkes Kaspar, Ffm 1968, das auch „Sprechfolterung" hätte heißen können, 7, liegt hier nahe. Im Besprechen der Pausen foltern sich die Figuren permanent (selbst). Dieses Element der Horváthschen Bühnensprache mag auch ein Grund für Handkes mehrfaches Lob des Autors gewesen sein, in dem Handke seinerseits einen Vorläufer erkannt haben mag, s. z.B. Peter Handke, Horváth ist besser, in: Theater Heute 9, 1968, H.3, 28, oder Peter Handke, Totenstille beim Heurigen, in: P.H., „Ich bin ein Bewohner des Elfenbeinturms", Ffm 1972, 217-227.

348 Vgl. Michel Foucault, Die Ordnung des Diskurses. Mit einem Essay von Ralf Konersmann, Ffm 1996, 35: „Man muß den Diskurs als eine Gewalt begreifen, die wir den Dingen antun, jedenfalls als eine Praxis, die wir ihnen aufzwingen."

Bruch vollzieht, keinem individuellen Ausdruck mehr entsprach. Auch und gerade in einer solchen Extremsituation des Aufbegehrens erweist Marianne sich als außerstande, eine Sprache zu finden, die sich von der der anderen Figuren, die nur aus Versatzstücken besteht, unterscheidet. Insofern muss der zitierte Anspruch Horváths bereits hier zurückgewiesen werden. „Ganz sichtbar" werden seine Figuren nie, weil sie nicht in der Lage sind, ihren Widerstand gegen die Sprachprozesse angemessen zu formulieren.

Die Unangemessenheit der in den Stücken formulierten Widersprüche erweist sich nicht zuletzt an ihrer Erfolglosigkeit. Das aufbegehrende Sprechen verweist nicht mehr auf einen anderen Zustand, in dem sich „richtig" reden und leben ließe (so wie Marianne es sich vielleicht erträumen, es aber nur sehr dumpf zu erahnen vermag), es kann nur „jargonimmanent" vorgetragen werden und ist deshalb nicht in der Lage, den bestehenden Zustand zu transzendieren. Eine Unterbrechung des Redeflusses kann so nicht erreicht werden, allenfalls die unfruchtbare und nur situelle Stille. Die Beliebigkeit der Aussagen schlägt sich als Ausweglosigkeit nieder.

Vorgetragen werden können solche Einsprüche denn auch von allen Seiten. Elisabeths Entschuldigung, mit der sie ihre mangelnden Verkaufsergebnisse zu rechtfertigen sucht, wird von der Prantl mit einem „Also nur keine Gemeinplätze!"(6, 25) kommentiert. Nur wenige Zeilen zuvor jedoch ließ sie (die Prantl) die bis in den Wortlaut identische Aussage der Frau Amtsgerichtsrat durchaus gelten. Fern davon, Ausdruck einer persönlichen Doppelmoral oder des Respekts von dem Titel der Frau des Amtsgerichtsrats zu sein, wie sie in den traditionellen Komödien noch häufig vorkommt[349] und die hier für die Eine gelten lässt, was sie der Anderen, der armen Elisabeth verweigert, manifestiert sich hierin vor allem die Nivellierung des Gesagten, das allein in seiner Funktion aufgeht, die sich zum inhaltlichen Ausdruck völlig neutral verhält. So zeugt der Einspruch der Prantl einzig von der Gewalt, die für Elisabeth letztlich tödlich sein wird. Ansonsten bleibt der Einspruch hinsichtlich seines Gemeinten völlig folgenlos, es bleibt bei den „Sprüchen", die das Stück sich im weiteren Verlauf gleichsam leisten kann, ohne ernsthaft von ihnen tangiert zu werden. Insofern spielt es auch keine große Rolle, dass es meist solche als „Sprüch" gekennzeichneten Redensarten sind – auch in der „Italienischen Nacht" kommentiert ein „Kamerad" die Tiraden des Stadtrats mit „Sprüch, du Humanitätsapostl!"(3, 40) – , da sie eben nicht in ein richtigeres, gleichsam individuelleres und „gemeinteres" Sprechen zu überführen sind. Eine Entlarvung dieser „Sprüch"

[349] Auch könnte man hierin wieder einen Beleg der Autoritätsgläubigkeit und damit eine inhaltliche Kategorie, die auf Faschismusanfälligkeit weist, sehen.

vermag auf diese Art niemals zu gelingen, da es weniger ihr Zitat-, als vielmehr ihr Sentenzcharakter ist, der als Meinung permanent Bedeutung vermittelt und darin schlichtweg nicht zu überbieten ist. Auf diese Weise wird jeder (erlaubte) Einspruch unmöglich. Der Jargon kann sich solche Einsprüche gleichsam leisten, ohne in seinem Redefluss ernsthaft gestört zu werden. Wo es tatsächlich einmal zu punktuellen Unterbrechungen (der oben erwähnten „Stille“) kommt, wird diese überredet und bleibt letztlich folgenlos.

Diese Nivellierungstendenz, von der das Gesagte im Sprachprozess ergriffen und ausgelöscht wird, betrifft darum nicht nur das im „eigentlichen“ Sinne „Falsche“ der Aussagen. Auch Kasimirs gleich zu Beginn des Stückes vorgetragene Kapitalismuskritik kann als – vor allem mit Rücksicht auf die immer wieder reklamierte Autorenintention – eigentlich „richtig“ betrachtet werden.[350] Für umso wichtiger muss darum die Frage gelten, warum diese Einsicht im Stück nicht zu einem wie auch immer gearteten Ende geführt wird. Wie so viele andere verhallt auch diese Sentenz Kasimirs ungehört; ungehört von den anderen Personen wie auch vom Handlungsverlauf als solchem. Als bloße Behauptung wird sie bezüglich ihres gemeinten Sinnes vom Stückverlauf nicht aufgenommen, kann sie nicht als ein vorab vorhandenes besseres Wissen mehr betrachtet werden, dem nur die Dummheit der anderen Figuren (oder auch der Verhältnisse) im Wege steht. So wie auch Karls „Einsicht“, dass es „keine schlechten Menschen“ gebe, sondern nur „sehr arme Menschen“(3,72), als richtig und wahr, zumindest aber als angemessene Erkenntnis hinsichtlich der Brutalität der Stücke betrachtet werden kann – es gibt kaum vorsätzlich bösartige „Täter“ – , so erscheint diese vermeintlich richtige Aussage doch zugleich selbst als auf eine merkwürdige Weise dumm und völlig hohl – „hohl“ durchaus im doppelten Sinne: sowohl „dumm“ und „inhaltsleer“ als auch insofern, als, um die akustische Metapher beim Wort zu nehmen, überhaupt kein Resonanzraum für solcherart Gesprochenes mehr festzumachen ist.[351]

Wichtig ist also nicht mehr, was die Leute sagen. Auch die liberalste, bestgemeinte Haltung erscheint in einem zweischneidigen Licht. An erster Stelle wäre hier der Redakteur Schminke zu nennen, der sich, auch

---

[350] Zumal mit Rücksicht auf eine marxistische Intention Horváths. Da das „Wissen“ Kasimirs jedoch keine Entsprechung – weder im positiven noch im negativen Sinne – im Stück mehr findet, zeigt sich in der Beliebigkeit von „richtig“ und „falsch“ die Nivellierung des Meinens. Auch der Besserwisser findet keine Möglichkeit, dies in irgendeiner Form zum Ausdruck zu bringen.

[351] Vgl. Nolting, Drama des Tonfalls, a.a.O., 126, wonach die einzelne Szene „kein Gehäuse“ für die Rede sein kann, „die in ihr zu Hause wäre.“ Aus diesem Grunde nehmen sich solche Sätze aus, als ob sie im Hohlraum verklingen.

entgegen faschistoider Tendenzen seiner Umwelt, demonstrativ liberal gibt und dennoch den größten Blödsinn verzapft.[352]

An dieser Stelle nun kommt wieder das Problem des Erfahrungsverlustes ins Spiel. Wie alles andere Reden sind auch Schminkes Aussagen von keinerlei Erfahrung mehr gedeckt. Die Unmöglichkeit des Widerspruchs lässt sich darum auf die verlorengegangene Subjektivität der Figuren zurückführen. Wo es das autonome (Dramen-)Subjekt nicht mehr gibt, ist überhaupt keine adäquate Aussage mehr möglich, so „richtig" sie auch sein mag. Nur „ganze Personen" könnten auch „ganz sichtbar" werden. Darum stellen die Horváthschen Volksstücke in dieser Hinsicht auch eine entscheidende Überbietung der Intention des Autors, wie sie in Kapitel I.1. vorgetragen wurde, dar. Ein „richtiges Reden" ist innerhalb der Stücke nicht mehr denkbar, auch dort, wo die Figuren versuchen, *sich* zu artikulieren. Keine Persönlichkeit steht mehr für das Gesagte ein, weshalb auch das verzweifeltste Aufbegehren als substantielles sich im Scheincharakter verlieren muss und vom weiteren Handlungsverlauf schließlich amalgamiert und adaptiert wird.[353] Es ist in oben angeführtem Sinne „hohl". Von „Dummheit" zu reden macht von daher keinen Sinn mehr: „richtige" Erkenntnis ist kaum mehr vorstellbar und damit auch kein „richtiges" Reden mehr. Erneut Mariannes „Aufbegehren" gegen die Gewalt, die ihr die so leicht als patriarchalisch abqualifizierte Gesellschaftsordnung antut, mag hierfür als Beweis dienen. Was ihr (Marianne) im Verlauf des Stückes bisweilen an Erkenntnissen zufällt, ist als Formulierung bereits längst da und kann darum nicht mehr adäquat erfahren werden. Alles ist immer schon da, gleichsam als Antwort, die einer potenziellen Frage immer vorausgeht, als Abfallprodukt des Jargons, der jeden möglichen Einspruch längst kennt und dadurch zur Unwirksamkeit verurteilt, indem er Erfahrung unterbindet. So wird selbst das „Richtigste" noch falsch, hat es keinen Ort mehr, an dem es gesprochen werden kann. Letztlich entzieht sich das so Gesprochene jedweder sachlichen Bewertung. Einsprüche, die auf irgendeine Sache zielen, werden unmöglich. Der Sentenzcharakter, der solchen Aussagen zugrunde liegt, macht sie selbst zum Bestandteil des Jargons, den dieser so mühelos adaptieren kann.

---

352 Vgl. Schröder in stmEM 170. Einen ähnlichen Fall stellt im selben Band, 169, Ellys „betont liberaler und menschlicher Vorgesetzter" dar, vgl.a. „Rund um den Kongreß", wo ebenfalls die Figur des Redakteurs Schminke auftritt.

353 Insofern resultiert die Totalität des Jargons durchaus aus der Tatsache, dass Meinungen im traditionellen Sinne nicht mehr möglich, beziehungsweise nicht mehr sinnvoll sind. Die Reflexion auf die Bedingungen des Bildungsjargons erweist sich an dieser Stelle also durchaus als hilfreich, allerdings erst als Voraussetzung des Gestaltungsprozesses, der selbst, gleichsam erklärt, nicht in ihnen aufgeht.

Gibt es somit für die Figuren keine Möglichkeit, innerhalb der Stücke ihr Aufbegehren gleichsam positiv zu formulieren, so artikuliert sich darüber hinaus jedoch noch eine zweite Form des Einspruchs: der Ausstieg aus dem Diskurs. Mariannes „Abgang" zum Ende des Stückes vollzieht sich wortlos, was sich nicht nur als Form der Resignation lesen lässt. Besonders deutlich wird dieser Ausstieg als der Elisabeths gegen Ende von „Glaube Liebe Hoffnung". Als einzige Person auf der Polizeistationen schweigt sie. Dieses Schweigen lässt sich als eine Form der Verneinung, des Entziehens, der Negation begreifen. Dabei unterscheidet es sich von der „Stille" dadurch, dass es keine Einlösung im Drama mehr intendiert, sondern nur noch nach dessen Aufhebung denkbar ist. Am konsequentesten durchgeführt ist das in Horváths letztem Stück, in „Pompeji", wo dem Schweigen auch das Schlusswort gilt:

> DER HERR *erscheint wieder rechts:* Ich möchte euch doch sehr bitten, etwas stiller zu sein, es ist unmöglich, bei eurem Lärm, einen richtigen Satz zu schreiben. Redet doch nicht so viel, Gott hört euch auch, wenn ihr schweigt! (10,293)[354]

Sind es zum Einen die Schlussworte des Dramas, dem nichts mehr folgt (nichts mehr folgen kann), so ist der Ort, an dem zum Schweigen aufgerufen wird, zusätzlich der einer zerstörten Welt.[355]

Wo die Welt hingegen noch steht, der Schluss eine vermeintliche Lösung suggeriert, die Figuren noch am Leben sind und weitergeredet wird, gibt es in den Stücken selbst nur den „totalen" Ausstieg in der Form des Todes als vollständigem Ausstieg aus dem bedeutungsvermittelnden Reden. Dieser selbst wird dann auch nicht mehr kommentiert[356], sondern,

---

[354] Dieses Schweigen ist freilich nur noch in einem gesellschaftlleeren Raum denkbar, vgl. a. Arntzen, Ödön von Horváth. „Geschichten aus dem Wiener Wald", a.a.O., 268, der aus diesem Grunde – zu Recht – im einfachen Schweigen keine Alternative zum Gerede sieht, allein schon, weil die „Sprechfolterung" weit über den Kommunikationsaspekt des Redens hinausgeht.

[355] In dieser Hinsicht wenigstens erweist sich dieses späte Stück als konsequent: das Schweigen ist das in einer zerstörten Welt, das damit keinerlei Resonanz mehr beansprucht, es gleicht einer negativen Utopie. Als Schlusswort dieses Stückes ist das Schweigen zugleich das Ende des Dramas, das keinerlei sinnvolle Einlösung in einer weiteren Handlung mehr anstreben kann.

[356] Vgl. Peter von Matt, Die Rhetorik des Selbstmords. Zum Suizid auf dem Theater, in: ders., Das Schicksal der Phantasie. Studien zur deutschen Literatur, München 1996, 25-34. Mit der hier angeführten „zweitem Dimension", 28, ist den Figuren Horváths auch noch die letzte Freiheit genommen: die absolute Sicherheit im Sterben. Sie sterben weder würdevoll, noch, wie sonst auf der Bühne üblich, aus „letzten Gründen", wie von Matt an anderer Stelle formuliert, „The tongues of dying men..." Zur

bei Elisabeth, mit einer im Gegenteil völlig absurden Sequenz eingeleitet, die die Verweigerung sterbend mitvollzieht:

> Elisabeth: (...) Da fliegen lauter so schwarze Würmer herum
> - *Sie stirbt sanft* (6,68)

Auf diese absurde Weise verabschiedet sie sich aus dem Gerede der anderen Figuren auf der Polizeistation, indem sie sich ihm entzieht. Diese „letzten Worte", die sich so ganz anders ausnehmen (nicht nur als das Sprechen der anderen Figuren, sondern auch das ihrer zahlreichen prominenten Vorgänger, die den Tod auf offener Bühne erleiden) zeugen noch einmal von der Unmöglichkeit zu positiven Formulierungen, die sich in ihrem Tod vollzieht.[357]

Entgegen Horváths eigener Aussage (und wohl auch gegen seine Intention) gibt es damit für die Volksstückfiguren „kein richtiges Reden im falschen"[358]. Wo sich ein Widerstand gegen die allumfassenden Redemuster zu artikulieren sucht, dann allenfalls insofern, als hier der Versuch einer Individualisierung aufblitzt, der aber in seiner Unmöglichkeit einsichtig wird. Wo die Erinnerung an ein dem persönlichen Ausdruck verpflichtetes Reden erahnbar wird, kann sie nicht formuliert werden und bleibt damit auch nicht denk- und lebbar für den weiteren Stückverlauf. Für die Figuren selbst aber gibt es keinen Ausweg.[359] Allenfalls das Schweigen, das dem Tod vorangeht, verhindert, dass die Zerstörten noch in ihrem Sterben von der Prantl zitiert werden und ihnen gar noch Recht gegeben werden könnte. Auch würde es ihnen nichts nützen, wenn sie in Bezug auf ihre Situation „klüger" wären – „kluge" Ansichten gibt es in den Stücken zuhauf. Selbst der „Professor Freud" persönlich

---

Dramaturgie der Todesszene, in: ders., Das Schicksal der Phantasie. Studien zur deutschen Literatur, München 1996, 11-24, 13, sondern vielmehr „wie ein Hund".

357 Vgl. v.Matt, „The tongues of dying men...", a.a.O., 14.

358 Für die späten Stücke der „dritten Phase" gilt diese Einschränkung allerdings nur noch partiell, vgl. Bossinade, Vom Kleinbürger zum Menschen, a.a.O.

359 Ein vergleichbares Problem stellt sich dem „Mann ohne Eigenschaften": „`Jeder Mensch denkt ursprünglich über das ganze Leben nach,´ erklärte er `aber je genauer er nachdenkt, desto mehr engt sich das ein. Wenn er reif ist, hast du einem Menschen vor dir, der sich auf einem bestimmten Quadratmillimeter so gut auskennt wie in der Welt höchstens zwei Dutzend Menschen, der genau sieht, wie alle Menschen, die sich nicht so gut auskennen, Unsinn über seine Angelegenheit reden, und sich doch nicht rühren darf, denn wenn er seinen Platz nur um einen Mikromillimeter verläßt, redet er selbst Unsinn.´", Robert Musil, Der Mann ohne Eigenschaften, Reinbek ²1972, 264. Diese Spezialisierung erweist sich als die einzige Möglichkeit, der andernfalls evozierten „Dummheit" zu entgehen, stellt aber ihrerseits keine lebbare Alternative dar. Gleichzeitig stellt dieses Spezialisieren eine Vertiefung in und eine Angleichung an die Sache dar, das letztlich ein Sich-in-die-Sache-Verlieren bedeutet.

käme nicht angemessen zu Wort, weil auch er nur behaupten könnte, was immer schon da ist. Auch seine Worte würden als Sentenzen im Redestrom des Dramas amalgamiert und der gescheite Reporter Schminke würde ihm sicherlich zustimmen. Selbst etwas meinend, kann kein Einspruch mehr vorgetragen werden, ganz gleichgültig, welche Inhalte er auch immer zu transportieren suchte. Die Behauptung, der Aussagemodus selbst, der sich in der Sentenz am deutlichsten offenbart, ist das Problem. Die vielzitierte „Dummheit“ also kann nicht für den phrasenhaften Charakter der Rede verantwortlich gemacht werden, auch wenn die Figuren selbst sich die größte Mühe geben, „klug“ zu erscheinen. Es würde ihnen letztlich nichts helfen, auch die „beste“ Meinung würde im allgemeinen Redefluss untergehen.
Auch hierbei spielt die „geschlossene Form“ der Stücke, die ein sinnvolles Ende suggeriert, eine wichtige Rolle.[360] Sie scheint den Individualisierungsanspruch auch formal aufzurufen. Gleichzeitig aber kann er nicht mehr adäquat vorgetragen werden, existiert er nur noch als fernste Erinnerung, als die er letztlich immer unterliegen muss. Auf diesem Wege kollidieren Form und Anspruch im Schluss des Dramas, der für manche Figuren gar den Tod bedeutet. Die Auslöschung von Subjektivität, die der Jargon vollzieht, ist auch auf diesem Wege den Dramen eingeschrieben. Anstelle einer dramatischen Handlung im klassischen Sinne ereignen sich fortan Sprachprozesse mit tödlichem Ausgang.

Die oft und auch vom Autor selbst bemühte „Unheimlichkeit“ (11,220) resultiert damit letztlich nicht allein aus einer latenten und verborgenen „Brutalität“ oder eines solchen „Sadismus“, weit mehr resultiert sie aus dem Ausgeliefertsein der Personen an ihre Sprache, indem sie versuchen, den Phrasen komplementären Klischees zu entsprechen. Im Hinblick auf den dramatischen Entwurf der Charaktere sind diese Klischees darum nicht mehr sekundäre, gleichsam aufgerufene Vorbilder, sondern sie müssen als primärer Antrieb des Redens und zuallererst des Denkens betrachtet werden.[361] Der „eigentliche“ Inhalt des Sprechens spielt für die Charaktere als solche und für ihr „Profil“ nicht nur keine entscheidende Rolle mehr, sie sind im Grunde überhaupt nicht mehr voneinander zu unterscheiden. Was sie im Einzelnen sagen erscheint völlig be-

---

360 Horst Jarka, Sprachliche Strukturelemente in Ödön von Horváths Volksstücken, in: Colloquia Germanica 1973, 317-339, 318, übernimmt das von Volker Klotz eigentlich nur auf das klassische Drama bezogene Begriffspaar von der „offenen“ und der „geschlossenen“ Form, um die bei Horváth auftauchende Diskrepanz zwischen aufgerufener Erwartung und tatsächlichen Stückverlauf zu klassifizieren.

361 Arntzen, Ödön von Horváth. „Geschichten aus dem Wiener Wald“, a.a.O., 253, fasst darum den Bildungsjargon nicht als „die Sprache der heutigen Menschen, sondern als das, was sie selber *sind*“. (Hervorhebung J.G.)

langlos, für den Handlungsverlauf wie auch für ihre Charakterisierung, die einzelnen Sequenzen sind völlig austauschbar, haben weder bedeutungstragende noch handlungskonstitutive Funktion.[362] Insofern spielt es auch keine Rolle mehr, dass sich innerhalb der Stücke die verschiedensten Meinungen artikulieren können, ja selbst die Rede einzelner Personen kann von Widersprüchen durchsetzt sein. Diese Widersprüche bleiben sämtlich folgenlos, da sie auf keine bestimmte Sache mehr zielen.[363]
Gerade dann, wenn die Figuren (sich) behaupten und darum umso nachdrücklicher auf Bedeutung insistieren, kann von Bedeutung im herkömmlichen Sinne keine Rede mehr sein. Kein individueller Charakter mehr treibt sie zu diesem Sprechen, sondern allein der Aussagemodus des Jargons. Einzig die jedem Sprechen gemeinsame Überführung ins Allgemeine konstituiert die Redesequenzen, die sich auf dem großen Gemeinplatz treffen, wo sich die einzelnen Aussagen versammeln und zu einem einzigen großen Gerede vermischen, aus dem sich kein Individuum mehr herauskristallisieren lässt.
Mit dieser Ununterscheidbarkeit zwischen den verschiedenen Personen wird aber auch der Charakter als Kategorie für die Interpretation der Volksstücke Horváths schließlich unbrauchbar. Wenn die Figuren sich in ihrem Sprechen kaum bis gar nicht unterscheiden, noch ein „Innen“ zu ihrer Sprachbewegung sich mehr denken lässt, wird mithin der durch die Kategorie der „Demaskierung“ (auch vom Autor selbst) in Anspruch genommene Grundbegriff der „Maske“ zumindest im Hinblick auf seinen traditionellen Gebrauch fragwürdig. Wie schon bei Carl Sternheim ließe sich die „Maske“[364] entgegen ihrer klassischen Bedeutung eher als etwas begreifen, das gleichermaßen nach innen wie nach außen wirkt und damit diese Unterscheidung schließlich hinfällig macht. Weniger als ein „Mittel“, das bewusst zum Schutz und zur Verteidigung eines „Innen“ eingesetzt werde, ermöglicht sie über die Verwischung dieser Grenze von „Innen“ und „Außen“ erst die Realisierung eines „Selbst“. Ähnlich der Stücke Sternheims ist sie das Mittel, mit dem die Protagoni-

---

362 Kurzenberger, Horváths Volksstücke, a.a.O., 38. Diese Austauschbarkeit gilt auch für die einzelnen Szenen innerhalb des Dramenganzen, das kaum mehr als „Gehäuse“ die einzelnen Teile sinnvoll trägt. Auch hierfür kann die Horváthsche Arbeitstechnik der Montage als Beweis dienen.

363 Diese Referenzlosigkeit der einzelnen Partien ist letztlich auch dafür verantwortlich, dass sich aus den Stücken keine Sentenzen mehr herausfiltrieren lassen. Die Dramen haben keinen Bezug mehr nach außen, versperren sich gegen jede Bedeutungsvermittlung, vgl. Kurzenberger, Horváths Volksstücke, a.a.O., 32: „Kein Satz bedeutet, was er meint.“ Fernab jeder Meinung „bedeuten“ diese Sätze überhaupt nichts mehr.

364 Hinter dem Namen des Reporters Schminke könnte sich eine Reminiszenz an Carl Sternheims Familie „Maske“ verbergen. Ähnlichkeiten sind in jedem Fall auch über die Namensgebung hinaus sinnfällig.

sten „ihre Freiheit vor dem nivellierenden Anspruch der Gesellschaft retten“[365] – jedoch nicht durch den bewussten Einsatz der Maske im Dienste der Schaffung einer neuen Identität sondern in der schlussendlichen Abschaffung der Identität als brauchbarem Kriterium.
In einem späteren (wenngleich auch schwächeren) Stück Ödön von Horváths hat dies eine konsequente Fortsetzung gefunden: In „Don Juan kommt aus dem Krieg“ verlangt die Regieanweisung ausdrücklich, dass die insgesamt fünfunddreißig im Stück auftretenden Frauen nicht nur von weniger Darstellerinnen gespielt werden könnten, sondern durchaus auch sollten, da es „keine fünfunddreißigerlei Frauen, sondern bedeutend weniger“ gebe, allenfalls immer wiederkehrende „Grundtypen“(9,13)[366].
Zum Verständnis der Horváthschen Dramaturgie erweist sich der Begriff der „Maske“ insofern als problematisch, weil auch bei bestem Willen sich kein (gewollt) Verborgenes mehr hinter ihr denken ließe. „Maske“ steht, nun verselbständigt, als die einzige Lebensform zu Verfügung, die die alte Dialektik von Schein und Sein hinter sich lässt und sich voll auf die Repräsentation als dem letzten verbliebenen „Existenzial“ konzentriert. „So treten Schein und Sein nicht feindlich auseinander. Wo es auf den Erfolg ankommt, wird ihre Differenz unerheblich.“[367] Und genau diese Irrelevanz findet bei Horváth ihre konsequente Vollendung, indem sie diese Differenz nicht nur für unerheblich erklärt, sondern faktisch abschafft.
Sprechen ist solcherart Maskierten mehr ein Verhaltensmuster als noch (individueller) Ausdruck. Es stützt sich auf die kommunikative Chance des Jargons, der ihnen gewissermaßen ein „Verkehrsmittel“ darstellt, in dem nicht der Sinn des Gesagten zählt, sondern nur noch, inwieweit diese „Maske“ vor Verletzung schützt[368] und inwiefern das sprachliche Zeichen, das sich im Signalcharakter[369] erschöpft, seine kommunikative

---

365 Linke, Carl Sternheim, a.a.O., 63.

366 „Typen“ nun allerdings nicht in einem wie in Abschnitt II.4 aufgerufenen Sinne, sondern als Charaktermasken, die nicht Ausdruck einer individuellen Prägung sind, sondern diese auf Grundmuster reduzieren.

367 Lethen, Verhaltenslehren der Kälte, a.a.O., 62

368 Vgl. Lethen, Verhaltenslehren der Kälte, a.a.O., v.a. 89, der in dem „verkehrstechnischen“ Aspekt des Redens eine mimetische Reaktion auf Versachlichungstendenzen erblickt, mit dem die Schriftsteller der Zeit „zwischen den Kriegen“ auf soziale Desorganisation zu reagieren versuchen. Die Ambivalenz der Maske allein ermögliche ein „schmerzfreies“ Kommunizieren, in dem die notwendige Distanz gewahrt bleibt. Der Preis dafür freilich ist dieselbe Kälte, die auch bei der Horváthschen Bühnensprache zu beobachten ist und in der dann mehr als eine Metapher für zwischenmenschliche Entfremdung zu sehen wäre.

369 Die oben skizzierte „Unterhaltung“ zwischen Elisabeth und dem Schupo zeugte bereits deutlich von dem „Schlüsselreiz“, den solche Signalwörter darstellen, vgl.

Funktion erfüllt. „Ausdruck" wird nicht (wenn auch unabsichtlich) verfälscht, er wird auf diesem Wege seiner Voraussetzungen beraubt und damit als Element des Sprechens unmöglich. Nicht nur die Phrasen, sondern alles Gesagte, besteht so gesprochen aus „Umlaufsätzen".
In diesem undialektischen Einerlei der Maske aber, in dieser totalen Veräußerlichung, die keinem Gegenbegriff der Innerlichkeit mehr Raum ließe, kann auch die „Dummheit" nicht mehr als bestenfalls behebbarer Defekt begriffen werden, da sie weniger eine Eigenschaft als vielmehr eine Verhaltensweise darstellt. Die Figuren sind nicht nur nicht „dumm", sie „sind" im Grunde überhaupt nicht. Diese Entsubstantialisierung scheint in den Stücken Horváths so weit fortgeschritten, dass eine Kategorie wie „Eigenschaft" an sich ihren Sinn verliert.
Eine Durchleuchtung des Sprechens auf „eigentlich" Gemeintes wird dann unmöglich, da sie eine ihrer Grundvoraussetzung in der Unterscheidung von Wesen und Erscheinung sah. Diese Unterscheidung aber, die sich auch durch den Scheincharakter des Bildungsjargons geradezu aufdrängte, lässt sich mit dem hier vorgetragenen Verständnis der Verwendung der Maske nicht länger aufrechterhalten. Das wiederum hat Konsequenzen für einen der Horváthschen Grundbegriffe, der „Demaskierung", der – auch gegen die ursprüngliche Intention des Autors – unbrauchbar wird, sofern er auf das Bewusstsein der Figuren zielt und deshalb neu gefasst werden muss.[370] Im Versuch der Verteidigung, beziehungsweise Aufrechterhaltung der „Persönlichkeit", wird die Fragwürdigkeit dieser Form der Maskierung einsichtig. In der Anstrengung, sich als Individuum zu präsentieren, kollidiert dieser Entwurf mit der durch die dramatische Form an ihn gerichteten Erwartung und stößt somit an seine Grenze. Auf der Bühne entfaltet sich nur noch der Jargon, der die „klassische" Figurenkonzeption als Träger des Dramas ersetzt und ablöst.
Dieses Sprechen fungiert als ein geschlossenes System, aus dem es für die Figuren kein Entrinnen gibt. Darum ist es aber auch nicht ihre eigene Sprache, in der sie sprechen und in der sich Unmittelbares zu artikulieren vermag. Weder in der Rede, noch in der Handlung lässt sich ein solches nicht nur nicht formulieren, sondern überhaupt nicht mehr vorfinden. Die Figuren ließen sich gleichsam als „sprachohnmächtig" begrei-

---

Tucholsky, Gesammelte Werke, a.a.O., Bd.9, 69: „Ich will euch was sagen(...), bei solchen Antworten kommt es gar nicht darauf an, obs auch stimmt. Nur stramm antworten."

370 Bereits Hildebrandt, Jargon der Uneigentlichkeit, a.a.O., 110, weist darauf hin, dass „wo die Figuren nicht Herr ihrer Sprache sind", der Begriff der Demaskierung im eigentlichen Sinne unmöglich wird. Dennoch zieht Hildebrandt hieraus nicht die volle Konsequenz, da der Begriff der „Eigentlichkeit" zumindest implizit in seiner Darstellung erhalten bleibt.

fen indem sie ihren „eigenen“ Redemustern erliegen. Aus diesem Grunde erscheint es dann aber auch unsinnig, überhaupt noch von Charakteren zu sprechen, von denen – so entstellt sie auch sein mögen – eine wie auch immer geartete „Eigentlichkeit“ als ein wie stark auch immer deformiertes Inneres sich abziehen ließe. Ihr Verhältnis zum von ihnen gesprochenen Wort zeugt als stärkster Ausdruck ihrer Unnatürlichkeit vom Verlust jedweder Individualität, beziehungsweise von ihrer vollständigen Unkenntlichkeit und darum auch Irrelevanz.

Aufgrund der Befangenheit der Figuren, die dem selbstinszenierten Redefluss nicht zu entkommen vermögen und sich in ihm unauflöslich verwickeln, ist hierin ein tatsächlich sprachkritischer Ansatz zu verzeichnen, der nun wirklich sich von der Bedeutungsebene löst und dem die Sprache der Figuren nicht mehr der Träger einer decodierbaren Bedeutung ist. Als solche weist diese Sprache deutlich über die Ebene des Meinens hinaus und kann selbst nicht mehr von ihr restlos eingeholt werden, sie weist auf eine – sich im dramatischen Konflikt offenbarende – Problematik, die im Wesen des Sprechens selbst wurzelt und von dem die „Stille“ und das – trotz des ständigen Geredes – permanente (aber unabsichtliche) Aneinandervorbeireden zeugen. Die Horváthsche Bühnensprache kann insofern – über ihre Funktion als Gradmesser für die Bewusstseinslage faschistoider Typen, die gewissermaßen nur ein netter Nebeneffekt ist – als mehr denn ein bloßes Medium eines falschen Bewusstseins, sondern auch als primärer Gegenstand des Interesses gelten, gerade weil die formelhafte Sprache seinen Figuren etwas Primäres war, das nicht sie besitzen, sondern von dem sie besessen werden und das unabhängig von Intention oder psychischer Disposition der Figuren für den Handlungsverlauf verantwortlich ist. An die Stelle von Charakteren im traditionellen Sinne scheint es, als habe die Sprache selbst deren Rolle übernommen, indem sie sich selbst in Szene setzt, indem gezeigt wird, was ihre Mechanismen letztlich den Figuren antun. Dies jedoch kann nur noch gezeigt werden und ist selbst nicht mehr sagbar. Kritik kann sich nicht länger auf dargestellte Phänomene oder auf die Figuren und ihre geistige Disposition richten, sie entfaltet sich allenfalls innerhalb der vorgestellten Totalität, die selbst keinerlei Bedeutungen mehr vermittelt.

Stattdessen entwickeln die Stücke eine undynamische Zuständlichkeit, der nahezu alle für das „klassische“ Drama zentralen Kategorien verlorengegangen sind. Statt etwas vorzuführen, breitet sich in ihnen etwas aus, ein insofern bedeutsamer Unterschied, als sich hier keine Perspektive mehr verorten ließe, von der aus etwas gezeigt würde. Sowohl der Betrachter als auch der „Zeigende“, der (intentional) etwas vermitteln möchte, verschwinden hinter dem Gerede und klinken sich aus einem möglichen Diskurs aus. Die vorgeführte Isolierung bleibt sich selbst überlassen, bar aller – im doppelten Sinne – „Vermittlungsversuche“.

Vor diesem Hintergrund ist auch die in Abschnitt I.2. getroffene Unterscheidung zwischen dem Sprachgebrauch der Nestroyschen und der Horváthschen Figuren besser einzuordnen und der Grund benannt, warum sich die Horváthschen Figuren nicht mehr ähnlich souverän verhalten können wie noch die Nestroys, weshalb ihnen die zumindest stückimmanente Sprachmächtigkeit verloren gegangen ist und woher ihre „Geworfenheit" rührt.
Konnte zunächst ob der vielen Ähnlichkeiten für Horváth scheinbar ein ähnlicher Sprachgebrauch angenommen werden – die schroffe Gegenüberstellung inadäquater Sequenzen und die hieraus vermeintlich bewusste Erzeugung von „Merk-würdigkeiten", die eine Erkenntnis freisetzt – müssen hinsichtlich des möglichen Erkenntniswertes bei Horváth nun erhebliche Zweifel angemeldet werden.
In den „Geschichten aus dem Wiener Wald" findet sich eine Stelle, die auf den ersten Blick so auch bei Nestroy vorkommen könnte, wenn Alfred anmerkt:

ALFRED Pech muß der Mensch haben.(4,148)

Wie bei vielen Nestroyschen Figuren wird hier eine stehende Redewendung in ihr Gegenteil verkehrt. Auf diesem Wege wird die Vorlage zum Einen überhaupt erst als Phrase, zum Anderen in ihrer Fragwürdigkeit und vor allem „Hohlheit" erkennbar.[371]
Wenn nun die hier zitierte Äußerung Alfreds beispielsweise als Ausdruck seines Sarkasmus gelesen werden kann, so steckt doch in diesem Falle mehr dahinter. Nur scheinbar bedient er sich überlegen des Stilmittels der Verdrehung, ihm fehlt die Souveränität, die es ihm erlaubt, auf sprachliche Weise mit den Dingen fertig zu werden (der weitere Stückverlauf zeigt: er wird es nicht). Wie zu sehen war, ist den Horváthschen Figuren in den meisten Fällen nicht einmal Absicht zu unterstellen, ist ihnen die Verfügungsgewalt über die Sprache verlorengegangen, auch und gerade dann, wenn sie sie umso demonstrativer beschwören.
Bei Nestroy hingegen lagen die Dinge noch anders. Scheint die evozierte Verfremdung bei ihm in einer Sprachbewusstheit der Figuren noch gleichsam wohlgeborgen, so findet sich bei Horváth nichts Vergleichbares mehr. Nestroys Figuren nämlich sind in den meisten Fällen durchaus Herr ihrer eigenen Sprache, sie setzen die Wortspiele und -verdrehungen, sowie die Wort- und Satzungetüme zumeist sehr bewusst ein, etwa wenn Titus im „Talisman" von einer „millionärrischen Ge-

[371] Auch für Karl Kraus war dieses Stilmittel noch durchaus typisch, z.B. bei „Wes das Herz leer ist, des gehet der Mund über", Karl Kraus, Aphorismen. Sprüche und Widersprüche. Pro domo et mundo. Nachts, herausgegeben von Christian Wagenknecht (=K.K., Schriften Band 8), Ffm 1986, 156.

winnvermehrungspassion" spricht.[372] Und in derselben bereits zitierten Szene bediente er sich auf virtuose Weise der auf den Plan gerufenen botanischen Metapher – er spekuliert auf die Stelle des Gärtnergehilfen – , um seinen eigenen (im Grunde durchaus ungünstigen) Lebenslauf „aufzupeppen":

> TITUS Ein exotisches Gewächs: Nicht auf diesem Boden gepflanzt, durch die Umstände ausgerissen und durch den Zufall in das freundliche Gartengeschirr Ihres [der Gärtnerin, J.G.] Hauses versetzt, und hier, von der Sonne ihrer Huld beschienen, hofft die zarte Pflanze, Nahrung zu finden.[373]

Zwar musste diese Souveränität in Teilen eingeschränkt werden – veranschaulicht durch das Beispiel vom Spund, ebenfalls im „Talisman", dem das „enthüllende Spiel" geschieht anstelle dass er es vorantreibt – jedoch zeigt sich gerade in solchen Passagen die ursprüngliche Kraft und Qualität, die Nestroy der Sprache zumisst. Sie selbst „bringt die Wahrheit an den Tag" und zwar gerade an Stellen, wo dies durch einen falschen Gebrauch verhindert werden soll. Die Figuren, die die Sprache manipulativ benutzen, scheitern im Ende, diejenigen aber, die sich auf ihre Kraft verlassen, werden dafür belohnt, sofern sie auf deren „reinigende" Wirkung vertrauen.
Somit lassen sich in den Nestroyschen Stücken verschiedene Arten der Sprachverwendung verzeichnen und auch dabei spielt der Dialekt eine entscheidende Rolle.[374] Hier gibt es noch die Unmittelbarkeit des Seins, die sich in der Sprache ausdrückt, beziehungsweise in dieser selbst wurzelt. Auf diesen archimedischen Punkt ist Verlass und er sorgt auch dafür, dass die Stücke ihren guten Ausgang finden. Lediglich die Figuren, die sich in bewusst manipulativer Absicht von diesem Grund des Dialekts entfernen, büßen letztlich ihre Wahrhaftigkeit ein.

Wenn nun die Figuren Nestroys auch gleichsam unabsichtlich diesem Sprachwitz erliegen, so ist er nichtsdestotrotz vorhanden, ihrer Unselbständigkeit ist eine andere Form der Souveränität gegenübergestellt.
Und wenn zum Beispiel der Plutzerkern im „Talisman" seiner Geringschätzung gegenüber Titus als einem möglichen neuen Gärtnergehilfen mit den Worten Ausdruck verleiht

---

[372] Nestroy, Der Talisman, a.a.O., 23.
[373] Nestroy, Der Talisman, a.a.O., 22.
[374] Vgl. Basil, Nestroy, a.a.O., 7 zur Einheit von Dialekt und Dialektik. Bei Horváth dagegen gilt, was schon für die ursprüngliche Ambivalenz der Maske zu verzeichnen war: auch diese Dialektik geht im Einheitsbrei des Jargons verloren.

PLUTZERKERN Mit so einem G'hilfen wär' ihr [der Gärtnerin, J.G.] schon g'holfen - wie die mich jaget, wann ich ihr das Floriansköpfel brächt'![375]

so muss man ihm zwar nicht unbedingt einen absichtlichen Witz und damit eine Souveränität über Sprache und Witz zubilligen. Dennoch verweist der Witz auf eine den Stücken eingeschriebene Instanz, die sich zu den vorgeführten Phänomenen zeigend verhält, indem sie sie wissend anordnet und über sie gebietet. Bisweilen ließ sich ja sogar die Stimme des Autors fast unverhüllt in den Couplets vernehmen, der sich wertend zu den vorgestellten Ereignissen verhält. Hier stellt er die zentrale Perspektive dar, die in der Sprachsicherheit wurzelt und die von dort aus die Alternative von „wahrem" oder „falschem" Reden eröffnet.
Diese Freiheit, sich zu dem Sprachgeschehen zu verhalten nun, ist in den Volksstücken Horváths vollständig verloren gegangen. Mit der Alternative geht auch die Freiheit des Umgangs mit der Sprache verloren. So gibt es bei Nestroy noch einen chaotisch-anarchischen Unsinn, der sich letztlich befreiend entlädt.[376] Wortspiel und Witz fallen fast immer zusammen und wirken so befreiend gegenüber einem im Konventionellen erstarrten Denken (das heißt: Nicht-Denken). Im Gegensatz zu dieser – erneut im doppelten Sinne – „Lösung" verfahren die Stücke Horváths genau umgekehrt. Hier wird nichts mehr bewegt; die Starre wird auf die Spitze getrieben. Der Jargon ist nicht nur insoweit totalisiert, als die Figuren jedwede Freiheit des Umgangs mit ihm einbüßen, auch eine der Stimme des Autors vergleichbare Instanz scheint vollständig im Einheitsbrei des Geredes amalgamiert und untergegangen. Die Sprache verselbständigt sich in ihrer Alternativlosigkeit total, steht nicht mehr unter der Obhut einer zentralen Instanz oder eines Sinngehaltes, der für einen positiven Handlungsverlauf einsteht.[377]
Darum geht auch der Standpunkt dessen, der sich zu den vorgeführten Ereignissen zeigend verhält, verloren; ein distanziertes oder gar souveränes Verhältnis zu einer wahrheitsstiftenden Sprache lässt solche Freiheit nicht mehr zu. Besonders deutlich wird das in den Regieanweisungen, in denen sich die Stimme des Autors mimetisch dem Jargon der Figuren angleicht. Der „Autor" tritt völlig hinter dem Text zurück, verschwindet in ihm. Davon zeugt die totale Vermitteltheit einer Regieanweisung wie „An der schönen blauen Donau", die sich, selbst Zitat, dem

375 Nestroy, Der Talisman, a.a.O., 10.
376 Allerdings nicht Blödsinn, wie Mautner, Nestroy, a.a.O., 117, anmerkt; der Sinngehalt bleibt, gleichsam als Dianegativ, als Folie erhalten.
377 Auch hier spielt der „positive" Schluss eine Rolle. Selbst wenn dieser schon bei Nestroy zum Teil ironisch gebrochen wird, ist hier ein Standpunkt vermittelt, von dem aus die Negation zu beurteilen wäre.

Klischee völlig anpasst und somit zeigt, „daß schon die Landschaft unter dieser Phrase erfaßt wird“[378], noch ehe die Figuren etwas „Eigenes“, von der Phrase Unterschiedenes, erleben könnten.
Nicht nur die Figuren zitieren also permanent, auch die Regieanweisungen sind voll solcher Zitate, was im Übrigen das vielleicht schlagendste Argument gegen die behauptete Natürlichkeit der Abbildungen ist. Neben solchen entliehenen Zitaten, die in ihrer bestimmten Herkunft auf die Vermittlung des Geschehens verweisen und kein eigenständiges Szenarium mehr aufrufen, finden sich in den Stücken aber auch Stellen, wo die Texte sich selbst zitieren. Als etwa der Stadtrat in „Italienische Nacht“ seine Frau Adele als seine „bessere Hälfte“ bezeichnet (3,32) wird die erste Reaktion Adeles wie folgt vorgestellt

> DIE BESSERE HÄLFTE *lächelt unsicher* (3,32)

Solche Bezeichnungen und Anmerkungen sind ausschließlich epischer Natur, sie drücken etwas nicht Sichtbares aus und weisen darum über ihren funktionalen Wert hinaus. Vergleichbar der „Besseren Hälfte“ werden im Fragment zur „Lehrerin von Regensburg“ zwei Personen als „Der Zuständige“ und „Der Nichtzuständige“ bezeichnet[379] und der Beichtvater in den „Geschichten aus dem Wiener Wald“ „sieht Oskar Wilde ähnlich“(4,44).
Letztgenanntes Beispiel stellt hierbei zugleich eine Ausnahme dar. Nur in den seltensten Fällen nämlich verhalten sich solche Anweisungen selbständig und souverän zeigend. Sicherlich beschreiben und erzählen sie und kommentieren das Geschehen auch, jedoch ist hierin keine objektive Beschreibung oder Erläuterung zu sehen. Bartsch verweist mit Recht auf den epischen Charakter der Dramen[380], jedoch sind diese epischen Elemente vollständig in das dargestellte Sprachgeschehen eingebunden. Deshalb scheint es auch problematisch zu behaupten, die Regieanweisungen verhalten sich auf diesem Wege gleichsam „zeigend“ zu den dargestellten Phänomenen. Sie sind ironisch gebrochen, bisweilen nur leicht, wie in „Glaube Liebe Hoffnung“

> Elisabeth *erwacht aus ihrer Ohnmacht, ist aber noch immer abwesend – nun sitzt sie auf der Bank und sieht sich um. Noch faßt sie nichts, und nur allmählich kommt ihr wieder die Erinnerung.*(6,62)

---

[378] Vgl. Arntzen, Ödön von Horváth. „Geschichten aus dem Wiener Wald“, 252.
[379] stmEM 34/5.
[380] Bartsch Ödön von Horváth, a.a.O., 42. Hierunter fällt auch der episierende Charakter der Musikeinlagen.

an manchen Stellen aber – insbesondere in „Kasimir und Karoline“ – gleichen sich die Regieanweisungen dem Duktus der Figuren nahezu vollständig an und begeben sich damit jeder Freiheit, sich zumindest neutral zu den Geschehnissen zu verhalten. So „fressen“ Speer und Rauch „nun ein zartes knuspriges Huhn und saufen Kirsch und Wiesenbier“(5,27). Besonders deutlich wird dieses Sprechen gleich zu Beginn desselben Dramas, wo wie folgt in die Szenerie eingeführt wird:

Rechts ein Haut-den-Lukas – (das ist so ein althergebrachter Kraftmesser, wo Du unten mit einem Bolzen draufhaust, und dann saust ein anderer Bolzen an einer Stange in die Höhe, und wenn dann dieser andere Bolzen die Spitze der Stange erreicht, dann knallt es und dann wirst Du dekoriert, und zwar mit jedem Knall für einen Orden (5,11)

Bis hin zum umgangssprachlichen Gebrauch der Füllwörter, der auch für die Figurenrede konstatiert werden konnte, gleichen sich die Regieanweisungen und Beschreibungen dieser an:

Nämlich es ist bereits Nacht geworden... (5,18)

Der Effekt dieses Duktus ist identisch mit der ironischen Grundhaltung, die sich in ihm in Reinform offenbart. Der spöttische Unterton relativiert alles Gesagte zugleich wieder, lässt sich auf keinen Standpunkt festlegen und entzieht sich jeder Stellungnahme; er ist eine einzige Hintertür.
Die vermeintliche Kommentatorengestalt drängt sich damit gerade nicht in den Vordergrund; sie zieht sich vielmehr zurück und entzieht sich einem Zugriff.
Wenn Hajo Kurzenberger behauptet, Horváths Theater besitze Merkmale des epischen Theaters[381], so ist ihm zwar insofern zuzustimmen, als es weniger eine Handlung entwickelt, sondern vielmehr Zustände darstellt.[382] Dabei kann er sich, wie so oft, auf den Autor selbst berufen, der von seiner „neuen Form“ anmerkt, sie sei „mehr eine schildernde als eine dramatische“(11,202). Episch versteht sich hier vor allem als Abgrenzung zum dramatischen Charakter; diesmal im Gegensatz zum ebenfalls vom Autor erhobenen Anspruch, wonach „jede Szene dramatisch“ sei. Dieser Anspruch kann schon insofern nicht eingelöst werden, weil die damit verbundenen „Wandlungen“ der Personen (11,216) letztlich nicht zustande kommen, nicht zustande kommen können, da schon das Ver-

[381] Kurzenberger, Horváths Volksstücke, a.a.O., 45.
[382] Vgl. Doppler, Bemerkungen zum dramatischen Verfahren der Volksstücke Ödön von Horváths, a.a.O., 20, wonach Horváths Stücke im Gegensatz zum alten Volksstück ihre Bedeutung mehr aus dem Dialog denn aus der Handlung gewinnen.

ständnis vom Bühnenpersonal als Personen im klassischen Sinne obsolet geworden ist.
Die Stücke haben keine Hauptfiguren, keine Protagonisten mehr, die Dialoge sind nicht mehr handlungsfördernd und stehen in keinerlei Beziehung zu ihr[383], es gibt genau genommen überhaupt keine Fabel mehr: alles Merkmale, die für eine fortgeschrittene Episierung der Stücke auf Kosten ihres dramatischen Charakters sprechen.
Innerhalb der epischen Gestaltung nimmt Kurzenberger nun aber an, es gebe weiterhin einen Integrationspunkt, bei dem die Fäden der Darstellung zusammenliefen. Wo auf die Kommentatorengestalt verzichtet wird, werde die Zeigefunktion durch das Szenen- und Dialogarrangement ersetzt, in dem sich ausdrücklich *der Autor* als eben diese Integrationsfigur artikuliere.[384] Ganz im Gegenteil scheint mir aber, dass dieser Integrationspunkt durch die episierenden Züge mit den ironischen Brechungen gleich wieder zurückgezogen wird und er vollständig im Text verschwindet, beziehungsweise hinter ihn zurücktritt.
Übernimmt Irene in der „Lehrerin von Regensburg" zu Beginn noch die Funktion eines Spielleiters, wenn sie das folgende Geschehen mit der Formulierung „Sie sollen es sehen" ankündigt[385], so ist in den vier Volksstücken auch in den Regieanweisungen nichts Vergleichbares zu verzeichnen.[386] Niemand mehr zeigt, „Es" zeigt sich als totales (Selbst-)Zitat. Weder innerhalb, noch außerhalb der Stücke (das heißt auf Seiten des Zuschauers), ließe sich ein Standpunkt jenseits dessen denken, „was der Dichter nur noch zitieren kann"[387], gibt es „keine Position jenseits der vorgeführten Struktur"[388]. Volker Klotz merkt diesbezüglich zu Recht an, dass hierin „ein entscheidender Zug von Horváths Publikumsdramaturgie (liegt). Sie eröffnet dem Publikum von der Bühne her keine zusätzliche Sprach- und Sprechperspektive, die den engen Radius der dramatischen Personen irgendwie sprengte, korrigierte, widerlegte oder auch nur erläuterte"[389]. Sie wird von der totalen Präsenz des Jargons erstickt.

Um noch einmal den Bogen zurück zu Nestroy zu spannen, so ist damit deutlich, dass alle sinnstiftenden Elemente und alle archimedischen

---

383 Klotz, Dramaturgie des Publikums, a.a.O., 193.
384 Kurzenberger, Horváths Volksstücke, a.a.O., 42.
385 stmEM 19.
386 Demzufolge scheint es, nehmen auch hier die Volksstücke eine Sonderstellung im „Gesamtwerk" Horváths ein, die ihnen letztlich zum Vorteil gereicht, vgl. Kap. IV.
387 Nolting, Drama des Tonfalls, a.a.O., 124.
388 Bernhard Greiner, Die Geburt der Komödie aus dem Geist der Metapher: Horváths Geschichten aus dem Wiener Wald, in: B.G., Die Komödie. Eine theatralische Sendung: Grundlagen und Interpretationen, Tübingen 1992, 378-392, 392.
389 Klotz, Dramaturgie des Publikums, a.a.O., 190.

Punkte, die zumindest ein Stück weit Sicherheit und Perspektive verbürgten, nun eliminiert sind. Mit ihnen verschwindet auch die Möglichkeit, sich sinnvoll distanziert zum Bühnengeschehen zu verhalten.

Die skizzierte Standpunktlosigkeit der Stücke lässt sich damit von zwei Seiten her feststellen. Zum Einen konnte gezeigt werden, dass sich innerhalb der Stücke (und schon gar nicht in der Person des Autors) kein überlegener Standpunkt mehr verankern lässt, der, gleichsam zeigend, eine Demaskierung vollzieht, beziehungsweise dass sich kein Standpunkt mehr sinnvoll zu den Stücken verhält. Anders als bei Brecht gibt es hier „keine Position des Darüberstehens und des Richtens"[390]. Fernerhin bleibt auch dem Zuschauer kein Raum für die (doch reklamierte) Analyse der Bedingungen des Bildungsjargons, da dieser über den Scheincharakter hinaus als „Meinung" problematisch ist und sich als solche jedweder „sachlichen", selbst nur behauptenden Kritik entzieht. Damit kassiert der Jargon von zwei Seiten her den Raum für möglichen Einspruch, entzieht er ihm die Grundlage. Insofern erweist sich der Jargon als im doppelten Sinne total.
Einer positiv zu formulierenden Kritik ist jedwede Basis entzogen, der Jargon selbst ist nicht transferierbar. Aus diesem Grunde lehnt Horváth auch alles Parodistische für seine Stücke ab (11,203; s.a.11, 212), Übertreibung wird sinnlos, „wenn die Tatsache zur Karikatur der Übertreibung wird"[391]. Selbst die Satire aber ist von dieser Allgegenwart des Geredes betroffen, da sich kein Standpunkt außerhalb mehr denken ließe. Auch in diesem Punkte weisen die Volksstücke Horváths an entscheidender Stelle über ihren eigenen Anspruch hinaus. Folgerichtig begreift Winfried Nolting den „satirisch zu entwickelnden[n] Abstand" als den „möglichen[n] Rest an Utopie"[392], utopisch insofern, als ein durchaus aufgerufenes Jenseits des Jargons (das in den späten Stücken wieder in die Texte selbst integriert ist, worauf beispielsweise der Schluss von „Pompeji" verweist) gerade verweigert wird. Diese Konsequenz wurde für die Volksstücke freilich oftmals nicht erkannt. Wo immer in der Sekundärliteratur von „Utopie" die Rede ist, wird diese mit der kritischen Perspektive des Zuschauers in Verbindung gebracht, jedoch ohne auf den Widerspruch aufmerksam zu machen, in dem diese Perspektive zur Standpunktlosigkeit der Stücke steht. In der Erkenntnis der totalen Negativität diente ein verschwommener Utopiebegriff oftmals nur dazu, die Leere, die entsteht, wenn gleichzeitig der Anspruch auf Erkenntnis aufrechterhalten wird, zu kaschieren.

---

390 Greiner, Die Geburt der Komödie aus dem Geist der Metapher, a.a.O., 379.
391 Kraus, Aphorismen, a.a.O., 417.
392 Nolting, Drama des Tonfalls, a.a.O., 130.

Einzig ein negativer Utopiebegriff ließe sich angemessen auf die Stücke anwenden, der versucht, als Verneinung das skizzierte Spannungsverhältnis auszutragen, anstatt es, komplementär zur Situation der meisten Figuren, zu überreden. Er hätte nicht auf einen fernen, quasi jargonfreien Ort zu zielen, sondern auch ein wie in „Pompeji" dargestelltes Schweigen nicht als Alternative zum „besseren Wissen" eines Reporter Schminke gelten zu lassen. Die totale Negativität, die eben nicht nur in den Dramen entwickelt wird, sondern von dort aus auch auf die Distanz des Zuschauers zielt, lässt sich durch einen wie auch immer positiv aufgeladenen Utopiebegriff, der ihn über das Bühnengeschehen erhebt, nicht kompensieren.[393] Wo die Fremdbestimmtheit raumübergreifend wirkt, kann sich keine Komik mehr entfalten. Sie erschöpft sich im Formalen, das jedwede Idee eines autonomen Dramensubjekts ausklammert. Ohne ein auch nur denkbares positives Gegenbild wird komische Diskrepanz nicht mehr möglich.

Mit der Souveränität ist sowohl dem Zuschauer als auch den Stücken selbst die Fähigkeit zum Auslachen verloren gegangen. Ein befreiendes Lachen[394] verliert sich in der Allgewalt des Geredes, zu dem der Rezipient sich nicht mehr distanziert zu verhalten vermag. Weder auf der Ebene des Bühnenpersonals, noch auf der des gesamten Geschehens ließe sich sinnvoll eine Unterscheidung zwischen „Innen" und „Außen" aufrechterhalten. Anstatt die erstarrende Gewalt des Jargons aufzulösen, zeigt das fehlende Lachen bei Horváth an, dass sie, auf ihre Spitze getrieben, den fehlenden Standpunkt letztlich auflöst.[395] Unabhängig vom „Bedrohungsgrad" der dargestellten Ereignisse ist die Entfaltung von Komik immer dann möglich, wenn sich die Vorgänge – und in diesem Fall die Bühnensprache – erklären und auflösen und damit entschärfen lassen. Dass dies bei Horváth durch die Verdichtung nicht mehr möglich ist, dass hier der Raum für diese Auflösung eingeengt wird, erzeugt die eigentliche Unheimlichkeit; mehr als dies alle Faschisten, Sadisten oder sonstige (Trieb-)Täter gemeinsam könnten.

Anders als bei Nestroy sind sowohl der Zuschauer als auch ein potenzieller „allwissender Autor" zu nahe „dran"[396] und damit fehlt ihnen die zentrale Voraussetzung zur (komischen) Auflösung der Konflikte. Diese

---

393 An dieser Stelle zeigt sich eine Schwäche der Darstellung Winfried Noltings, der das utopische Potenzial nur für die Seite der Stücke bestreitet, dem Leser jedoch durchaus den Raum zur Entwicklung eines satirischen Abstandes zugesteht, s. Nolting, Der totale Jargon, a.a.O. 24.

394 Zur befreienden, zurechtrückenden Funktion des Lachens vgl. Karlheinz Stierle, Komik der Handlung, a.a.O., 250.

395 Zur Lösung der Erstarrung vorhandener Klischees bei Nestroy vgl. Mautner, Nestroy, a.a.O., 62.

396 Oder auch zu weit weg vom Geschehen, vgl. hierzu IV.

aber muss verbürgt sein, damit Lachen überhaupt erst entstehen könnte, und mit ihm „der Ernst all dessen, was Mitleid u.a. auslösen könnte, aus dem Spielraum des Komischen verbannt sein"[397]. Die Voraussetzung solchen Verlustes, die bessere Alternative, ist bei Horváth verschwunden, die Ausweglosigkeit wird evident.

Für die Horváthschen Grotesken bedeutet dies, dass sie sich – über eine mögliche aufklärerische Intention hinaus – angesichts der totalen Fremdbestimmung bis zu dem Punkt verdichten, an dem eine komische Enthebung nicht mehr möglich ist, einfach weil ihre elementare Voraussetzung, der Kontrast, verschwunden ist.[398] Aus diesem Grund lässt sich nicht mehr von einem satirischen Verzerren sprechen, weil dieses der positiven Folie bedarf.[399] Horváths Komik ist deshalb zweifelsfrei mehr als nur ein – wie Reinhold Grimm behauptet – „unselbständiges Mittel zu einem außerästhetischen Zweck"[400], der sich wohlgeborgen in der Reflexion des Zuschauers oder im Zeigemodus der Stücke verankern ließe. Ihr Fehlen verweist bis in den Stückverlauf hinein auf die fehlende Utopie, die sich nicht beliebig wieder einsetzen lässt.[401]
Nach dem Verlust der komischen Enthebung und der nahezu vollständigen Beschneidung der satirischen Perspektive kann einzig Horváths Anspruch auf Ironie aufrechterhalten werden, und zwar sofern er die Haltung bezeichnet, die der Text zu sich selbst einnimmt. Wo die Texte sich selbst zitieren, geht auch der Autor in ihren Duktus ein, nimmt er sich selbst zurück und erhebt damit die „Uneigentlichkeit" zum Prinzip.[402]

---

397 Hans Robert Jauß, Zum Problem der Grenzziehung zwischen dem Lächerlichen und dem Komischen, in: Wolfgang Preisendanz u. Rainer Warning(Hg.), Das Komische, München 1976, 361-72, 366.
398 Stierle, Komik der Handlung, a.a.O., 265, nennt in diesem Zusammenhang Kafka. Ohne dass sich Stierle in seinem Aufsatz auf Horváth bezöge ein in dieser Hinsicht reizvoller Vergleich.
399 Vgl. Grimm, Komik und Verfremdung, a.a.O., 256.
400 Grimm, Komik und Verfremdung, a.a.O., 268.
401 Aus diesem Grunde klagen auch die scheinhaften Lösungen nicht einfach die realen ein, wie Dieter Wellershoff, Die Irrealität der Komödie als utopischer Schein, in: Wolfgang Preisendanz u. Rainer Warning (Hg.), Das Komische, München 1976, 379-83, 380, behauptet. Einem besseren Schluss bleibt kein Raum, ohne den Stücken in ihrer Struktur Gewalt anzutun. vgl. Helmut Arntzen, Die ernste Komödie, in: Wesen und Formen des Komischen im Drama, hg. v. Reinhold Grimm u. K.L. Berghahn, Darmstadt 1975, 419-440, 432: „Die problematische Situation des Einzelnen wie der Gesellschaft macht auch die Komödie problematisch."
402 Vgl. dazu den Ansatz Greiners, Die Geburt der Komödie aus dem Geist der Metapher, a.a.O., 390, der die Horváthsche Ironie als der Metapher verwandt betrachtet und in den Stücken dieses Prinzip des „etwas anderes sagen als man meint" verabsolutiert und damit die aufgerufene „Eigentlichkeit" als sinnloses Kriterium be-

In der Ironie bedeutet witzig sein immer zugleich, etwas nicht ganz ernst zu meinen. Diese „Synthese aus Ernst und Ironie" erlaubt es, sich der Wirklichkeit zu stellen und ihr zugleich auszuweichen; sie ist der Modus Vivendi, der zwischen den Stühlen noch zu schreiben gestattet.

Inwiefern sie sich tatsächlich der ungeschminkten Wirklichkeit uneingeschränkt stellt und ihr standhält, welche Voraussetzungen erfüllt sein müssen, um sich diese Ironie auch jenseits der „Laborsituation" leisten zu können, wird allerdings noch zu klären sein.

---

trachtet. Leider wird dieser interessante Ansatz bei Greiner nur gestreift und nicht weiter vertieft.

IV. EPILOG: ABGESANG MIT SELBSTÜBERLISTUNG

„Meinungen hat jeder. Die eines Schriftstellers sind belanglos."
Ingeborg Bachmann

„Zur Dichtung gehört wesentlich das, was man nicht weiß... Eine fertige Weltanschauung verträgt keine Dichtung."
Robert Musil

1. Lachen am Nullpunkt: Die Ironie und die „letzten Fragen"

Für die Wahrheit zu kämpfen und sich zugleich – um eben dieser Wahrheit willen – komplett aus den Dingen herauszuhalten, stellte eine Gradwanderung dar, die der Autor durch seine „Synthese aus Ernst und Ironie" glaubte meistern zu können. Sie basiert auf einer Distanz und auf einer selbst geschaffenen Freiheit, die von den Dingen entkoppelt. Diese Freiheit wiederum verdankt sich einer unverwundbar klugen Perspektive und einem daraus hergeleiteten Überlegenheitsgefühl. Und auch wenn diese Perspektive auf die Stücke – ungewollt – nicht übertragen wird, so ist sie doch nicht ohne Einfluss auf das, was sich letztlich auf der Bühne abspielt. Allenthalben ist zu vernehmen, dass die Form von Freiheit und Souveränität, die die künstlerische Gestaltung erst möglich macht, sich in dieser schließlich verliert. Diesen Widerspruch überbrückt der ironische Tonfall, indem er ihn durch einen Humor zu kaschieren versucht, der eine Deutungshoheit weiterhin einklagt, in diesem Anspruch aber zugleich zerrieben wird. Horváths Ironie ist – wie ein Stück weit jede Form der Ironie – auch ein (uneingestandenes) Zeichen der Schwäche und der Unterwerfung. Ihr resignativer Zug ist zugleich Kehrseite ihrer Aggressivität und zeigt ihre Perspektive an: sie kommt von unten.

In den Werken selbst wird dieser Widerspruch als der zwischen einem moralischen Anspruch und seiner Verweigerung ausgetragen.[403] Ein

[403] Insofern widersprechen sich die vermeintlich gegensätzlichen Aussagen zur Moralität des Autors im Kern nicht, da sie sich auf andere Dinge beziehen: einmal auf den Autor, einmal auf die Stücke, die seinen Anspruch ins Leere laufen lassen. Die Horváthsche Intention, sein schriftstellerischer Impuls, blieb anhand der Selbstaussagen an einigen wichtigen Stellen unbefriedigend unbestimmt. Was sich nun aber herauskristallisiert hat, ist die Ambivalenz zwischen Zynismus einerseits und einem strengen Moralbegriff andererseits. Diese Ambivalenz muss freilich nicht als Widerspruch begriffen werden, da sie in einigen Teilen mit den gleichen Maßstäben, z.B. der moralischen Empörung, arbeitet. Dennoch – und das war für ein angemessenes

mögliches „Ideal" ist zwar aus den Selbstaussagen in Teilen rekonstruierbar und versteht sich angesichts des „common sense" praktisch von selbst. Und so gesehen könnte man die Stücke als Satire verstehen. Aus den Texten selbst aber ist das „Ideal" restlos getilgt; es bloß nach den Gesetzen der Wahrscheinlichkeit und mit Rücksicht auf den Autor weiterhin hineinzulesen, erscheint mir deshalb im Grunde unlauter.
Zugleich manifestiert sich in dieser Ambivalenz eine tief greifende Unentschiedenheit, was Horváth seinem Theater glaubte zutrauen zu können: der – wenn auch unbestimmten – wirkungsästhetischen Absicht, nach der das Theater im Grunde von einer Offenlegung von Missständen, dem Wecken von Empörung und einer unmittelbaren Besserung durch die kathartische Reinigung lebt, steht ein tiefes Misstrauen gegenüber, dass es eben doch nur den wirklich anspreche, der es letztlich schon vorher besser weiß – und darum des Theaters im Grunde nicht bedarf. Einer endgültigen Entscheidung entzog sich der Autor durch die Vergewisserung, im Besitz einer objektiven Erkenntnis zu sein.
Diese Ambivalenz nun manifestiert sich besonders im Witz, der vor allem eines tut: er übertönt die eigene Desillusionierung, beziehungsweise verhindert, dass Desillusionierung überhaupt erst entstehen kann. Insofern lässt sich Horváths Ironie als eine Vorstufe zum Zynismus begreifen: das wenn auch schrille Lachen ist fortan auch ein Mittel gegen die Angst, es bannt und kontrolliert – zumindest solange sich noch lachen lässt, weil das Lachen als Erinnerung einer sicheren Perspektive erklingt. Peter Berger merkt an, dass witzige Aussagen unabhängig vom Wahrheitsgehalt sind[404] und gerade deswegen laut sein müssen, um zu übertönen; sie sind verführerisch, denn sie bestechen auf den ersten Blick; sie entwickeln eine Eigendynamik, indem sie durch ihre Hervorbringung überzeugen. Wo sie einerseits davon abhalten, die Diagnose bis ans Ende zu denken, offenbaren sie andererseits zugleich Restspuren von Optimismus trotz alledem.
Damit ist das Lachen aber auch vermittelt und gebrochen, da die Ironie sich gleichzeitig nicht festlegen möchte. Sie trägt die Spannung aus, dass der Wirklichkeit mit moralischen Kriterien nicht mehr beizukommen ist, es in der Logik des Autors aber noch den Qualitätssprung gibt, wonach die absolut objektive Erfassung einer Realität, der selbst mit moralischen Kriterien nicht mehr beizukommen ist, gleichsam zwangsläufig zu einem moralisch einwandfreien Urteil führen müsse.
Angesichts der Verrenkungen einer Zeit, die aus den Fugen geraten scheint, korrespondiert diese Vorform des Schreibens gegen besseres

---

Reden über die Texte entscheidend – werden die Stücke selbst mit diesen Maßstäben nur unzureichend erfasst.
[404] Vgl. Berger, Erlösendes Lachen, a.a.O., 180.

Wissen aufs Beste mit der gewollten Illusionslosigkeit und der Verpflichtung auf Objektivität. „So erscheint in der Realität als Sachlage, was in der Logik als Paradox, in der Literatur als Witz gilt; das formt eine neue Stellung des Bewußtseins zur `Objektivität´"[405] – damit freilich existieren Sachlage, Logik und Witz nebeneinander, ohne jedweden Bezug und nicht mehr aufeinander anwendbar.
Den vielleicht konsequenten und offenen Schritt zum Zynismus ist der Autor nie gegangen, denn das wäre mit seinem persönlichen Anspruch auch vor 1933 nicht vereinbar gewesen. In der Synthese aus Ernst und Ironie aber fand er eine Art zu schreiben, die es ihm ermöglichte, nicht Farbe bekennen zu müssen (weil auf der Ebene der Sachlage sich kein positives Gegenbild mehr formulieren ließe), dabei aber den kritischen Anspruch aufrechtzuerhalten. Wenn auch das Resultat sich bisweilen ausnimmt, als sei es das Produkt eines Zynikers, so war Horváth selbst seiner Intention nach noch nicht völlig desillusioniert, da ihm die Objektivität als rettender Anker diente. Der Schreck über die erblickte Dummheit ließ sich im überlegenen Lachen gerade noch so bannen – ohne zu merken, dass die totale Präsenz der Stücke selbst dieses Lachen noch von einer ganz anderen Seite her in Frage stellte.
Zwar würde auch ein wirklich zynischer Witz nicht offen von der Verpflichtung, moralisch sein zu müssen, entbinden[406], doch scheute Horváth offenbar die unerbittliche Härte, deren Coolness er hinter der Maske kühler Objektivität verbarg. Damit erhebt er weiterhin den moralischen Anspruch[407], auch dort, wo er an der Wirklichkeit zerbricht; er mutiert zur Anti-Moral; „anti" nicht im Sinne einer Gegnerschaft, sondern nur als Widerspruch, der selbst keinen eigenen Standpunkt mehr preisgibt.
Die Ambivalenz der Ironie aber ist nur unter eingeschränkten Voraussetzungen schreibbar. Sie trägt als Vermächtnis des Autors den Anspruch in sich, sich zwar auf eine gewisse Amoralität einzulassen, dabei aber immer unter dem Deckmantel der Wahrheitsliebe daherzukommen und die Wirklichkeit so ein Stück weit erträglicher zu machen, indem sie eine Gestaltungsmacht für sich reklamiert.
Hierin mag auch ein Grund liegen, dass viele Horváth-Interpreten sehr gut daran taten, die Frage nach dem Humor gar nicht erst zu stellen. Denn so wie sie argumentieren (aufklärerisch), passt er nicht in die gän-

---

405 Sloterdijk, Kritik der zynischen Vernunft, a.a.O., 38.

406 Vgl. Sloterdijk, Kritik der zynischen Vernunft, a.a.O., 181, wonach der Zynismus insofern noch als moralische Kategorie gelten kann, als die Kategorie der Empörung in ihm aufrecht erhalten bleibt.

407 Vielleicht auch deshalb, weil der Zynismus für den Autor nur die Verabschiedung der Moral war und er dabei übersah, dass er sich über die Empörung immer auch ein Stück weit aus der Moral speist und sie dadurch als Dianegativ weiter transportiert.

gige Argumentation. Lachen wäre angesichts der Vorgänge moralisch nicht einwandfrei und verböte sich quasi von selbst. Im Zeichen der bestimmten gesellschaftspolitischen Fragestellung an den Autor war es besser, den Nihilismus, der sich im Humor unter Zynismusverdacht stellt, auszuklammern – zumal im Lichte der späteren Geschichte, die dem Autor selbst zum Entstehungszeitpunkt seiner Stücke nicht bekannt sein konnte. Der zeitgenössische Rezipient konnte sich vielleicht noch einiges vom Hals halten und gegebenenfalls mitlachen. Die späteren aber wissen um die Folgen und verstummen. Horváth selbst stand auf der Kippe, zwischen den Stühlen. Er schreibt zwar mit der „Stille" ein Stocken mit ein, gab den Anspruch auf ein Lachen aber nicht vollständig auf. Er hat für sich eine Perspektive reklamiert und herbeizulachen versucht, die in den Stücken selbst längst nicht mehr vorhanden ist. Er glaubte noch an seinen Sicherheitsabstand. Später wurde dann auch er von den Ereignissen überrollt: wenn es sich um keine Kunstwelt mehr handelt und das Labor zerstört ist, wird die Kälte der dargestellten Komik von der realen überboten.[408]

Wie sehr der Humor letztlich auf den künstlich konstruierten Sicherheitsabstand angewiesen ist, wird daran deutlich, dass Horváth seine Haltung – und vor allem die seiner Stücke – deutlich ändert, als ihm die Dinge zu sehr auf den Leib rückten. Bereits am 14.2.1933 kündigte Rainer Schlösser im „Völkischen Beobachter" dem Autor an: „Wird sich der Ödön von Horváth noch wundern!"[409] Und tatsächlich war ihm das Lachen alsbald buchstäblich vergangen.

Was folgt ist die Verabschiedung der Distanz zugunsten von Nähe und Betroffenheit. Damit verschwindet auch der Humor der Volksstücke, den man sich angesichts der Ereignisse und der verlorengegangenen künstlerischen Freiheit, sich über sie zu überheben, fortan nicht mehr leisten kann. An seine Stelle treten die freundlichen Aspekte des Humors, jetzt auch überwiegend als Komödie. Mit der traditionellen Komödie und lustvollem Humor haben freilich auch die Stücke nach 1933 wenig zu tun – sie sind kaum lustig und allenfalls von getragener, bisweilen sogar pathetischer, in jedem Falle aber etwas konstruierter Heiterkeit. Offensichtlich glaubte der Autor, dass es möglich sei, die Uhr zurück zu drehen und die Distanz wieder aufzugeben – nach dem uneingestandenen Zweifel an den Möglichkeiten der Aufklärung die zweite Selbsttäuschung.

---

[408] Laut Loriot ist dargestellte Komik – im Gegensatz zur alltäglichen – immer kalt. Hier aber wird der Fall eintreten, dass nicht die alltägliche Komik, wohl aber die alltägliche Ernsthaftigkeit die dargestellte Komik in den Minusgraden überbietet.

[409] Zit. n. Horst Jarka, Zur Horváth-Rezeption 1929-1938, a.a.O., 174.

2. Sackgasse 1933: Der Moralist und der Kälteschock

Für die Wendemarke, die das Jahr 1933 markiert[410], spricht auch, dass das spätere Projekt der „Komödie des Menschen“ wieder deutliche Züge eines „Programms“(11,27) trägt und damit – wie schon die frühen Stücke – die ironische Ambivalenz zugunsten eines deutlich auch in den Stükken herausgearbeiteten Standpunkts aufgibt. Züge dieser Programmatik zeigen sich aber auch schon vor diesem ausdrücklichen Bekenntnis.

Ein besonders prägnantes Beispiel hierfür ist das Lustspiel „Hin und Her“ von 1933 (auch als „Posse mit Gesang“ bezeichnet), dessen „Intention“ sehr ähnlich der von „Glaube Liebe Hoffnung“ ist. In der „Randbemerkung“ zu „Glaube Liebe Hoffnung“ schreibt Horváth: „Kristls Absicht war, ein Stück gegen die bürokratisch-verantwortungslose Anwendung kleiner Paragraphen zu schreiben - - aber natürlich in der Erkenntnis, dass es kleine Paragraphen immer geben wird, weil es sie in jeder wie auch immer gearteten sozialen Gemeinschaft geben muss. Zu guter Letzt war also Kristls Absicht die Hoffnung, dass man jene kleinen Paragraphen vielleicht (verzeihen Sie bitte das harte Wort!) humaner anwenden könnte. Und dies war auch meine Absicht (...)“(6,11/12). In „Hin und Her“ soll dann, praktisch identisch, gezeigt werden, „wie leicht sich durch eine menschliche Geste unmenschliche Gesetze außer Kraft setzen lassen“[411].

Trotz dieser vermeintlich identischen „Philosophie“ könnten die Stücke selbst in ihrer Anmutung – und ihrer Qualität – kaum unterschiedlicher sein, was deutlich macht, dass sowohl die schriftstellerische Intention als auch die „Kernaussage“ praktisch keine Rolle für das Resultat spielen und dass es vielmehr der spezifische Tonfall und die besondere Atmosphäre sind, die durch die dramatische Konzeption verursacht werden und weite Teile des Werkes bestimmen.

Anders als noch „Glaube Liebe Hoffnung“ erschöpft sich „Hin und Her“ weitestgehend in der Banalität des Mottos; den Dialogen fehlen sowohl der Esprit und die Abgründigkeit und auch die Charaktere sind wieder weitgehend stimmig und „psychologisch wahr“. Und auch die Heiter-

---

410 Wie bereits angedeutet ist das Datum der Machtergreifung nicht punktgenau als „Wendemarke“ für Horváth anzusehen. So beschreibt Alexander Fuhrmann, „Zwischen Budapest und Drittem Reich“. Horváths Umwege in die Emigration, in: stmHS, 37-53, den eher unrühmlichen – und dementsprechend auch kaum thematisierten – Versuch des Autors, sich mit den braunen Machthabern zu arrangieren. Nicht zuletzt ob des Misserfolgs dieses Versuchs markiert das Jahr 1933 aber den Beginn eines dann sehr schnell sich entwickelnden Prozesses, in dem die veränderte Situation dem Autor sukzessive die Luft zum Lachen nimmt und ihn zu neuen poetischen Entwürfen nötigt.

411 Zit. n. Bossinade, Vom Kleinbürger zum Menschen, a.a.O., 145.

keit, die für den Optimismus der Botschaft bürgen soll, wirkt aufgesetzt und bisweilen sogar ein wenig dümmlich.
Ein zweites Beispiel für das „Programmtheater" ist die Komödie „Figaro lässt sich scheiden" von 1937. Zwar tragen die Dialoge sowie der Grundton innerhalb des Stückes wenige Spuren von Heiterkeit; die „frohe Botschaft" dagegen, in deren Dienst das Stück als Ganzes steht, vermittelt eine Eindeutigkeit, die in den Volksstücken noch undenkbar war: dass „die Probleme der Revolution und Emigration (…) erstens zeitlos, und zweitens: in unserer Zeit besonders aktuell (sind)" (8,11) und dass „jeder gewaltsame Umsturz (…) sich in seinem Verhältnis zu dem Begriff, den wir als Menschlichkeit achten und missachten, auf den gleichen Nenner bringen (lässt)" (8,11); diese Quintessenz kann (und soll) man als Leser getrost nach Hause tragen.

Die Reihe an Beispielen für die Eindimensionalität, die die Stücke auf banale (jedoch ehrenwerte) Aussagen reduziert, sie dabei aber auch flach und eintönig macht, ließe sich weiter fortsetzen. Die beiden genannten Stücke zeichnen sich allerdings noch durch eine Besonderheit aus: beide thematisieren das Schicksal der Emigration, das der Autor – 1933 zunächst noch theoretisch, später dann ganz konkret – am eigenen Leibe erfuhr. In solch harten Zeiten bedurfte es offensichtlich wieder eine „Moral von der Geschicht´" – oder auch *in* der Geschicht´.

Dieser Programmcharakter, der sich besonders in den späten Stücken zeigt[412], wird nur durch ein zurückgewonnenes Vertrauen in die Sprache und damit in die Konzeption des Charakters überhaupt erst möglich, eine Entwicklung, mit der der Autor sich auf eine Stufe der Gestaltung zurückbewegt, die das Niveau der vier Volksstücke krass unterbietet. Im Hinblick auf die jeweilige Zielsetzung laufen diese Stücke „runder", allerdings auf Kosten ihrer Substanz.
Dass Horváth selbst dies vermutlich anders einschätzte, kann auch als Indiz dafür gewertet werden, dass er den letzten Schritt – hin zum offenen Eingeständnis des Abschieds von Aufklärung – nie bewusst gegangen ist; andernfalls wäre dieser Schritt „zurück" nicht möglich gewesen, der für ihn selbst lediglich eine Fortsetzung mit anderen Mitteln war.
Insofern lässt sich die Kontinuität über das Gesamtwerk zwar nicht leugnen, jedoch arbeitet sie meines Erachtens mit irrelevanten Kategori-

---

412 Für die Prosa nach 1933 hingegen gelten die genannten Einschränkungen nur bedingt: weder trägt sie die genannten programmatischen Züge, noch sinkt sie auf ein vergleichbares Niveau der Seichtheit hinab. Eine Untersuchung über die Frage, was die Gattung des Romans ab dieser Zeit für den Autor leisten konnte und welche Rolle diese Form für den Qualitätsunterschied spielt, wäre sicherlich eine lohnenswerte Aufgabe.

en. Die vielen Versuche, in Anlehnung an den Autor eine Kontinuität zwischen den Schaffensphasen herzustellen – zum Beispiel bei Ingrid Haag, die darauf hinweist, dass das Mythische bereits in den frühen Stücken da war – überzeugen nicht wirklich; sie wirken angesichts der frappanten Unterschiedlichkeit der Stücke zu konstruiert. Natürlich war das Interesse Horváths immer ein „menschliches"[413] und blieb die Frage nach Schuld und Tonfall auch in den späteren Schaffensphasen erhalten.[414] Jenseits dieser thematischen Ähnlichkeiten entfaltet sich die Qualität der Stücke aber auf anderer Ebene, weshalb – nicht zuletzt ob des gänzlich veränderten, nunmehr weicheren Tonfalls – von einer Kontinuität zu sprechen unangemessen scheint.

Letztlich bedeutet die Rückkehr zum Gesinnungstheater eine Unterbietung der dramatischen Form aus der Volksstückzeit. Dieser „Irrtum" Horváths, der glaubt, auf die veränderte „Lage" unter Missachtung der Konzeption allein mit einer besseren Gesinnung (als Ausdruck seines Mitleidens) antworten zu müssen[415], zeigt an, dass aus dem Spötter/Zyniker, der er nie sein wollte, wieder ein Moralist wird, der mit offenem Visier kämpft und am eigenen Leibe zu erfahren scheint, dass die Kälte, die ihm einstmals ein Refugium war, ihm nunmehr von anderer Seite entgegenschlägt und letztendlich zu dem Tode führen kann, den er unter anderem den Protagonisten in „Ein Kind unserer Zeit" real im Schnee erleiden lässt.

Auch wenn es sich programmatisch vielleicht nur um eine Akzentverschiebung handelt, so sind die Folgen doch immens: mit Ausnahme einiger weniger Szenen wären zumindest die Stücke Horváths, die er nach 1933 schrieb, heute sehr wahrscheinlich (zu Recht) vergessen. Überlebt haben sie fast ausschließlich im Glanz des „großen Wurfs" der vier Volksstücke, der, wie es scheint, dem Autor ein Stück weit unter der Hand gelang. Seinen Anspruch, „die Welt so zu schildern, wie sie halt leider ist"(11,203), hatte er insofern überboten, als diese Schilderung keine bewusste Abbildung beinhaltet, sondern eher einer Mimesis gleichkommt, die weniger ob ihrer dokumentarischen Genauigkeit als vielmehr durch die vollständige Präsenz des Textes besticht. Und gleichzeitig hat er damit etwas vorbereitet, was unter anderem im absurden

---

413 Bossinade, Vom Kleinbürger zum Menschen, a.a.O.

414 So explizit Bartsch, Ödön von Horváth, a.a.O., 32.

415 Darauf dass die „gute Gesinnung" als Antwort natürlich nicht ausreicht und als solche eher Ausdruck von Naivität ist, weist Dieter Hildebrandt, Horváth, a.a.O., 96 hin: „Hinter seiner Menschenfreundlichkeit steckt auch ein gut Teil an ahistorischer, an unpolitischer Naivität."

Theater fortgesetzt wird, das den Konflikt um die komische Enthebung weiterführt.[416]
Das eigentliche, dauerhafte Vermächtnis des Dramatikers Ödön von Horváths besteht dagegen darin, den Jargon so auf die Bühne gebracht zu haben, dass er sich dem allgemeinen Gerede verweigert und es jenseits jeder Besserwisserei offenbart. So entsteht eine neue und sehr originäre Form der Darstellung, die sich weder durch den Rekurs auf eine Poetologie, noch durch eine sozialwissenschaftlich inspirierte Begrifflichkeit einholen lässt. Der in den Volksstücken Horváths vollzogene Widerstand gegen das Gerede unterscheidet sich denn fundamental von einer solchen Überführung. Er totalisiert im Gegenteil den Jargon bis zu dem Punkt, an dem das Projekt der „Trockenlegung" scheitern muss.[417]
Diese mimetische Angleichung, die alle möglichen Instanzen inner- wie außerhalb des Textes erfasst und damit die Möglichkeit nimmt, sich distanziert zu den Vorgängen auf der Bühne zu verhalten, entzieht sich selbst jedem sachbezogenen Diskurs. Und sie wirft ein neues Licht auf die skizzierte Arbeitsweise des Autors, die Montagetechnik. Statt einer möglichen dokumentarischen Genauigkeit dokumentiert sie vor allem die Präsenz des gesprochenen Wortes, jenseits jeden bedeutungsvermittelnden Überbaus. Später, als er wieder in die Abläufe eingreift und sie im Dienste seiner moralisch einwandfreien Botschaft verändert, ändert sich auch die Perspektive – unter ihr werden die Stücke eindimensional und weitestgehend nichtssagend langweilig.
Anstatt also die Phrasen zu vernichten[418], gegen den Jargon anzusprechen, ihm ein besseres, „wahres" Sprechen gegenüberzustellen, das ihn in einem vermeintlichen (ob gewollten oder ungewollten) Gehalt (auf-)löst, stellen sich die Stücke der Herausforderung, die dieses „falsche" Reden ihnen darstellt. Statt ihm zu widerstehen, treiben die Stücke das Gerede auf die Spitze – bis zu dem Punkt, wo seine Fragwürdigkeit einsichtig wird, lassen sie seine Formalisierungstendenzen in eine „Sach-

---

[416] Vgl. Stierle, Komik der Handlung, a.a.O., 267: „Das absurde Theater ist der Ausdruck einer Krise der Komödie. War diese gebunden an die Voraussetzung eines gesellschaftlichen Konsens über die Vernünftigkeit der gegebenen Handlungswelt, so muss deren Infragestellung zu Formen der Komödie führen, wo mit der Problematisierung der Vernünftigkeit die Handlungswelt selbst die Enthebbarkeit des komischen Faktums in Frage stellt."
[417] Vgl. Christoph Brecht, „Kruzifix, errichtet vom Verschönerungsverein." Ödön von Horváth und die Semantik der Moderne, in: Hofmannsthal-Jahrbuch. Zur europäischen Moderne 2,1994, 309-332, 309/10.
[418] Laut Ingeborg Bachmann stellt dies eine der wichtigsten Aufgaben des Schriftstellers dar, Ingeborg Bachmann, Werke, herausgegeben von Christine Koschel, Inge von Weidenbaum, Clemens Münster, München, Zürich [4]1978, Bd.4, 297.

lichkeit zum Tode"[419] münden. Aus diesem Grunde sind die evozierte Kälte und Starre – anders als dann später in „Ein Kind unserer Zeit" – keine Metapher für Phänomene des heraufziehenden Faschismus, sondern ein Resultat des Verfahrens.[420] Es scheint, dass sich die beiden Extreme, totale Distanz und absolute Nähe, in der totalen Präsenz der Texte wieder einander annähern.

---

419 Peter Sloterdijk, Kritik der zynischen Vernunft, a.a.O., 909; Johanna Bossinade, Eros Thanatos, a.a.O., 60, weist allerdings zu Recht darauf hin, dass solcherart vollzogener Tod immer nur der der Frauen ist, vgl. a. Johanna Bossinade, „Verloren, was ich niemals besessen habe." Ödön von Horváths Exilromane, in: stmHP, 74-99, 77, die der Demaskierungsästhetik eine kritische Tendenz in zwei Richtungen zuschreibt: einerseits gegen die spießbürgerliche Romantik, zum Anderen aber gegen das intellektuelle Selbstverständnis der Neuen Sachlichkeit, vgl. a. Lethen, Verhaltenslehren der Kälte, a.a.O., 41.

420 Zu den Merkmalen der Erstarrung, die die Horváthsche Sprache aufweist, vgl. Scheible, Verschollene Bürgerlichkeit, a.a.O., 378. Neben „Ein Kind unserer Zeit" erfriert auch der Protagonist des späteren Stücks „Don Juan kommt aus dem Krieg" am Ende des Stücks. Besonders der Roman, der beinahe vollständig auf eine auktoriale Erzählhaltung verzichtet, zeigt hier an, dass es diese Kälte ist, in der der Autor verschwindet.

ZUSAMMENFASSUNG

Die vorliegende Arbeit geht aus von der Beobachtung eines Missklangs, der darauf hinweist, dass der Humor bei Ödön von Horváth in eine Krise geraten ist.
Anders als in den (wenigen) Untersuchungen, die sich mit dem Phänomen des Humors bei Horváth beschäftigen, soll der Witz nicht allein über die Gattung und die darin enthaltenen Implikationen und – im Schlepptau der kritischen Intention des Autors – als Mittel im Dienst der Aufklärung verstanden werden. Anstatt ihn derart abzuleiten soll der Witz als ein eigenständiges Phänomen betrachtet werden. Ausdrücklich geht auch es nicht darum, verschiedene Theorien über den Witz an sich oder über das Lachen zu sichten und den Humor bei Horváth an ihnen zu messen. Stattdessen soll von der Beobachtung ausgegangen werden, dass bei Horváths Humor ein neuer Tonfall ins Spiel kommt, der sich – bei allen Einflüssen – weder mit seiner Tradition, noch mit der reklamierten Intention des Autors restlos verträgt, beziehungsweise in diesen aufgeht.
Dieser originäre Tonfall weist damit auf Brüche hin, die sich nicht in das gängige Horváth-Bild einfügen und auch nicht vollständig aufheben lassen. Statt des Versuchs, diese Widersprüche aufzulösen, wird über das Nachvollziehen und Ausloten des Tonfalls Humor bei Horváth als eigenständige, nicht abgeleitete und nicht ableitbare (Geistes-)Haltung begriffen, in der sich eine eigentümliche Sichtweise artikuliert, die sich von ihren Ursprüngen emanzipiert. Das durch ihn erzeugte Lachen erscheint, als unmittelbarer Ausdruck, wie man sich als Autor, Text, Rezipient zur Wirklichkeit verhält, problematisch. Als Problem der Perspektive berührt diese Fragestellung zentrale Merkmale des Horváthschen Werks.

Im ersten Teil der Arbeit geht es zunächst darum, die verschiedenen Einflüsse auf den Humor bei Horváth zu untersuchen. Dies sind seine kritische Intention und das damit verbundene schriftstellerische Programm sowie die Tradition des Volksstücks im Allgemeinen und Nestroy als explizitem Vorläufer im Besonderen. Beides sind Wurzeln, die den Horváthschen Humor zwar nicht kausal prägen, jedoch einen Sinn produzieren, der nicht ohne Einfluss auf seine konkrete Ausgestaltung bleibt.
Zunächst kann der Horváthsche Impuls als eindeutig kritisch bezeichnet werden. Die wichtigsten Ansprüche an sein Schreiben, die im Einzelnen abgeleitet, erläutert und abgeglichen werden, sind: der Hang zur Objektivität („Chronist seiner Zeit"), die Verpflichtung auf die Wahrheit, Illusionslosigkeit, Sachlichkeit, die Thematik, der Realismus, der aufklärerische Impuls und der Wille zur Veränderung.

Es bleiben jedoch einige Ungereimtheiten und offene Fragen, insbesondere der Widerspruch, „die Welt“ nur so schildern zu wollen „wie sie halt leider ist“, andererseits aber der Anspruch, ganz konkrete Veränderungen beim Zuschauer zu bewirken. Dieser Widerspruch wird später noch eine Rolle spielen; zunächst bleibt festzuhalten, dass sich angesichts dieser Widersprüche und anhand der zur Verfügung stehenden Zitate allein keine eindeutige Haltung ableiten lässt. Wenn auch viele Richtungen und Impulse vorgegeben sind, ist ein eindeutiger Standpunkt, den man dem Humor Horváths zugrunde legen könnte, nicht erkennbar. Hierfür sind nicht zuletzt einige ironische Brechungen verantwortlich.
Bei der zweiten „Wurzel“, Nestroy, auf den sich Horváth an exponierter Stelle auch direkt bezieht, lassen sich viele Ähnlichkeiten verzeichnen: Zum Einen sind da das Personal, die Figurenkonstellation, zum Anderen aber auch die Art der Komik, insbesondere die durchaus gattungstypischen Kontrastierungen. Als Merkmal des Witzes setzen sie einen kognitiven Gehalt frei, indem der Witz in die Analyse mündet und umgekehrt. Ein wichtiges Stilmittel dabei ist die Verfremdung (als Vorläufer der Groteske). Dieser Humor ist entlarvend, dabei von hohem reflexivem Niveau; einmal bei den Figuren selbst, aber vor allem beim Zuschauer, der im Lachen (mehr) versteht und im Verstehen lacht, nicht zuletzt aufgrund eines gewissen Interpretationsvorsprungs. Lachen ist ihm immer auch Ausdruck der Überlegenheit, die sich außer aus dem Erkenntnisvorsprung noch aus einer weiteren Quelle speist: Die Witze sind in ein festes Ordnungsgefüge eingebettet, vorgegeben durch deutlich erkenn- und ableitbare Standpunkte sowie die Gattungstradition, die bestimmte (und bekannte) Schemata vorgibt. Diese Ordnung ermöglicht das befreiende Moment des Lachens, das durch sie erst verbürgt ist. So fungiert Lachen bei Nestroy (ganz klassisch) als Korrektiv.

Der zweite Teil der Arbeit fragt nun nach dem „Gelingen“: wie sind die Ursprünge des Horváthschen Humors fortgeschrieben und konkret umgesetzt. Und wie verhält sich dieses Resultat zu seinen Ursprüngen – und warum. Dies geschieht vor allem in Form einer ausführlichen Analyse der Dialogstrukturen mit Schwerpunkt auf den enthaltenen Witzmustern.
Zunächst ist zu beobachten, dass Horváth – wie vor ihm Nestroy – die Witze zum Zwecke der Aufklärung benutzt und zwar als Witze, die der Gattungstradition und den Vorläufern entlehnt sind; das heißt die Gattung bot ihm eine ideale Plattform, seine Intention zu realisieren.
Über die Dialoge wird Erkenntnis produziert und zwar eine, die sich auf ganz reale lebensweltliche Situationen bezieht – und damit wird auch ein Teil der kritischen Intention umgesetzt. Der Witz ist ein zentrales Mo-

ment, das die Analyse des Bildungsjargons (als Sprechen der „heutigen Menschen") erlaubt und so offenbar ein „Mehr" an Wissen produziert.
Parallel hierzu und nach formal vergleichbarem Muster vollzieht sich die Zerstörung der Form, die für Horváth aber zugleich nur eine Aktualisierung ist. Sie greift auf alte Schemata zurück, die zum Teil entstellt werden müssen, um in der „heutigen Zeit" noch wirksam zu sein. Ihre Wirksamkeit wird damit aber nicht in Frage gestellt.
Diese Form der Entstellung wirft im Folgenden die Frage nach dem Realismuscharakter der Horváthschen Darstellung auf. Sowohl in den Dialogen als auch in der Zerstörung der Form sind Züge ins Groteske sichtbar, die darauf hinweisen, dass die Unmittelbarkeit der Erfahrung für das Verständnis der Stücke obsolet geworden ist und sich die Stücke fortan ausschließlich einem intellektuellen Zugang erschließen. Diese Veränderung lässt sich auf reale Veränderungen „der Zeit" zurückführen und hat zur Folge, dass auch das Lachen seine Ursprünglichkeit, die es noch bei Nestroy hatte, verliert. Neben dem Erfahrungsverlust – das Wesen der Wirklichkeit verschließt sich der unmittelbaren Anschauung – spielt hier auch die Thematik der Stücke eine Rolle. Gemäß der Einschätzung „der Lage" werden Versöhnlichkeit und Heiterkeit verweigert und angesichts des somit oftmals tragischen Ausgangs und einer verweigerten Entwicklung (sowohl der Handlung als auch der Charaktere) sind die Stücke per se einfach nicht mehr lustig.
Damit konnte gezeigt werden, dass sich die Aktualisierung des Volksstücks vor dem Hintergrund der damaligen gesellschaftlichen Situation vollzieht, diese aber nicht reibungslos verläuft; es entstehen einige offene Brüche.

Ausgangspunkt des dritten Teils dieser Arbeit ist nun die Frage, wie diese Art von Humor einzuschätzen ist und welche Rolle er im Gesamtgefüge dieser Stücke noch spielt. Dabei geht es vor allem darum, die Brüche zu hinterfragen; die Brüche zwischen Intention, Gattungsvorgaben und dem tatsächlichen Resultat, die dafür sorgen, dass das Lachen nicht mehr im traditionellen (und im zu vermutenden Sinne) „rund läuft".

Dazu wird zunächst die Perspektive, die der komischen Darstellung zugrunde liegt, untersucht. Es zeigt sich, dass es eine Möglichkeit, mit der Erkenntnis von der schrecklichen Gegenwart umzugehen, war, sie restlos zu durchschauen und auf diesem Wege das Gefühl zu erlangen, Macht über sie zu haben oder sie doch zumindest in dieser Erkenntnis bannen zu können. Wenn die „Lage" auch nicht wirklich witzig ist, so gibt die Einschätzung, sie zu durchschauen und sie dadurch im Griff zu haben, ein Gefühl der Überlegenheit und des unverwundbar Klugseins. Damit gerät das Lachen zum Lachen über die Vorgänge und die Cha-

raktere, das im Grunde ein Auslachen ist. Angesichts der Tragik ist dieses allerdings nur situationsbezogen und punktuell denkbar und es benötigt eben eine ausreichende Entfernung, die die Dinge nicht zu nahe kommen lässt. Dies ist Satire im klassischen Sinne, die jedoch durch ihren Gegenstand gezwungen wird, sich selbst auf einer eisigen Höhe anzusiedeln. Später wird sich zeigen, wie kalt es dort ist.
Die Sichtweise eines überlegenen Standpunkts, der die Wahrhaftigkeit der Darstellung verbürgt und zugleich einen leidenschaftslosen (und damit erträglichen) Blick auf die Dinge erlaubt, korrespondiert noch mit der schriftstellerischen Intention und ist in vielerlei Hinsicht sogar auf sie angewiesen. Gleichzeitig ist sie aber auch für die Sterilität des Witzes verantwortlich, da sie immer (nicht nur bei Horváth) einen gewissen Grundkonsens vor der eigentlichen (satirischen) Darbietung benötigt, um überhaupt zu funktionieren. Andernfalls nämlich erzeugt sie bestenfalls Ablehnung oder Unverständnis (wie auch ganz konkret und nicht selten passiert).
Damit ist die Wirkung des Witzes von einer entscheidenden Seite aus eingeschränkt. Horváths Theater als Theater zu verstehen, das aufklärt und Bewusstsein schafft, stößt schnell an eine Grenze; es ist vielmehr das Theater für diejenigen, die es schon immer und auch unabhängig von den Stücken besser gewusst haben. Der oben genannte Widerspruch (zwischen dem Anspruch, bloß beschreiben zu wollen und dem Wille zur Veränderung) kann damit durch einen rezeptionsästhetischen Ansatz, der eine Erkenntnis sich losgelöst von einer Autoren- oder Textintention und quasi automatisch vollziehen lässt, nicht aufgelöst werden. Hieraus erklärt sich auch, weshalb die Auseinandersetzung mit Horváth in eine Sackgasse geraten musste: sie reklamierte den gleichen Impuls für den Autor wie für die eigene Methodik und Vorgehensweise. Ein Blick auf die Rezeptionsgeschichte und die Terminologie der Horváth-Forschung unterstreicht dies.

Diese Einschränkung, die die Sterilität des Witzes mit sich bringt, wurde allerdings vom Autor selbst nur bedingt wahrgenommen. Wo er sie geahnt haben mag, entging er dieser Problematik durch den Versuch, zu den dargestellten Vorgängen auf Distanz zu gehen. Zum Lachen gehört (natürlich immer), die Dinge nicht ganz ernst zu nehmen, was zugleich auch bedeutet, sie sich ein Stück weit vom Hals zu halten, beziehungsweise sie sich nicht zu nahe kommen zu lassen. Damit ist es seiner Natur nach ein Stück weit unmoralisch, weil es kein Mitleid kennt. Je schlimmer diese Dinge aber sind, desto größer muss die Distanz sein, um noch lachen zu können. Diesen Aspekt musste man ausklinken, wenn man noch Witze machen wollte – und genau das tat der Autor, denn er selbst fand ja durchaus noch Gefallen an seinen Darstellungen und hat den

Humor zu einem ihrer zentralen Merkmale gemacht. Und dieses Ausklinken war durch die Deutungshoheit auch sanktioniert und deshalb weniger unmoralisch, weil es sich auf „die Wahrheit" stützen konnte. Gleichzeitig aber hat dieses „Ausklinken" auch eine Abspaltung und Distanzierung und damit verbunden einen zumindest tendenzielle Abkehr vom aufklärerischen Gedanken zur Folge. Reklamiert werden kann nach dieser Logik allenfalls ein kaltes Lachen, das sich darüber hinaus durch einen schrillen Klang auszeichnet, der daher rührt, dass es sich von seinem Gegenstand längst abgekoppelt und damit seinen Resonanzboden verloren hat.

Darüber hinaus aber erfährt das Lachen noch eine weitere Einschränkung, indem sich die Stücke – als Resultat der künstlich erzeugten Distanz, die der Autor zu seinem Gegenstand aufbaut – gleichsam unter der Hand verselbständigen und in dieser Laborsituation eine Eigendynamik entwickeln, die selbst ein Lachen aus einer (wenn auch konstruierten) Überlegenheit heraus, unterläuft.

Über eine Betrachtung der dramatischen Form und des Verlaufs wird gezeigt, dass der Jargon (als falsches Reden) zum eigentlichen Motor der Handlung und innerhalb der Stücke allumfassend wird. So wie es innerhalb der Stücke keinen jargonfreien Raum und damit auch keine Möglichkeit gibt, sich distanziert zu den (vermeintlich zu kritisierenden) Handlungen zu verhalten, so gibt es auch für den Rezipienten praktisch keine Möglichkeit mehr, sich kritisch mit den dargestellten Vorgängen auseinanderzusetzen. Wo alles zu einem totalen (=totalitären) und allumfassenden Gerede mutiert, macht auch der Begriff der Demaskierung letztlich keinen Sinn mehr, da sich kein „eigentlich" Substantielles hinter dem „Jargon der Uneigentlichkeit" mehr ausmachen lässt. Sowohl innerhalb als auch außerhalb der Stücke ist die zeigende Instanz, die eine Urteilssicherheit und ein kritisches Sich-verhalten-zu ermöglicht, längst verschwunden. Entstanden ist eine Reagenzdramatik, die Totalität nurmehr vorstellt, die den Jargon auf die Bühne bringt und ihn in Szene setzt.

Durch diese Totalität gerät der Witz in ein Spannungsfeld zwischen Tradition und Gegenstand und mutiert derart. Über diese Betrachtung geht die für satirischen Humor entscheidende Kategorie verloren: die Instanz und ein zentrales Wertesystem, von dem aus zu urteilen wäre. Selbst wenn man es beim Autor noch geltend machen konnte: in den Stücken lässt sich nichts dergleichen mehr ausmachen.

Damit entpuppt sich, so eine abschließende Bilanz, die „Synthese aus Ernst und Ironie" als unbemerkt ambivalent, als Gang auf des Messers Schneide, der so nicht gewollt war. Diese Ambivalenz verursacht den schrillen Klang des Lachens, der aus dem Widerspruch resultiert, Dinge

absichtsvoll vorführen zu wollen, die sich unbemerkt längst dieser Absicht und jedem weiteren Zugriff entzogen haben.
Horváth konnte nach eigenem Verständnis – als „Chronist seiner Zeit" – die Wirklichkeit nur aus der Entfernung wahrnehmen, musste dabei aber so schreiben, dass ihm die Darstellung aufgrund der künstlich aufgebauten Distanz unter der Hand entglitt und eine Eigendynamik entwickelte, die seiner Intention entgegenlief. Sowohl die kritische Perspektive als auch der moralische Anspruch gehen zwar nicht gänzlich verloren, entfalten sich aber auf einer Ebene jenseits des „Wissens" und „Meinens".
Dass der Autor selbst noch glaubte, den Standpunkt des Besserwissers (und damit unverwundbar klugen) Beobachters zu haben, wird daran deutlich, dass er, als ihm die Dinge zu sehr auf den Leib rückten, seine Haltung (und die Haltung seiner Stücke) änderte. 1933 war ihm das Lachen, wie von den Nationalsozialisten mehrfach angedroht, buchstäblich vergangen. Fortan benutzt er ausschließlich die freundlichen Aspekte des Humors und verbannt das vormalige Lachen und vor allem das Auslachen zugunsten einer – etwas konstruierten – versöhnlichen Heiterkeit völlig aus dem Spätwerk. Dies kann als Hinweis darauf gewertet werden, dass er daran geglaubt haben muss, dass es möglich sei, die Uhr zurück zu drehen und die Distanz wieder aufzugeben.
Mit diesem veränderten Anspruch freilich wird zugleich das, was die dramatische Form hergibt, zurückgenommen und unterboten. Dieser „Irrtum" des Autors, der glaubt, mit einer besseren Gesinnung (als Ausdruck seines Mitleidens) antworten zu müssen, illustriert auch, wie wenig es letztlich auf seine Intention ankommt. Der „große Wurf" der Volksstücke gelang, so scheint es, gleichsam unter der Hand, indem er sich nach der Versuchsanordnung zurückgezogen hat. Später, als er wieder in die Abläufe eingreift, verändert er sie unter seiner (neuen) Perspektive, was ihnen nicht zum Vorteil gerät.
Damit liegt seine eigentliche Leistung darin, den Jargon so auf die Bühne gebracht zu haben, dass er sich dem allgemeinen Gerede verweigert. Und gleichzeitig hat er damit aber etwas vorbereitet, was im absurden Theater fortgesetzt wird.

LITERATURVERZEICHNIS

Primärliteratur Ödön von Horváth

Horváth, Ödön von, Gesammelte Werke in acht Bänden, herausgegeben von Traugott Krischke und Dieter Hildebrandt, Ffm 1972.
Horváth, Ödön von, Gesammelte Werke, hg. von Traugott Krischke, Walther Huder und Dieter Hildebrandt, Ffm 1971.
Horváth, Ödön von, Gesammelte Werke. Kommentierte Werkausgabe in Einzelbänden, hg. v. Traugott Krischke unter Mitarbeit von Susanna Foral-Krischke, Ffm 1983 ff.
Horváths „Lehrerin von Regensburg". Der Fall Elly Maldaque. Dargestellt und dokumentiert von Jürgen Schröder, Ffm 1982.

Sekundärliteratur zu Ödön von Horváth

Adey, Louis, „By indirections find directions out". Horváth, Nestroy and the art of obliquity, in: Sprachkunst 19, 1988, 107-121.
Arntzen, Helmut, Ödön von Horváth. „Geschichten aus dem Wiener Wald", in: Walter Hinck (Hg.), Die deutsche Komödie. Vom Mittelalter bis zur Gegenwart, Düsseldorf 1977, 246-268.
Ballin, Dolly Elisabeth, Irony in the dramatic work of Ödön von Horváth, Univ.of Wisconsin Diss.1969.
Bance, Alan, Ödön von Horváth. Sex, politics and sexual politics, in: GLL 38, 1985/5, 249-259.
Bartsch, Kurt, Ödön von Horváth, Stuttgart 2000.
Bartsch, Kurt, Uwe Baur, Dietmar Goltschnigg (Hg.), Horváth-Diskussion, Kronberg/Ts., 1976.
Baumgartner, Wilhelm, Lied und Musik in den Volksstücken Ödön von Horváths, in: stmHS, 154-180.
Baur, Uwe, Sport und Literatur in den zwanziger Jahren. Horváths „Sportmärchen" und die Münchner Nonsense-Dichtung, in: Horváth-Diskussion, 138-156.
Boelke, Wolfgang, Die entlarvende Sprachkunst Ödön von Horváths. Studien zu seiner dramaturgischen Psychologie, Ffm Diss. 1969.
Bossinade, Johanna, Das Dilemma des „wertvollen Weibes". Zu einer Text- und Übersetzungsschwierigkeit in Horváths „Kasimir und Karoline", in: Ars & Ingenium. Studien zum Übersetzen. Festgabe für Frans Stokc zum 60.Geburtstag, hg. v. H. Ester u.a., Amsterdam 1983, 277-306.
Bossinade, Johanna, Eros Thanatos in Horváths Volksstück, in: Sprachkunst 19, 1988, 43-70.
Bossinade, Johanna, „Verloren, was ich niemals besessen habe." Ödön von Horváths Exilromane, in: stmHP, 74-99.

Bossinade, Johanna, Vom Kleinbürger zum Menschen. Die späten Dramen Ödön von Horváths, Bonn 1988.
Brecht, Christoph, „Kruzifix, errichtet vom Verschönerungsverein." Ödön von Horváth und die Semantik der Moderne, in: Hofmannsthal-Jahrbuch. Zur europäischen Moderne 2,1994, 309-332.
Buck, Theo, Die Stille auf der Bühne. Zum dramaturgischen Verfahren in den Volksstücken Ödön von Horváths, in: Recherches Germaniques 9 1979.
Carl, Rolf Peter, Theatertheorie und Volksstück bei Ödön von Horváth, in: Theater und Gesellschaft. Das Volksstück im 19. und 20. Jahrhundert, hg. von Jürgen Hein, Düsseldorf 1973, 175-185.
Dimter, Walter, Die ausgestellte Gesellschaft. Zum Volksstück Horváths, der Fleißer und ihrer Nachfolger, in: Theater und Gesellschaft. Das Volksstück im 19.und 20.Jahrhundert, hg. v. Jürgen Hein, Düsseldorf 1973, 219-245.
Doppler, Alfred, Bemerkungen zum dramatischen Verfahren der Volksstücke Horváths, in: Horváth-Diskussion, 11-21.
Emrich, Wilhelm, Die Dummheit oder das Gefühl der Unendlichkeit. Ödön von Horváths Kritik, in: ders., Geist und Widergeist. Wahrheit und Lüge der Literatur. Studien, Ffm 1965, 185-196.
Foral-Krischke, Susanna, Wettersteingebirge. Ödön von Horváths Bergtouren, in: Horváth-Blätter 2, 1984, 103-114.
Francois, Jean-Claude, Horváth und die Geschichte – Horváth in der Geschichte, in: Sprachkunst 19, 1988, 149-157.
Francois, Jean-Claude, Komische Elemente in den Dramen Ödön von Horváths, in: Komik in der österreichischen Literatur, hg. von Wendelin Schmidt-Dengler, 1996, 212-218.
Fritz, Axel, Ödön von Horváth als Kritiker seiner Zeit, in: Akzente 19, 1972, 97-109.
Fritz, Axel, Ödön von Horváth als Kritiker seiner Zeit. Studien zum Werk in seinem Verhältnis zum politischen, sozialen und kulturellen Zeitgeschehen, München 1973.
Fuhrmann, Alexander, „Zwischen Budapest und Drittem Reich". Horváths Umwege in die Emigration, in: stmHS, 37-53.
Gamper, Herbert, Horváths komplette Textur. Dargestellt an frühen Stücken, Zürich 1987.
Gamper, Herbert, Todesbilder in Horváths Werk, in: Horváth-Diskussion, 67-81.
Glaser, Hermann, Ab mit ihr. Ehe die toten Seelen töten. Zur deutschen „Spießer-Ideologie", in: stmGWW, 68-83.
Goltschnigg, Dietmar, Das Sprachklischee und seine Funktion im dramatischen Werk Ödön von Horváths, in: Wirkendes Wort 25, 1975, 181-196.

Goltschnigg, Dietmar, Pauschalisierungen, Euphemismen, Anekdoten, Witze und Metaphern als Formen des Sprachklischees in Horváths Dramen, in: Horváth-Diskussion, 55-66.
Gough, Elisabeth, Möblierte Zimmer, stille Straße. Zur Dramaturgie des Schauplatzes in Ödön von Horváths Stücken, in: ÜberÖvH, 107-22.
Greiner, Bernhard, Die Geburt der Komödie aus dem Geist der Metapher: Horváths Geschichten aus dem Wiener Wald, in: B.G., Die Komödie. Eine theatralische Sendung: Grundlagen und Interpretationen, Tübingen 1992, 378-392.
Haag, Ingrid, Fassaden-Dramaturgie. Beschreibung einer literarischen Form, Ffm u.a. 1995.
Haag, Ingrid, Horváth und Freud. Vom „Unbehagen in der Kultur" zur Dramaturgie des Unheimlichen, in: stmHS, 66-83.
Haag, Ingrid, Zeigen und Verbergen, Zu Horváths dramaturgischem Verfahren, in: stmGWW 138-153.
Handke, Peter, Horváth ist besser, in: Theater Heute 9, 1968, H.3, 28.
Handke, Peter, Totenstille beim Heurigen, in: P.H., „Ich bin ein Bewohner des Elfenbeinturms", Ffm 1972, 217-227.
Hell, Martin, Kleinbürgerlicher Kunstgenuß: Kino und Trivialliteratur im Werk Ödön von Horváths, in: stmHS, 181-193.
Hell, Martin, Mord und k.o.-Schlag. Die „süße Brutalität" in Horváths Dramen. Sentimentalität vornehmlich in den „Geschichten aus dem Wiener Wald", in: stmGWW, 84-115.
Hensel, Georg, Ödön von Horváth: die Komödie der Tragödien, in: G.H., Theater der Zeitgenossen. Stücke und Autoren, Ffm 1972.
Herschbach, Robert Alexander, The Volksstück of Ödön von Horváth. Text and context. Univ.of Massachusetts Diss. 1973.
Herzmann, Herbert, Das epische Theater und das Volksstück, in: Modern Austrian Literature, Vol. 28, 1, 1995, 95-112.
Heyne, Arnd, Der Dramatiker Ödön von Horváth. Zur Demaskierung des Bewußtseins, Freiburg i.Br.Diss 1969.
Hildebrandt, Dieter, Der Jargon der Uneigentlichkeit. Zur Sprache Ödön von Horváths, in: Akzente 19, 1972, 109-123.
Hildebrandt, Dieter, Horváth, Reinbek [7]1993.
Himmel, Hellmuth, Ödön von Horváth und die Volksstücktradition, in: stmÖvH, 46-56.
Hollmann, Hans, Einige Grundsätze für künftige Horváth-Regisseure, in: ÜberÖvH, 96-101.
Huish, Ian, „Was gehen mich deine Perversitäten an, du Sau." Freud´s place in Horváths work, or: „Psychoanalytisch hochinteressant", in: Sprachkunst 19, 1988, 71-80.
Hummel, Reinhard, Die Volksstücke Ödön von Horváths, Baden Baden 1970 (zugleich Diss. FU Berlin).

Jarka, Horst, Ödön von Horváth und das Kitschige, in: ZDP 91, 1972, 558-585.
Jarka, Horst, Sprachliche Strukturelemente in Ödön von Horváths Volksstücken, in: Colloquia Germanica 1973, 317-339.
Jarka, Horst, Zur Horváth-Rezeption 1929-38, in: stmÖvH 156-184.
Jenny, Urs, Horváth realistisch, Horváth metaphysisch, in: Akzente 18, 1971, 289-295.
Jenny, Urs, Horváths Größe und Grenzen, in: ÜberÖvH, 71-78.
Kadrnoska, Franz, Sozialkritik und Transparenz faschistischer Ideologeme in „Jugend ohne Gott", in: stmJoG, 69-91.
Kaszynski, Stefan, Horváths Poetik des Destruktiven. Überlegungen zur Lesart des Stückes „Kasimir und Karoline", in: Literatur und Kritik 1989, 323-331.
Kim, Jeong-Yong, Das Groteske in den Stücken Ödön von Horváths, Ffm u.a. 1995 (Europäische Hochschulschriften: Reihe 1, Deutsche Sprache und Literatur; 1529).
Klotz, Volker, Dramaturgie des Publikums. Wie Bühne und Publikum aufeinander eingehen, insbesondere bei Raimund, Büchner, Wedekind, Horváth, Gatti und im politischen Agitationstheater, München 1976.
Krischke, Taugott, Ödön von Horváth. Kind seiner Zeit, München 1980.
Krischke, Traugott (Hg.), Horváths „Geschichten aus dem Wiener Wald", Ffm 1983.
Krischke, Traugott (Hg.), Horváths „Jugend ohne Gott", Ffm 1984.
Krischke, Traugott (Hg.), Horváths Prosa, Ffm 1989.
Krischke, Traugott (Hg.), Horváths Stücke, Ffm 1988.
Krischke, Traugott (Hg.), Materialien zu Ödön von Horváths „Geschichten aus dem Wiener Wald", Ffm 1972.
Krischke, Traugott (Hg.), Materialien zu Ödön von Horváths „Glaube Liebe Hoffnung", Ffm 1973.
Krischke, Traugott (Hg.), Materialien zu Ödön von Horváths „Kasimir und Karoline", Ffm 1973.
Krischke, Traugott (Hg.), Ödön von Horváth, Ffm 1981.
Krischke, Traugott, Dieter Hildebrandt (Hg.), Über Ödön von Horváth, Ffm 1972.
Krischke, Traugott, Einführung zu: Ödön von Horváth. Stücke, herausgegeben von Traugott Krischke. Mit einem Nachwort von Ulrich Becher, Reinbek 1961, 7-10.
Krischke, Traugott, Materialien zur Horváth-Forschung. Aspekte und Möglichkeiten, in: stmÖvH, 202-218.
Kroetz, Franz Xaver, Horváth von heute für heute, in: ÜberÖvH, 83-90.
Kun, Eva, „Die Komödie des Menschen" oder Horváth und Ungarn, in: Traugott Krischke (Hg.), Horváths Stücke, Ffm 1988, 9-36.

Kurzenberger, Hajo, Horváths Volksstücke. Beschreibung eines poetischen Verfahrens, München 1974.
Lechner, Wolfgang, Zur Horváth-Rezeption seit 1945, in: stmÖvH, 185-201.
Lensing, Paul, Die Rolle der Frau im Werk Horváths, Münster Diss. 1971.
Leoni, Maria Eugenia, Ödön von Horváth – „Spießertum“ e „Demaskierung des Bewußtseins“, Bologna Diss.1966.
Melzer, Gerhard, Das Phänomen des Tragikomischen. Untersuchungen zum Werk von Karl Kraus und Ödön von Horváth, Kronberg 1976.
Melzer, Gerhard, Lachen über die Wirklichkeit. Stichworte zu gattungskonstituierenden Merkmalen im dramatischen Werk von Karl Kraus und Ödön von Horváth, Horváth-Diskussion, 22-37.
Müller, Lieselotte, Zum Ödön-von-Horváth-Nachlaß. Bericht über den Versuch, ein Ordnungssystem des Ödön-von-Horváth-Archivs zu entwickeln, in: ÜberÖvH, 123-130, 125.
Nolting, Winfried, Der totale Jargon. Die dramatischen Beispiele Ödön von Horváths, München 1976.
Nolting, Winfried, Drama des Tonfalls. Individualität und Totalität Horváthscher Sprachdarstellung in den „Geschichten aus dem Wiener Wald“, in: stmGWW, 116-137.
Orlowski, Hubert, Ödön von Horváths Sprachgestus als Übersetzungsproblem, in: Horváth-Diskussion, 111-123.
Pichler, Meinrad, Von Aufsteigern und Deklassierten. Ödön von Horváths literarische Analyse des Kleinbürgertums und ihr Verhältnis zu den Aussagen der historischen Sozialwissenschaften, in: stmÖvH, 67-86.
Reich-Ranicki, Horváth, Gott und die Frauen, in: ders., Nachprüfung. Aufsätze über deutsche Schriftsteller von gestern, München, Zürich 1977, 261-268.
Reinhardt, Hartmut, „Demaskierung“ als moralische Provokation. Beobachtungen zum dramatischen Verfahren Ödön von Horváths, in: Wirkendes Wort 25, 1975, 197-214.
Rotermund, Erwin, Zur Erneuerung des Volksstücks in der Weimarer Republik. Zuckmayer und Horváth, in: Über ÖvH, 18-45.
Roth, Friedhelm, Volkstümlichkeit und Realismus? Zur Wirkungsgeschichte der Theaterstücke von Marieluise Fleißer und Ödön von Horváth, in: Diskurs 3, 1973, H.3/4, 77-104.
Scheible, Hartmut, Verschollene Bürgerlichkeit. Ödön von Horváth: Jargon und gesellschaftliche Immanenz, in: Neue Rundschau 88, 1977, 365-385.
Schmidt-Dengler, Wendelin, Von der Unfähigkeit zu feiern. Verpatzte Feste bei Horváth und seinen Zeitgenossen, in: Literatur und Kritik 23, 1989, 52-63.

Schneider, Hans-Jörg, Der Kampf zwischen Individuum und Gesellschaft, in: ÜberÖvH, 59-70.
Schober, Wolfgang Heinz, Die Jugendproblematik in Horváths Romanen, in: Horváth-Diskussion, 124-137.
Schröder, Jürgen, Das Spätwerk Ödön von Horváths, in: stmÖvH, 135-155.
Schröder, Jürgen, Ödön von Horváths „Stunde der Liebe , in: Sprachkunst 19, 1988, 2, 123-135.
Schulte, Birgit, Ödön von Horváth. Verschwiegen, gefeiert, glatt gelobt. Analyse eines ungewöhnlichen Rezeptionsverlaufs, Bonn 1980.
Tworek-Müller, Elisabeth, Am Rande der weißblauen Kalkalpen: Ödön von Horváth und Murnau, in: Horváth und Murnau, hg. v. E.T.-M., Ödön von Horváth-Verein 1988.
Tworek-Müller, Elisabeth, Provinz ist überall. Zum Vorbildcharakter des bayrischen Oberlandes in Horváths kleiner Prosa, in: stmHP, 34-96.
Walder, Martin, Die Uneigentlichkeit des Bewußtseins, Bonn 1974.
Weigel, Hans, Horváth, Wien und die Wiener, in: ÜberÖvH, 7-15.
Zipes, Jack, Horváths Dramaturgie der Isolierung, Notizen zu seiner Wiederentdeckung, in: Literatur und Kritik 6, 1971, 591-600.

Primärliteratur aus dem Umfeld

Anzengruber, Ludwig, Das vierte Gebot. Volksstück in vier Akten, Stuttgart 1979.
Bachmann, Ingeborg, Werke, herausgegeben von Christine Koschel, Inge von Weidenbaum, Clemens Münster, München, Zürich [4]1978.
Benjamin, Walter, Der Erzähler. Betrachtungen zum Werk Nikolai Lesskows, in: W.B., Gesammelte Schriften Band II.2, Ffm 1990, 438-465.
Brecht, Bertolt, Der gute Mensch von Sezuan, Ffm 1964.
Brecht, Bertolt, Über experimentelles Theater, Ffm 1970.
Canetti, Elias, Die Provinz des Menschen. Aufzeichnungen 1942-1972, München 1973.
de La Rochefoucauld, Francois, Spiegel des Herzens. Seine sämtlichen Maximen, herausgegeben und mit einem Vorwort von Wolfgang Kraus, Zürich 1988.
Eco, Umberto, Der Name der Rose, München [19]1995.
Graf, Oskar Maria, Notizbuch des Provinzschriftstellers Oskar Maria Graf 1932, München 2002.
Handke, Peter, Kaspar, Ffm 1968.
Jean Paul, Werke, herausgegeben von N. Miler u.a., München 1959ff.
Kracauer, Siegfried, Die Angestellten. Aus dem neuesten Deutschland, Ffm 1979.

Kraus, Karl, Aphorismen. Sprüche und Widersprüche. Pro domo et mundo. Nachts, herausgegeben von Christian Wagenknecht (=K.K., Schriften Band 8), Ffm 1986.
Musil, Robert, Der Mann ohne Eigenschaften, Reinbek ²1972.
Nestroy, Johann Nepomuk, Der Talisman. Posse mit Gesang in drei Akten, Stuttgart 1960.
Nestroy, Johann Nepomuk, Werke in zwei Bänden, Berlin, Weimar 1966.
Raimund, Ferdinand, Der Verschwender. Original-Zaubermärchen in drei Aufzügen, Stuttgart 1952.
Tucholsky, Kurt, Gesammelte Werke in zehn Bänden, herausgegeben von Mary Gerold-Tucholsly u. Fritz J. Raddatz, Reinbek 1975.
Walser, Martin, Finks Krieg, Ffm 1996.
Zuckmayer, Carl, Als wär´s ein Stück von mir. Horen der Freundschaft, Stuttgart, Hamburg 1966.
Zuckmayer, Carl, Der fröhliche Weinberg, in : Carl Zuckmayer, Der fröhliche Weinberg. Theaterstücke 1917-1925. Gesammelte Werke in Einzelbänden, herausgegeben von Knut Beck und Maria Guttenbrunner-Zuckmayer, Ffm 1995.

Sekundärliteratur aus dem Umfeld

Adorno, Theodor W., Jargon der Eigentlichkeit. Zur deutschen Ideologie, Ffm 1964.
Adorno, Theodor W., Reflexion über das Volksstück, in: T.W.A., Noten zur Literatur, Ffm 41989, 693-694.
Adorno, Theodor W., Studien zum autoritären Charakter. Übersetzt von Milli Weinbrenner. Vorrede von Ludwig von Friedeburg, Ffm 1995.
Arntzen, Helmut, Die ernste Komödie, in: Wesen und Formen des Komischen im Drama, hg. v. Reinhold Grimm u. K.L. Berghahn, Darmstadt 1975, 419-440.
Arntzen, Helmut, Komödie und episches Theater, in: Reinhold Grimm und Klaus L. Berghahn (Hg.), Wesen und Formen des Komischen im Drama, Darmstadt 1975, 441-455.
Basil, Otto, Nestroy, Reinbek 1967.
Berger, Peter L., Erlösendes Lachen. Das Komische in der menschlichen Erfahrung, Berlin, New York, 1998.
Bergson, Henri, Das Lachen. Ein Essay über die Bedeutung des Komischen, Ffm 1988.
Bogdal, Klaus-Michael, Einleitung: Von der Methode zur Theorie. Zum Stand der Dinge in den Literaturwissenschaften, in: K.-M. Bogdal (Hg.), Neue Literaturtheorien. Eine Einführung, Opladen 1990, 9-30.

Bremmer, Jan und Herman Roodenburg, Humor und Geschichte: Eine Einführung, in: Kulturgeschichte des Humors, hg. v. dies., Darmstadt 1999.
Deutsch-Schreiner, Evelyn, Österreichische Bühnentradition und modernes Volksstück. Ein theaterwissenschaftlicher Beitrag zu den Voraussetzungen der Volksstückbewegung, in: Modern Austrian Literature, Univ. of California 1995, 75-94.
Foucault, Michel, Die Ordnung des Diskurses. Mit einem Essay von Ralf Konersmann, Ffm 1996.
Giesz, Ludwig, Phänomenologie des Kitsches. Ein Beitrag zur anthropologischen Ästhetik, Heidelberg 1960.
Glaser, Hermann, Spießer-Ideologie. Von der Zerstörung des deutschen Geistes im 19.und 20.Jahrhundert, Freiburg i.Br. 1964.
Grimm, Reinhold, Komik und Verfremdung, in: Wesen und Form des Komischen im Drama, hg. v. R.G. u. K.L. Berghahn, Darmstadt 1975, 252-271.
Grimm, Reinhold, Neuer Humor? Die Komödienproduktion zwischen 1928 und 1933, in: Die deutsche Komödie im zwanzigsten Jahrhundert. Sechstes Amherster Kolloquium zur modernen deutschen Literatur, herausgegeben von Wolfgang Paulsen, Heidelberg 1976, 107-133.
Hein, Jürgen Das Volksstück. Entwicklung und Tendenzen, in: ders. (Hg.), Das Volksstück im 19. und 20. Jahrhundert, Düsseldorf 1973.
Hermand, Jost, Geschichte der Germanistik, Reinbek 1994.
Horkheimer, Max und Theodor W. Adorno, Dialektik der Aufklärung, in: Max Horkheimer, Gesammelte Schriften Band 5: „Dialektik der Aufklärung" und Schriften 1940-1950, herausgegeben von Alfred Schmidt und Gunzelin Schmid Noerr, Ffm 1987.
Jauß, Hans Robert, Zum Problem der Grenzziehung zwischen dem Lächerlichen und dem Komischen, in: Wolfgang Preisendanz u. Rainer Warning(Hg.), Das Komische, München 1976, 361-72.
Klemperer, Victor, LTI. Notizbuch eines Philologen, Leipzig 1996
Klotz, Volker, Bürgerliches Lachtheater. Komödie - Posse - Schwank - Operette, Reinbek 1987.
Leppert-Fögen, Annette, Die deklassierte Klasse. Studien zur Geschichte und Ideologie des Kleinbürgertums, Ffm 1974.
Lethen, Helmut, Verhaltenslehren der Kälte. Lebensversuche zwischen den Kriegen, Ffm 1994.
Linke, Manfred, Carl Sternheim, Reinbek 1979.
Lukács, Georg, Essays über Realismus, Neuwied, Berlin, 1971.
Mautner, Franz H., Nestroy, Ffm 1978.
Mieder, Wolfgang, Karl Kraus und der sprichwörtliche Aphorismus, in: Muttersprache 89, 1979, 97-119.

Müller, Inka, Siegfried Kracauer. Grenzgänger zwischen Literatur und Theorie, Stuttgart 1985.
Preisendanz, Wolfgang u. Rainer Warning (Hg.), Das Komische, München 1976.
Preisendanz, Wolfgang, Zum Vorrang des Komischen bei der Darstellung von Geschichtserfahrung in deutschen Romanen unserer Zeit, in: W.P. u. Rainer Warning (Hg.), Das Komische, München 1976, 153-164.
Schick, Paul, Karl Kraus, Reinbek [3]1993.
Schmitz, Thomas, Das Volksstück, Stuttgart 1990.
Sloterdijk, Peter, Kritik der zynischen Vernunft, Ffm 1983.
Stempel, Wolf-Dieter, Ironie als Sprechhandlung, in: Wolfgang Preisendanz u. Rainer Warning (Hg.), Das Komische, München 1976, 205-237, 219.
Stierle Karlheinz, Komik der Handlung, Komik der Sprachhandlung, Komik der Komödie, in: Wolfgang Preisendanz u. Rainer Warning (Hg.), Das Komische, München 1976, 237-268.
Stierle, Karlheinz, Das Lachen als Antwort, in: Wolfgang Preisendanz u .Rainer Warning (Hg.), Das Komische, München 1976, 371-376.
Szondi, Peter, Theorie des modernen Dramas (1880-1950), Ffm 1963.
von Matt, Peter, „The tongues of dying men..." Zur Dramaturgie der Todesszene, in: ders., Das Schicksal der Phantasie. Studien zur deutschen Literatur, München 1996, 11-24.
von Matt, Peter, Die Rhetorik des Selbstmords. Zum Suizid auf dem Theater, in: ders., Das Schicksal der Phantasie. Studien zur deutschen Literatur, München 1996, 25-34.
von Matt, Peter, Lachen in der Literatur. Überlegungen zur Frage, warum Schillers `Glocke´ so ernst ist, in: ders., Das Schicksal der Phantasie. Studien zur deutschen Literatur, München 1996, 91-101.
von Matt, Peter, Liebesverrat. Die Treulosen in der Literatur, München 1991.
Wellershoff, Dieter, Beipflichtendes und befreiendes Lachen, in: Wolfgang Preisendanz u. Rainer Warning (Hg.), Das Komische, München 1976, 425-426.
Wellershoff, Dieter, Die Irrealität der Komödie als utopischer Schein, in: Wolfgang Preisendanz u. Rainer Warning (Hg.), Das Komische, München 1976, 379-83.

Nachschlagewerke

Der Duden, Bd. 7, Etymologie. Herkunftswörterbuch der deutschen Sprache, bearbeitet von Paul Grebe u.a., Mannheim 1963.

Reallexikon der Deutschen Literaturwissenschaft, Bd. I-III, hg. v. Klaus Weimar, Harald Fricke, Jan-Dirk Müller, Berlin, New York 1997ff.